语 言 学 论 丛

国家社会科学基金项目
辽宁省教育厅科学研究项目

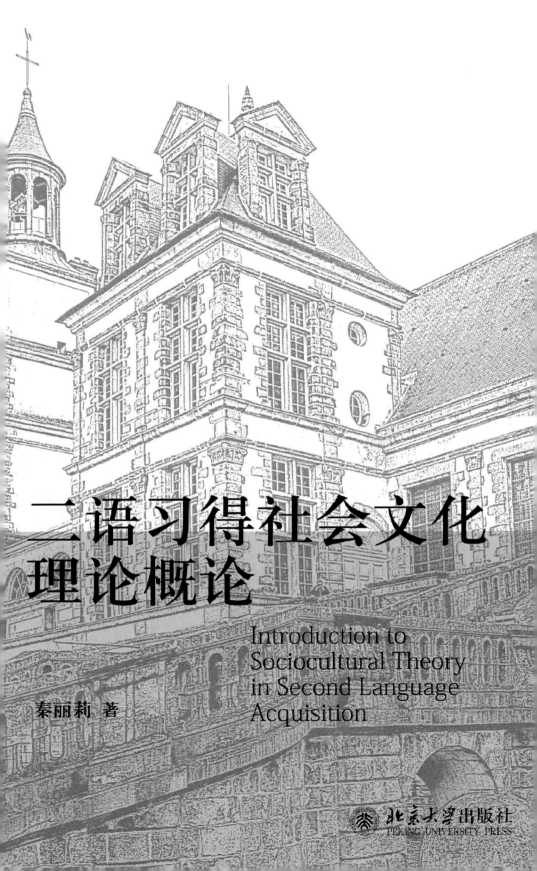

图书在版编目(CIP)数据

二语习得社会文化理论概论/秦丽莉著. —北京:北京大学出版社,2017.4
(语言学论丛)

ISBN 978-7-301-27668-6

I. ①二… II. ①秦… III. ①第二语言—语言学习—文化社会学—研究 IV. ①H003

中国版本图书馆CIP数据核字(2016)第247131号

书　　名	二语习得社会文化理论概论 ERYU XIDE SHEHUI WENHUA LILUN GAILUN
著作责任者	秦丽莉　著
责任编辑	李　颖
标准书号	ISBN 978-7-301-27668-6
出版发行	北京大学出版社
地　　址	北京市海淀区成府路205号　100871
网　　址	http://www.pup.cn　新浪微博:@北京大学出版社
电子信箱	evalee1770@sina.com
印刷者	北京虎彩文化传播有限公司
电　　话	邮购部 62752015　发行部 62750672　编辑部 62754382
经销者	新华书店
	650毫米×980毫米　16开本　18印张　318千字 2017年4月第1版　2019年7月第2次印刷
定　　价	56.00元

未经许可,不得以任何方式复制或抄袭本书之部分或全部内容。
版权所有,侵权必究
举报电话:010-62752024　电子信箱:fd@pup.pku.edu.cn
图书如有印装质量问题,请与出版部联系,电话:010-62756370

序

秦丽莉教授在她的新作《二语习得社会文化理论概论》付梓之时，邀我为该书写序。我和秦老师有师生之谊，又看到她近年来力作不断，感到由衷高兴，就欣然应允。

在书中，作者指出社会文化理论（sociocultural theory = SCT）是基于俄罗斯著名心理学家 Lev Semyonovich Vygotsky 的研究。但 Vygotsky 本人并没有使用过"社会文化（sociocultural）"这一术语，而是惯用"文化心理学（cultural psychology）"和"文化历史心理学（cultural-historical psychology）"来指代其提出的理论。SCT 这一术语是 Wertsch 教授于 1985 年首先提出的，用来表达人类的思维功能是通过参与（participation in）社会互动和借用（appropriation of）融入社会活动中的某种文化调节形式（forms of cultural mediation）而得到发展的理论观点。因此 SCT，既不是关于 social 的理论，也不是关于 cultural 的理论，而是关于心理学的理论（a theory of mind）。SCT 对知识与学习之间的关系进行了全新的解读，认为所有的学习都是从社会（social）开始，然后才是个体（individual）。因此，从本质上讲，SCT 是从社会个体的本体论角度出发的研究。然而值得注意的是，SCT 虽然注重社会维度并不意味着脱离心理过程展开研究，而是关于人类心理、社会文化背景以及转变人类认知或者思维功能的文化产物（artefact）三个方面的研究。SCT 与其他二语习得（second language acquisition = SLA）理论在核心理念上的不同之处在于，SCT 研究的是第二语言学习者在何种条件下（if）和如何（how）发展使用新的语言，调节他们的思维和交际活动的能力。

书中还提到了，美国宾夕法尼亚州立大学应用语言学院的James Lantolf教授和他的科研团队是将SCT融入到SLA研究的先锋。在Lantolf教授看来SCT与其他SLA理论不同的是，他将调节（通过他人或自身）置于发展和使用的核心（the core of development and use）。早期的SCT研究主要集中在其核心理论，如最近发展区理论（zone of proximal development = ZPD）、调节理论（mediation）和私语理论（private speech）；而进入21世纪，SCT的研究转向了第二语言教学研究。但在中国的SLA领域，相关SCT指导外语教学的学术专著非常少见。而从20世纪80年代以后，国内外各类语言学和应用语言学的会议和论坛，都把"社会文化理论和第二语言教学（SCT & L2 Pedagogy）"作为重点议题，其中不乏AAAL（American Association for Applied Linguistics）、ISCAR（International Society of Cultural-historical Activity Research）等国际上颇有影响力的学术团体。Lantolf教授也与Poehner于2014年创建了以SCT研究为主的 *Language and Sociocultural Theory* 学术期刊，而SCT研究相关的博士论文和学术专著成果也日渐丰富，这些都促使该方向的研究近年来有了突飞猛进的发展。因此，作为国际上影响举足轻重的中国SLA学者团队也逐渐开始对SCT研究产生了浓厚的兴趣，如文秋芳教授和韩宝成教授等。秦丽莉老师能够大胆尝试，在对SCT进行深入研究的同时将其融入中国大学英语教学中，展开实证研究，是一件值得鼓励的事情，我对此也鼎力支持。

书中作者首先从中国大学英语教学，尤其是口语教学方面所存在的现有问题出发，比如《大学英语教学大纲（2007）》要求与各地大学英语教学实行过程中存在的现实问题的"脱轨"现象等；以"问题为导向"，引出SCT与语言教学的关系，说明SCT对解决现有问题的理论指导作用；接下来作者对SCT的哲学根源、历史发展沿革、核心思想进行了深入的剖析和解读，并对SCT的不同分支理论及相关理论进行了相对比较全面的说明和阐述，让读者对SCT的理论框架进行了初步的了解；之后，书中又对SCT当前的研究现状、发展方向和研究方法进行了概述，还构建了"四维立体"的新型SCT实证研究框架，并进一步使用实证研究案例对SCT研究的具体实践操作程序和方法进行了详细的说明,为读者展示了相对比较详实的SCT指导的第二语言教学研究的具体研究过程。

该书以中国大学英语教学为背景,对"SCT与L2 Pedagogy"这一研究主题进行了从"实践—理论—实践"整体化(holistic)和生态化(ecological)的研究,这不仅是Lantolf & Poehner于2014年撰写的 *Sociocultural Theory and the Pedagogical Imperative in L2 Education* 一书所提出的核心思想,同时也是Vygotsky提出的实践论(praxis)的主导理念所在。

多年来我见证了秦丽莉教授在外语教育和学术领域的不懈探索和追求,我想无论是外语学者、外语教师和外语教育研究者都可以从秦老师一系列的学术专著和论文中获益。我期待她不断有新作问世。希望这本书的出版能够对目前从事和希望从事SCT研究的广大教师和博士生提供一定的参考。

戴炜栋
上海外国语大学
2016.2

表格目录

表 1.1　大学英语四、六级口语评分标准 / 12
表 1.2　SCT 研究期刊分布 / 16
表 1.3　与本书研究相关的 SCT 框架下的大学英语教学研究 / 20
表 1.4　大学英语口语教学研究与大学英语教学研究期刊论文数量对比 / 21
表 3.1　SCT 为理论框架的"生态化"学术专题口头汇报小组任务教学的特征 / 68
表 3.2　语言教学研究的认知角度和生态角度对比 / 74
表 3.3　动机、能动性、LA 和转化学习环境给养状况之间的相关性 / 77
表 3.4　LA 的具体发展过程简述表 / 90
表 3.5　SCT 框架下的意义协商实证研究列联表 / 112
表 3.6　CET-SET 的考试形式和对考试所表达的内容的要求 / 115
表 4.1　调查内容、参考理论框架、具体调查内容和研究方法概览 / 121
表 4.2　实证研究数据搜集程序一览表 / 125
表 4.3　焦点学生档案 / 128
表 4.4　学习历史叙事文本和周志文本数据搜集内容一览表 / 133
表 4.5　问卷因子分析结果 / 140
表 4.6　可靠性统计结果 / 143
表 4.7　问卷调查数据收集过程一览表 / 145
表 5.1　一、二年级自然班与"生态化"任务班教学大纲期末成绩考核指标对比 / 150

表 5.2　一、二年级"生态化"任务班和自然班前测成绩方差分析 / 170
表 5.3　一、二年级自然班和"生态化"任务班后测口语成绩对比方差分析 / 173
表 5.4　一年级"生态化"任务班前测后测口语成绩对比 / 173
表 5.5　二年级"生态化"任务班前测后测口语成绩对比 / 174
表 5.6　二年级自然班前测后测口语成绩独立样本 T 检验 / 175
表 5.7　一、二年级"生态化"任务班和自然班的前测和后测均值对比分析 / 178
表 5.8　一年级"生态化"任务班后测各指标相关性对比分析 / 181
表 5.9　一年级"生态化"任务班和自然班后测指标对比分析 / 181
表 5.10　二年级"生态化"任务班后测各指标相关性对比分析 / 183
表 5.11　二年级"生态化"任务班和自然班后测指标对比分析 / 184
表 5.12　学习目标、学习资源(LR)、互动学习机会(ILO)和课内外给养转化状况描述简介 / 209
表 5.13　4 位焦点学生口语成绩前测和后测 / 214

插图目录

图1.1 SCT实证研究内容统计分布图 / 18
图1.2 SCT综述类研究内容统计分布图 / 18
图1.3 SCT或其分支理论为基础的大学英语口语研究期刊论文分布图 / 21
图2.1 SCT现有国际参考文献分类统计分布图 / 33
图2.2 中外SCT文献数量对比分析 / 34
图2.3 单元活动理论系统 / 42
图2.4 多元活动理论系统 / 43
图2.5 社区中的学习者示意图 / 44
图2.6 内化理论原理示意图 / 46
图2.7 宏观给养形成三要素关系图 / 54
图2.8 微观给养形成三要素关系图 / 55
图2.9 本书宏观框架蓝图 / 56
图2.10 本书操作方法理论框架 / 56
图2.11 本书"四维立体"研究框架 / 58
图3.1 宏观层面口语教学中任务的"生态系统" / 65
图3.2 微观层面"生态化"APBOPTG中语言学习者在课内/课外完成任务流程图 / 66
图3.3 小组学术专题口语报告任务完成微观"生态系统"流程图 / 67
图3.4 motivation定义概念图 / 80
图3.5 本书各个研究内容及其所依据理论和涉及的概念概览图 / 117

图 4.1　A1 和 B1("生态化"任务班)以"生态化"APBOPTG 任务的口语教学模式图 / 130
图 4.2　A2 和 B2(自然班)口语教学模式图 / 131
图 5.1　自然班上课资料照片 / 148
图 5.2　一年级"生态化"任务班课内学习情况 / 152
图 5.3　一年级"生态化"任务班课外学习状况 / 153
图 5.4　学生课内口头汇报录像截图 / 167
图 5.5　一年级"生态化"任务班在口语测试三个指标上的变化 / 176
图 5.6　二年级"生态化"任务班在口语测试三个指标上的变化 / 177
图 5.7　一年级"生态化"任务班调查指标彼此之间的相关性 / 187
图 5.8　二年级"生态化"任务班调查指标彼此之间的相关性 / 187
图 5.9　活动理论框架下大学英语学习动机自我系统模型 / 191
图 5.10　本书教学实验阶段对实验阶段学生动机影响较大的因素模块 / 192
图 5.11　Motivation 定义概念图分段解析 / 195
图 5.12　宏观和微观 EA 转化情况 / 212
图 5.13　口语水平提高或下降过程对比示意图 / 213
图 6.1　L2 发展的复杂动态模型图 / 222
图 6.2　LA 和 LID 的多样化、动态发展模型图 / 226

缩略语表

A = agency
AA = agentic actions
APBOPTG = academic project-based oral presentation tasks by group
AS = activity system
AT = activity theory
AU = Autonomy
CELAFT = College English learning affordances transformation
CELE = College English learning environment
CELM = College English learning motivation
CET = College English Test
COEA = College oral English affordances
COP = community of practice
CT = complexity theory
DC = direct community
DCI = direct community identity
EA = ecological affordances
EFL = English as a foreign language
CALL = computer-assisted language learning
ELH = English learning history
FL = foreign language
FLL = foreign language learning

G1 = Grade One
G2 = Grade Two
IC = imagined community
ICI = imagined community identity
ILO = interactive learning opportunities
IS = ideal self
L2 = second language
L2MSS = L2 motivation self-system
LA = learning autonomy
LE = learning experience
LI = learner identity
LID = learner identity
LR = learning resources
MN = meaning negotiation
MU = meaning unit
OP = oral performance
OTS = ought-to self
SCT = Sociocultural Theory
SLA = second language acquisition
TBLT = task-based language teaching
ZPD = zone of proximal development

目　录

第一章　源起 …………………………………………… 1
1. 当代外语教学背景 ………………………………… 5
2. 亟待解决的问题 …………………………………… 14
3. 以社会文化理论为依据的大学英语教学改革的重要意义 ……… 15

第二章　SLA领域社会文化理论研究的哲学根源、学科属性、研究现状与理论内涵 …………… 26
1. 社会文化理论及其分支理论 ……………………… 26
2. 本书的理论框架 …………………………………… 56

第三章　当前社会文化理论框架下的SLA热点研究 ……… 60
1. SCT与SLA的关系 ………………………………… 60
2. SCT与语言教学的关系 …………………………… 62
3. "生态"视域下的语言教学研究 …………………… 71
4. 学习者学习动机、LA、能动性、身份以及学习环境给养之间的相关性 …………………………………… 75
5. SCT框架下L2学习动机研究综述 ………………… 79
6. SCT框架下学习者自主能力研究综述 …………… 87
7. SCT框架下L2学习者能动性研究综述 …………… 95
8. SCT框架下L2语言学习环境给养研究综述 ……… 104
9. 与SCT框架下SLA研究相关的若干其他问题 …… 109

第四章　社会文化理论的研究方法与案例分析 …… 118
1. 根据调查内容采用的理论框架和研究方法 …… 120
2. 实证案例 …… 121
3. 研究对象 …… 128
4. 教学设计 …… 129
5. SCT常用研究方法述介 …… 132
6. 实证案例分析采用的分析工具 …… 144

第五章　SCT视角下中国大学英语学习状况实证数据描述与解析 …… 146
1. 大学英语口语环境给养现状 …… 146
2. 学生的口语水平变化 …… 170
3. 学生英语学习动机、能动性、LA和学生转化给养状况变化 …… 178
4. 口语成绩与英语学习动机、能动性、LA和学生转化给养状况的相关性 …… 180
5. 学生的学习动机、能动性、LA和学习环境的给养转化状况变化的原因 …… 189

第六章　结语 …… 216
1. 研究结论 …… 216
2. 研究对大学英语教学的启示 …… 223
3. 本书的局限与未来的研究方向 …… 226

参考文献 …… 228

附录 …… 259
访谈问卷1(教师/学生) …… 259
访谈问卷2(教师——前期) …… 259
访谈问卷3(教师——后期) …… 259
访谈问卷4(学生——前期) …… 260

访谈问卷 5(学生——后期) ………………………………… 264
调查问卷 …………………………………………………… 266

后记 ……………………………………………………… 271

第一章 源 起

  由俄罗斯心理学家 Lev Semyonnovich Vygotsky 等学者（通常被称作 Vygoskian scholars，即维果斯基学派学者）提出的"文化历史心理学（cultural-historical psychology）"理念历经多年，已经逐渐深入至不同的科学领域，包括人类学、教育语言学以及第二语言习得（second language acquisition=SLA）等领域。在应用语言学和 SLA 领域 Vygotsky（1978；1987）的理念被统称为社会文化理论（sociocultural theory=SCT）（Lantolf & Thorne, 2006:1）。SCT 的核心理念认为语言学习是一种通过社会调节的活动，意即一个活动是由其所处的社会或学习环境调节的。SCT 虽然在其术语标签上分别出现了"social"和"cultural"两个关键词，但是它并不是一个关于人类存在的社会和文化方面的理论，而是一个关于心理学的理论（a theory of mind, Lantolf, 2004: 30-31），主要研究焦点是社会关系（social relationships）和文化构建的产物（culturally constructed artifacts）在组织特有的人类思维形式（forms of human thinking）中发挥的作用。在 Vygosky 思想的传统理念中，"culture"被认为是一个客观的动力，将人类的社会关系和使用文化产物的发展历史融入到人类活动的研究中。SCT 是一个关于人类思维高级功能（higher mental functions）发展的研究，主要依据 Vygotsky 和他的同事们的研究发展形成，而 Vygotsky 的思想根源来自于18、19世纪的德国哲学观点（尤其是 Kant 和 Hegel 的）以及 Marx 和 Engels 在社会经济学上撰写的著作（如 *Theses on Feuerbach and the German Ideology*）（Lantolf & Thorne, 2006:1-2）中阐述的思想理念。之后在 James Wertsch 等学者的提倡下，由"cultural-historical theory"转为目前统称的"sociocultural theory"(Wertsch et.al, 1995:56),"是一个以解读人类思维功能与文化、历史和教学背景之间的关系的理论"(Lantolf & Thorne, 2006:3)。到了20世纪末和21世纪初,SCT在美国宾夕法尼亚州立大学James Lantolf教授和他的团队发表的丰富研究成果影响下,有了突飞猛进的发展(2015年当时已有806个参考文献[①]),但是在中国,SCT在SLA领域的研究目前正处于萌芽阶段,成果非常有限(具体情况在第三章文献综述部分有详细的阐述)。结合目前大学英语教学存在的问题(尤其在大学英语口语教学方面),作者认为SCT有助于解决现有问题,优化大学英语学生的口语学习环境的"生态给养(EA)"状况。

本书的研究目的是在理论阐述与实践应用之间搭建一座桥梁,结合中国大学英语口语教学目前存在的问题,应用SCT为理论框架,以任务型教学为实施策略,以改善大学英语学习"生态"环境为目标,最终实现SCT指导的"生态化"任务型教学模式,并通过该种教学模式的实施更加有效地提高学生的英语水平。作者首先从发现问题着手,以问题为驱动,依据理论,设计教学策略,达到构建生态给养丰富的大学英语口语学习环境的目的,以期解决现有问题。又由于SCT相关研究在中国本土尚属萌芽阶段,现有的理论研究主要以综述类为主,实证研究数量也相当匮乏,目前也几乎没有研究对SLA领域涉及的SCT的整个研究体系进行系统的梳理、解读和应用的研究,因此本书对SCT的发展历程、哲学根源、学科归属、主要分支理论内涵、在SLA领域的主要研究内容和发展方向、主要研究方法、研究范式等进行了梳理和解读;又由于SCT的核心理念是将语言学习视为社会调节的过程,语言学习的先决条件是参与语言学习相关的社会互动(van Lier, 2004, 2006, 2007, 2010; Lantolf, 2006; Lantolf & Thorne, 2006),而这种社会互动机会也被van Lier(2004; 2007)称作语言学习环境的"生态给养"(ecological affordances=EA)。此外,为了给学生创建更多的社会互动机会,又涉及到语言教学任务的设计,所以作者在接下来的研究中还论证了SCT与任务型教学法的兼容性,得出任务型教学是实现SCT核心理念的最佳手段。据此,研究以为学生创造更多的EA为主要目标,对大学英语口语教学进行了重新设计并尝试实施了"生态

[①] 据作者2014年10月在南京大学召开的"第三届中国ELT国际研讨会"期间与James Lantolf教授的交流得知,在2015年12月,SCT研究领域官方参考文献更新为806个。

化"任务型教学。实证研究部分的研究目的主要是对大学英语学生的口语学习状况和环境进行跟踪调查,调查学生在传统的学习环境下和"生态化"任务型教学构建的学习环境下学习状况有何差异。在调查任务实施前后口语学习环境的变化时,作者对学生的英语口语学习状况进行了跟踪调查,从学习的社会属性(群体)和学习的个体属性(个体)两方面,分别对大学英语学习环境整体的 EA 状况、学生进行的意义协商情况、英语学习动机、学习自主能力、能动性和学生转化学习 EA 的情况等方各面进行了评估。研究方法主要采用 SCT 提倡的质性研究方法,如民族志、课堂观察、访谈、学习历史叙事文本、语篇分析等。调查的焦点主要在学生参与语言学习互动活动方面,即转化 EA 的主要前提,从学生参与语言学习互动活动的行为方面发掘学生学习动机、学习者自主能力(LA=Learner's Autonomy)和能动性的变化。同时,为了提高研究结果的说服力,作者在研究过程中采用了 SCT 惯用的三角论证研究范式,既采用了量化研究(如通过问卷调查对学生的学习动机、LA、能动性和学生对环境中的 EA 转化情况进行测试以及口语测试跟踪学生的口语水平在任务实施前后产生的变化),也采用了质性研究,深入调查学生的意义协商情况、动机、能动性、LA 和转化给养情况发生变化的原因。质性与量化研究相结合的目的是秉承 SCT 研究范式,通过多种手段找出促进大学英语学生口语学习的社会因素和个人因素;在三角论证研究中,作者对学生口语学习环境的整体状况(宏观)和学生自身在不同的学习环境下口语学习产生的变化的原因(微观)进行了较全面的调查,其目的是说明 SCT 研究如何提高研究的信度和效度。通过实证案例的研究与描述,作者最终得出结论,认为以 SCT 为指导的任务型教学,能够实现大学英语口语教学课内外相结合的理念,充分改善了大学英语口语学习环境的"生态给养"状况,对目前国家提倡的深化大学英语教学改革提供了有益的参考建议。

  本书各部分的主要内容如下:

  第一章:主要阐述了大学英语教学的现状,从中国大学英语教学的相关官方指导性文件及大学英语教师和学生的访谈反馈中找出大学英语教学所存在的问题,并以问题为驱动论证了本书研究内容的意义和目的。

  第二章:主要对理论框架——SCT 的定义、缘起、学科属性、核心和分支理论内涵进行了深入具体的阐释,并对 SCT 相关的理论研究进行了系统的综述和梳理,最后通过理论和实践,推理出 SCT 指导的语言教学实证研究的宏观研究框架和研究中具体操作依据的"四维立体"的微观研究框架。

第三章:主要对 SCT 相关的研究进行系统的综述。主要内容有:SCT 与语言教学的关系、"生态"视域下的语言教学研究、SCT 与任务型教学的关系、SCT 框架下学习者动机、能动性、自主学习能力和给养四个因素之间的关系,并在此基础上分别对 SCT 框架下的动机研究、SCT 框架下的能动性研究、SCT 框架下的自主学习能力研究和 SCT 框架下的语言学习环境给养相关研究进行了详细的综述。除此之外,书中还对与 SCT 紧密相关的其他若干问题进行了简要概述,如:L1 在 L2 学习中发挥的作用、L2 学习与小组任务的关系、意义协商对语言学习的促进作用、SCT 框架下教师的纠正性反馈对 L2 学习的促进作用等。

第四章:主要对 SCT 通常采用的研究范式、研究方法进行阐述。并通过实证案例,对 SCT 指导的语言教学实证研究采用的"四维立体"的三角论证框架进行具体的说明,阐述了案例中具体的研究内容,如"生态化"任务型教学实施前后,大学英语教学和学习情况的变化、学生进行意义协商的情况,口语测试成绩、学习动机、能动性、LA 和学生从环境中转化的学习给养的变化及彼此之间的相关性情况等。之后书中还进一步阐述了对以上实证研究在具体实施过程中,采用的具体操作过程、方法、数据搜集程序、分析工具等。

第五章:主要对实证研究中搜集到的数据进行深入的分析和讨论。分别对大学英语口语教学和学习的情况和学生进行的意义协商情况进行了质性描述;对学生口语成绩的变化,学生在动机、能动性、LA 和转化学习给养情况的变化方面进行了量化分析;对口语成绩与动机、能动性、LA 和转化学习给养情况的相关性进行了量化的分析;最后通过对焦点学生的民族志跟踪调查,对学生在动机、能动性、LA 和转化学习给养情况的变化原因进行了质性的描述。目的是从整体的视角对学生的英语学习情况发生的变化和变化的原因进行深入的调查。书中最后提出了大学英语口语学习环境中的"生态给养"转化过程与口语水平提高或降低的流程图模型,并对其进行了详细的说明。

第六章：主要对 SCT 指导的语言教学研究理论、范式和方法以及通过实证研究说明的具体操作过程和实证数据的解读进行归纳总结，提出了 L2 学习复杂动态系统模型，并从中提炼出本书对大学英语教学的启示，同时对本书阐述内容的局限性和未来的 SCT 指导的语言教学相关研究进行了说明和展望。

1. 当代外语教学背景

从开始受教育的那天起，我们就逐渐以分类和概括的方式习得不同的技能。我们将不同的次级类别（subcategories，或者次级概念，subconcepts）如 x、y、z 归为一个整体类别（umbrella category）X（大写）。我们也可以将不同的整体类别如 X、Y、Z（全部大写）归为更宽泛的总体类别 X'（一个集合）。同样，语言传统上通常从文本、语篇、从句、短语、词、词素、音节和音素等方面以不同的层次分析。很多应用语言学家提出了对应用语言学科领域发展中的认识论（epistemology）进行重新导向的主张，因为他们对目前应用语言学科研究过于倾向于具体化（reification）的发展趋势感到担忧（Larsen-Freeman, 1997, 2000）。从 SCT 视角来看，Valsiner & van der Veer (2000) 曾提出类似的担忧，提醒应用语言学领域不要盲从以下两种简化主义的研究范式：

> SCT 学者通常反对通过生物物理学（biophysical）层面解释心理现象（即简化主义的范式，或称从上至下的，downward 的研究范式），同时也反对将个人心理的复杂性简化成"社会性—解释性"的维度（如文本、语篇、叙事等，这些被称为另一种简化主义范式，也称自下而上的，upward 的研究范式），两者都是简化主义范式的一种，在构念特征上很相似。(p.6)

以上观点似乎对新时代 L2 研究很适用。传统的 L2 研究比较注重量化研究，这种研究范式其实就可以被视为自上而下的简化主义范式的一种，虽然很多研究并没有证明假设人类生理基因决定的 LAD（language acquisition device）(Chomsky, 1965) 的存在。但显然在传统的 L2 研究中，有关 L2 学习者之间的互动和 L2 学习者受到 L2 社区文化影响的研究并没有得到应有的关注。然而L2学习者在所处的社会文化背景中的生活经历使他们无法脱离已经嵌入了文化的、动态的、社会的、历史的因素的影响(Skehan, 2003)。传统SLA研究严重依赖于量化和心理测量的方法，通常比较关注某个群体语言习得的情况，却比较少的关注SLA学习者的个体差异，因而这些研究都被称作宏观视角的研究(Dörnyei, 2005)。

值得关注的是，从20世纪90年代开始，SLA领域的学者们开始改变这种自上而下的简化主义的量化研究的范式。然而尽管学者们自90年代起投入了很大的精力，但是如果不能够将从语言的不同层次展开的语言习得研究整合起来，为教育体制服务，构建"生态"效度(ecological validity)，似乎就不可能脱离SLA领域不断涌现出新的定义和新的维度的发展趋势，这可能导致学者们忙于解释验证各种维度和模式，而无法从整体的、生态的视角解读SLA，因此作者认为SLA研究应该以SCT和生态语言学所提倡的"整体视角"展开研究。

与上面自上而下的简化主义相反的是，从20世纪90年代以来，SLA领域还有一种值得关注的发展趋势：宏观社会学视角的研究。例如Norton(2000)就曾提出过，应用语言学家们也曾在各自的领域应用Norton的观点，但是似乎Norton的研究方法是简化主义的另一个极端："自下而上"的简化主义。

Norton(2000)反对SLA领域当时盛行的量化研究方法，以及学者们一直忙着修正不同的理论模式、框架等现象，认为这样的发展现状使SLA走入了一个困境，从语言的不同层面对语言习得进行单独的研究，使学者们走入了一个"迷局"，因为影响语言习得的不同层面的变量似乎是无法做到穷尽的。不可否认的是，人类是社会性生物(social beings)，生活在宏观社会结构内(social structure，或称Bourdieu 1977年提出的"生存常态"，habitus)。尽管社会结构是不可见的，却始终受环境和人类认知的影响不断重组，只有我们认识到人类的生活经历是受宏观社会结构的影响的，才有可能从整体的视角对人类语言习得作出进一步的解释。

总之，可以说两种简化主义理念指导的SLA研究似乎都建立在简化的、概括性的研究范式基础上。"自上而下"的量化研究倾向于将语言习得概括成不同的次级概念，而"自下而上"社会学研究则主要关注L2学习中更高层次的、社会层面的语篇内容。这两种研究范式支持者阵营的相互竞争和争论,使得SLA研究有了突飞猛进的发展。本书的核心观点则是二语习得领域的实证研究,应该结合两个范式提出的思想,以SCT为基础,即从量化研究中找出L2习得的趋势(自上而下),又从质化研究中总结L2学习发展的真实状况(自下而上)。通常以SLA理论指导的,从语言教学中验证理论应用效果的研究,都以用量化研究方法证明教学效果为最终研究的终结部分,从教学效果的好坏,反推某些理论是否成立。但是实际上量化研究得出的关于教学效果的数据结果只能证明大体上学生在这种教学环境中L2水平的先后差异,其结果往往是静态的,而非动态的,同时也无法解读其中具体的某个学生个体习得L2的具体的动态发展轨迹,以及其背后隐含的包括学生的语言学习历史经历、与周围其他社会成员的关系、学校课堂内外的不同因素等在内的一些社会文化因素。因此,本书中描述的实证研究不仅采用了量化研究方法,还采用了质化研究加以补充。据书中实证案例的阐述介绍,研究的过程中分别对学生的学习历史和经历、当前学习状况,甚至未来的期望、目标和计划进行了整体的调查,希望能够解读量化研究结果的同时,通过质化研究挖掘语言习得具体过程中隐含的不同问题。

  本书的撰写初衷源自作者自身的大学英语教学经历。虽然作者已经有20年的英语教学经验,但是始终觉得教学中不能够充分的实现教学目标,尤其是在口语教学中,总会受到教学内容太多、班级人数过多、教学时间不足等问题的限制,无法为学生创造具有充分口语互动机会的学习环境,让学生多说、多合作、多交流,进而提高口语水平。有的学生甚至时常会向作者抱怨:"口语水平比高中时还差了"。这曾一度使作者非常困惑,苦苦思索而终不得解。偶然的机会,作者阅读了美国宾夕法尼亚州立大学 James Lantolf 教授撰写的 *Sociocultural Theory and Second Language Learning*(2000),方觉豁然开朗。书中根据 Vygotsky(1978;1987)提出的 SCT,对SLA研究进行了全新的阐释,认为SLA无法脱离社会文化背景,而语言学习的必要前提即为尽可能多的参与社会互动。此外,作者发现目前已有研究证明了更多的互动学习机会(learning opportunities)、参与社会互动(interactive activities)或合作性活动(cooperative activities)任务对提高口语熟练水平(oral proficiency)的积极促进作用,而且这些研究中采用的实证研究都实施了任务型教学研究。因此,SCT与任务型教学之间的兼容性很高(Nunn, 2001)。而 SCT 研究的主要目的之一就是丰富语言学习环境的"EA"(van Lier, 2000)。因此在本部分,作者将首先对目前中国大学英语口语教学现状和存在的问题进行阐述,说明大学英语口语教学改革的迫切性和增加促进口语学习机会、增加互动活动和合作学习的语言教学任务的重要意义;然后说明为什么 SCT 能够对解决以上提到的大学英语口语教学问题有很强的指导作用;最后根据 van Lier 的观点(1996; 1997; 2000; 2004; 2008; 2010),如果将语言学习环境视为一个生态系统的话,那么语言学习互动机会就是这个生态系统中的给养(affordances)之一,这些互动学习机会决定了学习者是否能够将环境提供的内容转化成对语言学习有意义的内容(van Lier, 2004:ix),因此本部分还对为什么要以构建 EA 丰富的大学英语口语学习环境为研究目标进行了阐述。

1.1 大学英语教学现状和存在的问题

首先我们从我国现阶段施行的与大学英语教学相关的指导性文件、报告中寻找我国对大学英语教学的要求和建议,由于大学英语教学大纲通常分为不同部分、不同级别要求,如果一概而论,不免缺乏针对性,无法具体说明现存问题和寻找解决办法,因此本书主要以大学英语口语教学为主要切入点,以期做到有的放矢,便于广大读者参考。

1.1.1 《大学英语教学大纲(2007)》[①](下称《大纲》)

《大纲》中所提到的对大学英语口语教学要求节选如下:

大学英语的教学目标中提出"培养学生的英语综合应用能力,<u>特别是听说能力</u>[②],是他们在今后的工作和社会交往中能用英语有效地进行交际,同时增强其自主能力,提高综合文化素养,以使用我国经济发展和国际交流的需要"。说明"听说能力"的培养已经成为大学英语教学的核心任务之一。

---

① 据查,2007年教育部高教司还发布了《大学英语课堂教学要求》,其中对口语教学的要求与《大纲》相同。此外,至本书截稿日期《大学英语教学指南》(2017)仍然非正式官方发布,所以本书并未提及该《指南》的内容。

② 该部分下画线部分是与以下陈述内容有紧密相关的对大学英语学生口语表达能力的要求内容。

在教学要求中,<u>一般要求</u>对口语表达能力的要求指出"能在学习过程中用英语交流,并能就某一主题<u>进行讨论</u>,能就日常话题<u>用英语进行交谈</u>,能经过准备后就所熟悉的话题做简短发言,表达比较清楚,语音、语调基本正确,能在<u>交谈中使用基本的会话策略</u>";<u>较高要求</u>提出"能用英语就一般性话题进行比较流利的<u>会话</u>,能基本表达个人意见、情感、观点等,能基本陈述事实、理由和描述事件,表达清楚,语音、语调基本正确";<u>更高要求</u>提出"能较为流利、准确地就一般或专业性话题进行<u>对话或讨论</u>,能用简练的语言概括篇幅较长、有一定语言难度的文本或讲话,能在国际会议和专业交流中宣读论文并<u>参加讨论</u>"。

三种要求中虽难度有所提升,但除了语言、语调和使用英语独立进行陈述、报告等表达能力之外,都分别强调了用英语与他人相互"交谈""会话""对话或讨论""参加讨论"的能力。也就是说在大学英语教学中,应该根据学生的不同情况,加强设计、安排培养口语能力的环节,注重增加学生参与使用英语对话和互动活动的机会。

但现实的大学英语教学中,是否能按照大纲要求进行教学呢?作者于2012年10月至2015年2月期间参加学术会和攻读学位时,分别对大学英语教师对口语教学的看法和大学英语学生对口语学习状况的看法进行了以下实证调查,其结果简要陈述如下。

(1) 大学英语教师对口语教学现状的看法

根据随机对全国不同高等院校的18位大学英语教师(分别来自18个城市,分布于15个省)进行的访谈中了解到现实似乎与以上要求不符。作者的访谈只有一个问题:"您认为大学英语口语教学现状如何?(包括课内和课外)"对这一问题的回答,所有的教师的回答基本可以总结为以下几个方面:课内方面(a) <u>班级人数太多(50—80人左右)</u>[①],顶多是用英语问问题,下面的学生集体用英语回答,无法安排口语练习。偶尔安排一下,也只能让学生在课堂上用最多10分钟的时间准备,只能给两三个(组)学生演示的机会,没什么教学效果;(b) <u>学校的英语教材和大纲要求内容太多,无法完成,几乎没有时间做口语练习</u>。某些学校如果大学英语

[①] 该部分画线部分是教师或者学生对大学英语口语教学或学习的看法,也是与本书撰写的缘起——发现大学英语口语教学中现有的"疑难杂症"。

教材讲不完,甚至会出现学生去教务处投诉教师强迫要求学生买书但是又不在课堂上全部使用的情况,因此教师无论如何都努力地尽量完成教材的教学任务,但却"有意无意"地"忽略"了口语练习。因为似乎只要能把教学任务完成,口语教学活动没有"硬性"要求,而且学生也不会因为口语互动少,而"投诉"任课教师的。甚至有的学校,只在大学英语课内安排读写课程,而听说部分被安排为学生课后自主学习内容;(c)有的老师每次安排口语练习,只有少数学生配合,<u>大部分学生不配合或反应消极</u>,最终教师不得不"回避",甚至主观"忽略"安排口语教学环节;课外方面(d)上课基本没时间练口语,有时候会组织<u>第二课堂活动</u>,比如演讲比赛、模仿大赛等,让学生有使用英语表现的机会,提高他们对英语口语的兴趣等等。但是这种第二课堂活动,真正受益的只有参赛的几个学生而已,称不上提高学生整体口语锻炼的机会。

从这些教师对大学英语口语教学反馈明显可以看出,由于教学中面临的人数多、教学内容多、学生反应消极、学生水平差等障碍,基本上现实中不能完全遵循《大纲》对口语教学的要求实施教学。大部分的教师虽然意识到课堂内口语教学存在的不足,只有少数老师能尝试做到按《大纲》要求实施口语教学,按规定增加互动学习机会,真正达到系统的提高全体学生口语能力的目的。那么在学生人数多、教学内容多、教学时间有限、学生反应消极等教学困难之前,作为大学英语教师,当务之急或许只能寻求策略将课内教学与课外教学系统合理的结合,并对学习过程和效果进行较为合理的监督和评估,才能从中找出解决互动机会欠缺的问题。

(2) 大学英语学生对口语学习现状的看法

作者也曾在进行以上调查期间,针对全国5所高等院校(郑州某大学、哈尔滨某大学、成都某大学、上海某大学、东北某大学)的15位大学英语学生进行了访谈。访谈的内容也只有一个问题——"您觉得您的大学英语口语学习现状如何?(包括课内和课外)"对这一问题的反馈,学生的回答可以总结为以下几点:课内方面(a)在大学英语课堂上,<u>没什么机会锻炼口语</u>,老师偶尔会提问,但基本回答简短,不足以提高口语水平;(b)有的学生意识到自己的口语差,但是又不知道该如何提高,而<u>老师总是注重教材讲解</u>;课外方面(c)课后学生基本不会练习口语,主要因为找不到搭档，跟老外交朋友又不知道怎么交。有些学生会偶尔通过看美剧学习口语；(d)有些学生只是在准备四、六级考试之前会准备一些口语考试的素材，但大部分学生不经过准备就直接参加口语考试，成绩并不理想。有的学生直接放弃口语考试，主要原因是大学英语四、六级口语考试成绩单证单发，与其他科目的成绩不在同一个证书上，因此学生认为考或者不考都无所谓。

不难发现，不论是课内还是课外，学生对口语方面都是认识到不足，但是却束手无策。高中之前习惯了跟着老师走的学生们，没有了老师的指导，似乎也无法找到合理的策略和方法提高口语。即便会通过网络学习口语（如看美剧），但是显然成效不足。因此当务之急是找到合理的方法，由教师引导学生不论是在课内还是课外都能够有效的进行口语学习，创造更多的锻炼口语的互动机会，达到提高学生口语水平的目的。

发现了大学英语口语教学和学习中存在的问题，那么大学英语教学相应的四、六级考试大纲中对口语水平的评估模式标准又如何呢？下文作者将从《大学英语四、六级考试大纲要求》中发现相关内容，目的是找出大学英语教学现状与考试评估模式和标准之间是否存在不吻合的情况。

1.1.2 《大学英语四、六级考试大纲要求》

《大学英语四、六级考试大纲要求》中所提到的大学英语四、六级口语考试分为三部分：第一部分是考试和CET(College English Test)考试机构授权的主考进行交谈，采用问答的形式（5分钟）；第二部分包括1.5分钟的考生个人发言和4.5分钟的小组讨论（3—4个考生）（10分钟）；第三部分由主考再次提问，以进一步确定考生的口头交际能力（5分钟）。从这种考试形式中可以看出，除了与主考之间的交流以及个人发言部分属于个人表达能力的考核。其中重点考核的部分是使用英语参与小组讨论的口语交际能力。接下来，再来观察一下评分标准。

表 1.1　大学英语四、六级口语评分标准

	语言准确性和范围	话语的长短和连贯性	语言灵活性和适切性
5分	语法和词汇基本正确；表达过程中词汇丰富、语法结构较为复杂；发音较好，但允许有一些不影响理解的母语口音	在讨论有关话题时能进行较长时间的、语言连贯的发言，但允许由于无法找到合适的词语而造成的偶尔停顿。	能够自然、积极地参与讨论；语言的使用总体上能与语境、功能和目的相适应。
4分	语法和词汇有一些错误，但未严重影响交际；表达过程中词汇较丰富；发音尚可。	能进行较连贯的发言，但多数发言较简短；组织思想和搜寻词语时频繁出现停顿，有时会影响交际。	能够较积极地参与讨论，但有时内容不切题或未能与小组成员直接交流；语言的使用基本上能与语境、功能和目的相适应。
3分	语法和词汇有错误，且有时会影响交际；表达过程中词汇不丰富，语法结构较简短；	发言简短；组织思想和搜寻词语时频繁出现较长时间的停顿，影响交际，但能够基本完成交际任务。	不能积极参与讨论，有时无法适应新话题或讨论内容的改变
2分	语法和词汇有较多错误，以致妨碍理解；表达过程中因缺乏词汇和语法结构而影响交际；发音较差，以致交际时常中断。	发言简短且毫无连贯性，几乎无法进行交际	不能参与小组讨论

注：＿＿＿语言质量要求；＿＿＿个人发言质量要求；＿＿＿参与讨论质量要求

从以上表 1.1 的评分标准可以看出四段分值标准都对学生英语语言本身的质量，如语法、词汇和发音有不同的要求（语言准确性和范围），此外 2、3、4 分等级中都对个人发言进行考核（话语长短和连贯性）以及对参与讨论情况的评论（语言灵活性和适切性），但是在 5 分等级中不论是"话语长短和连贯性"和"语言灵活性和适切性"方面都主要针对学生参与讨论的情况进行考核，这从侧面说明参与讨论的能力越高，评估的水平越高，同时也说明大学英语四、六级口语考试中，参与口语互动讨论是重点考核内容，这一考核点与《大纲》的内容一致。说明大学英语教师应该在

教学中注重为学生创造更多的参与口语交际互动的机会。

但从以上访谈阐述，虽然《大纲》对大学英语口语教学提出了明确的要求，同时《大学英语四、六级考试大纲要求》也都对英语口语参与讨论的能力加以重点评估，但是实际上大学英语教学情况似乎差强人意，大学英语教学实践和策略亟待改革。

那么如果想对大学英语口语教学进行改革，除了从以上的微观角度了解教学现状和具体教学指导性文件之外，还应从宏观上关注国家相关教育政策，了解国家对高等教育的指导方向。

1.1.3 《国家中长期教育改革和发展规划纲要（2010—2020）》（下称《纲要》）

《纲要》提出"注重学思结合。倡导启发式、探究式、讨论式、参与式教学，帮助学生学会学习……"说明了国家对教育深化改革的指导思想中也非常提倡讨论式、参与式教学模式。而且《纲要》还提出要"注重因材施教。关注学生不同特点和个性差异"。因此大学英语教师应该有所重视，并应在教学中采取合理的措施解决。此外，《纲要》也提出了要"培养大批具有国际视野、通晓国际规则、能够参与国际事务和国际竞争的国际化人才"，可见如果不能很好的培养大学英语学生用英语参与到这些"国际事务""国际竞争"，遵循"国际规则"，开发"国际视野"就无法实现和贯彻国家的号召。离开高质量的大学英语教学，离开高水平的英语交际能力，要培养大批具有以上能力的大学生，无疑是"缘木求鱼"（束定芳，2013）。束定芳教授还曾提出大学英语教学真正的目标应该是学生的国际交流能力，具体来说其中就包括参与国际学术交流的能力（2013），而如果在平时常规教学中不重视对学生参与英语互动交流能力的培养，就无法达到这些目标。王守仁教授也曾指出目前大学新生的听说能力较弱，需要加强，因此大学英语教学的重点之一是提高学生的听说能力。加强听说能力应该从实际需要出发，而不是搞"一刀切"，要在学生拥有"英语综合能力"的前提下有针对性地加强"听说能力"培养（2012），这里的听说能力当然包括口语能力。可见专家们对目前大学英语学生的口语交际能力水平的担忧，也说明了提高大学英语口语教学质量的任务迫在眉睫，《纲要》也明确提出"提高质量是高等教育发展的核心任务"（王守仁，2012）。王守仁教授还曾撰文写道:"要以教学为中心,发挥教师的主导作用和学生的主体作用"(2010)。作者将这段话的内涵理解为,在教学中要发挥大学英语教师的主导作用,以"学生为中心"开展教学,但显然根据前文的初步访谈调查,我国目前的大学英语教学真实状况仍处于以"教师为中心"的状态。

综上所述,关注大学英语口语教学中互动学习机会的设计,对改善大学英语教学质量至关重要,但是无论哪一个方向的教学改革都需要理论支撑。下文将结合以上大学英语出现的问题说明为什么本书依托的研究案例采纳了SCT框架作为指导,以任务型教学为手段,以创造更多的语言学习的"EA"作为最终目标。

2. 亟待解决的问题

本书依托的实证案例计划理论上以SCT为指导,实施手段上采用任务型教学理念设计教学模式,以优化大学英语口语学习环境的"生态给养(ecological affordances= EA)"状况为最终的目标。但是这些理论上的框架是否能在实践中成功实施,并达到最初构想的效果,还需要具体的理论上的梳理和实证研究论证支持。因此作者将从以下几个方面对整个大学英语口语教学目前存在的问题和解决建议进行深入分析和讨论[①]:

(1)大学英语口语环境给养状况如何(包括从"教"和"学"两方面调查)?(外在因素、群体、宏观、质性)[②]

(2)大学英语学生的口语水平如何?(外在因素、群体+个体、量化、微观)

(3)学生的英语学习动机、能动性、LA和学生转化的EA状况如何?(内在因素、群体+个体、质化+量化、微观)

(4)学生的口语成绩水平变化与学生的学习动机、能动性、LA和学生从学习环境转化EA状况的变化有何关系?(内在因素、群体、微观、

[①] 这里需要指出的是,研究人员计划使用"生态化"学术专题项目小组口头任务(AP-BOPTG)作为下文研究框架所指的"合理的任务",刺激丰富大学英语环境"生态给养",其具体的内涵将在书第三章文献综述部分进行详细阐述。

[②] 以下每个研究问题后方的括号中内容说明在调查该研究问题内容时所采用上文提到的"四维立体"研究模式中的部分维度视角(可参见下文图2.10和图2.11)。

量化)

(5)"生态化"任务型教学是否能够解决现有问题?(内在因素、个体、微观、质性)

3. 以社会文化理论为依据的大学英语教学改革的重要意义

本书将在以下几个方面对 SLA 领域相关研究有一定程度的补充作用:

3.1 对 SCT 理论在中国本土相关领域应用研究的意义

为了了解目前国内在英语语言文学学科下的 SCT 相关研究的具体情况,本书作者通过知网期刊文献总库对国内自 2010 年以来外国语文类的十个 CSSCI 期刊(其中《中国翻译》由于期刊栏目中没有外语教学栏目未纳入)至 2014 年 10 月前发表的期刊论文进行了梳理,所查阅的 10 个期刊分别是:《外语教学与研究》《外语界》《外国语》《现代外语》《中国外语》《外语电化教学》《外语教学理论与实践》《外语教学》《外语学刊》《外语与外语教学》。作者共查阅了与 SCT 和其分支理论[①],如支架理论(scaffolding)、最近发展区理论(zone of approximate development)、内化理论(internalization)、对话理论(dialogism)、实践社群理论(community of practice)、活动理论(activity theory)、投资理论(investment)、语言表达(languaging),以及与 SCT 紧密相关的生态理论(ecology)、复杂理论(complexity theory)、混沌/复杂理论(chaos/complexity theory)、动态系统理论(dynamic system theory)等相关研究论文进行了搜集整理分类。最终,作者共搜集整理出 162 篇直接相关论文,这里所指的直接相关论文是指在其中使用了 SCT 或其分支理论以及相关理论作为理论框架和研究内容的论文。为了了解 SCT 相关研究的具体动态和现状,作者将这 162 篇论文进行了整理分类(见表 1.2)。

---

① 这里列出的分支理论,即为社会文化理论框架下研究常见理论,各个理论具体的定义将在文献综述中详细解读。

表 1.2　SCT 研究期刊分布

Journals\Research Type	empirical	review	State of Arts	Total
外语教学与研究	3	5	<u>16</u>	<u>24</u>
外语界	<u>9</u>	1	8	<u>18</u>
外国语	1	1	<u>22</u>	<u>24</u>
现代外语	1	4	5	10
中国外语	1	2	<u>15</u>	<u>18</u>
外语电化教学	1	0	8	9
外语教学理论与实践	2	2	7	11
外语教学	1	1	8	10
外语学刊	1	1	<u>22</u>	<u>24</u>
外语与外语教学	3	1	9	13
总计	23	18	121	162

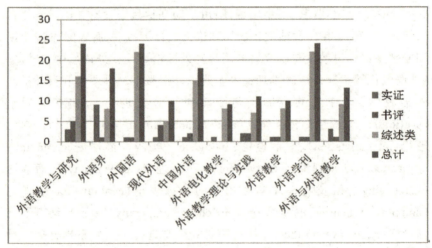

注:"_"标志的数字表示期刊论文数量相对较多

从表中可以看出《外语教学与研究》《外国语》《外语学刊》《中国外语》和《外语界》发表的 SCT 方向的期刊论文总数比较多,在 18—24 篇之间,其他期刊较少发表相关论文,但是如果参考 10 种期刊多年的发行量,显然是寥寥无几。在发表的期刊论文中作者将其分为实证研究、书评和综述类论文三个类型,发现综述类论文最多,共 121 篇,占 74.7%;实证类共

23篇,在其次,占14.2%;书评类最少共18篇,占11.1%。显然我国在外国语言学学科下对该方向的研究还属于初期引进阶段,不论是在论文发表量和研究深度上都非常不足,因此需要大力发展。

此外,作者还对162篇论文的研究内容进行了分类。从18篇书评类论文中,最早的外语类CSSCI期刊上发表的关于二语习得SCT研究的期刊论文是2003年赵秋野教授在《现代外语》发表的关于俄语语言学的论文(参见赵秋野,2003)。此外,作者发现,只有少数书评是真正介绍了SCT研究专著,如评述由Lantolf和Thorne撰写的《社会文化理论和第二语言发展的起源》(牛瑞英,2007)、由Poehner撰写的《动态评估:从维果斯基理论角度理解和促进二语发展》(侯杰&刘燕,2011)、由Larsen-Freeman & Cameron撰写的《复杂系统与应用语言学》(张虹&王蔷,2010)、由Atkinson撰写的《二语习得非主流研究》(杨梅&姜琳,2013)等。还有的书评介绍的专著中只有少部分提到SCT,将SCT方向的研究视为本领域研究未来发展的新趋势,如由Rod Ellis撰写的《语言教学研究与语言教学法》(倪静&孙云梅,2014)就将SCT对语言教学的影响和新的启示作为一个章节阐述,而由Michaele Long撰写的《二语习得之问题》则将SCT作为一个富有争议的问题大篇幅进行讨论(邹为诚&赵飞,2007);而其他的书评介绍的书籍中则主要是对SCT作为新兴的理论进行较大篇幅的讨论,如《Routledge: SLA手册》(戴运财,2013);也有少数关于论文集的书评,如介绍《二语发展的动态路径:方法与技术》(徐丽华&蔡金亭,2014),论文集中就有一篇Larsen-Freeman撰写的关于动态系统研究的论文,还有介绍《纠正反馈、个体差异与第二语言学习》的评论(王琴&刘翔,2013)中也大篇幅讨论了SCT在L2研究中的重要作用。从论文发表的时间和引进的书籍不难看出,我国对SCT研究尚属起步阶段。

之后,作者还对162篇论文的实证研究和综述类研究的研究内容进行了详细的分类。

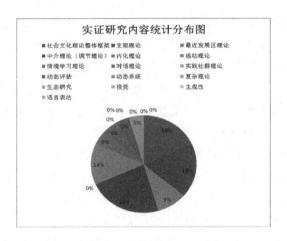

图1.1 SCT实证研究内容统计分布图

从图1.1中可以明显看出,SCT框架下的实证研究主要是集中在支架理论、最近发展区理论、中介理论和活动理论以及SCT整体概念框架下,其次是对话理论、动态系统和动态评估理论框架下的研究,而对其他SCT分支内容的研究则非常的欠缺。其中对话理论主要应用于语篇分析研究,如李曙光(2009)等,而动态系统和动态评估则主要应用于二语习得过程的研究,如戴运财&杨连瑞(2013)、韩宝成(2009)。因此该领域的研究显然急需加大力度,尤其是加强该理论的应用和实证研究。

但是在研究综述方面,学者们做的工作则相对比较多(见图1.2)。

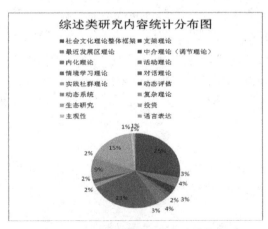

图1.2 SCT综述类研究内容统计分布图

从图中可以很容易发现，SCT整体框架、支架理论、生态研究和动态系统研究是学者们关注的热点，而显然学者们对其他SCT分支内容关注度不高。

总之，从以上研究现状描述中不难得出，在我国SCT研究在外语研究领域有很大的拓展空间，同时也是一门新兴的领域，值得学者们进行进一步的探讨，丰富SCT研究在中国本土的研究内容，这也是本书的初衷。但是从期刊论文中只能看出广度，不能完全看出该领域研究的深度。因此作者还通过知网对相关的博士论文以及相关著作进行了梳理和统计。经过作者搜索、阅读、分类，共找到与SCT或其分支理论直接相关的博士论文20篇（所谓直接相关，即为以SCT整体框架或者分支理论作为理论基础的研究）。

从已发表的博士论文研究领域来看，研究主要集中在语言教学方面，如口语教学、写作教学、语法教学和任务型教学等，其次是话语分析研究、教师研究和二语习得研究，此外学生写作能力的培养和教师教育、教师身份、词汇习得、教育政策、学习理论等也是研究的热点；这些研究所依据的SCT内容，最常见的是支架理论、最近发展区理论、调节理论（Mediation，在中国，有研究将其称作中介理论、调控理论或者媒介理论等）和SCT的整体概念；其次的研究热点集中在活动理论、生态理论和对话理论上，只有少数研究采纳了内化理论、复杂理论、情境学习理论、动态评估理论和动态系统理论；从研究发表年份来看都是21世纪初期至今的科研成果，再一次说明该领域的研究在中国属于新兴领域，有待进一步的发展和探索；此外作者也发现目前现有的博士论文研究对SCT其他分支理论的研究较少，如投资理论、实践社群理论、主观性理论和语言表达理论的研究内容几乎没有。

除了期刊论文和博士论文之外，作者还在上海外国语大学图书馆和北京外国语大学图书馆以及国家图书馆搜集了相关的学术专著，发现我国目前在该领域的专著数量极其匮乏。目前能找到的只有一本以SCT相关内容为理论基础的专著——《基于社会文化理论的汉语学习者词汇习得研究》（蒋荣，2013），该书以词汇习得为主要研究点，书中只对调节理论（该书中称作调控理论）和支架理论进行了简要阐述，并从该理论出发对汉语词汇习得进行了论证。但是对SCT理论的基本构架、发展历程、核心理念内涵和SCT分支理论的说明,没有系统的说明SCT的框架体系,也对SCT在语言教学中的应用和实践方面的阐述非常少。

综上所述,目前在国内学术界对SCT的关注明显不足,因此产生的应用研究和实证研究就比较欠缺,对SCT的综述解读类期刊论文虽然有120多篇,但是应用研究,尤其是指导大学英语教学的相关研究,不论在实证方面,还是专著成果方面都是少之甚少,这也从另一个角度说明本书内容对SCT在中国的推广应用研究有一定的促进作用。

3.2 对中国大学英语教学研究的意义

在我国,大学英语教学相关研究中,大学英语口语教学一直是一个缺口。一方面绝大多数大学内的大学英语课程人数较多,操作比较困难;另一方面是大学英语课时比较局限,因此大部分的教师都形成了教材内容讲解为主,口语教学为次的"教学恶习"和很少有时间施行口语教学的"借口";还有一方面或许是口语教学相关的研究操作性和可实行性较低,因此很多的学者不愿意涉猎。为了了解中国大学英语口语教学研究的现状,作者通过知网文献总库对目前国内已有的研究进行了梳理。查阅了2000年至2014年外语类CSSCI期刊(10种,除《中国翻译》,主要原因是该期刊没有外语教学栏目),还查阅了博士论文总库等。搜索后作者发现不同的期刊刊载的大学英语口语教学相关的论文状况不尽相同(见表1.3)。

表1.3 与本书研究相关的SCT框架下的大学英语教学研究

	以SCT或其分支理论为基础的研究	大学英语口语研究论文
外语教学与研究	0	8
外语界	0	51
外国语	0	1
现代外语	0	8
中国外语	0	16
外语电化教学	0	58
外语教学理论与实践	1	7
外语教学	0	19
外语学刊	0	6

续表

	以SCT或其分支理论为基础的研究	大学英语口语研究论文
外语与外语教学	1	21
总计	2	195

从表1.3可以清楚地看到虽然《外语电化教学》和《外语界》两个期刊发表了为数不少的大学英语口语教学期刊论文,分别是58篇和51篇;而《外语与外语教学》《外语教学》和《中国外语》也有系列大学英语口语教学的论文发表,但是整体来看,以SCT或其分支理论为基础的大学英语口语教学研究极度匮乏。其对比分析如下图1.3。

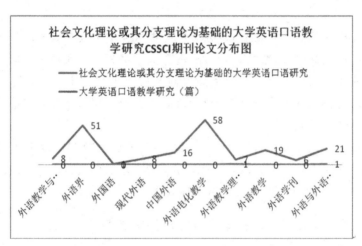

图1.3 SCT或其分支理论为基础的大学英语口语研究期刊论文分布图

而大学英语口语教学研究在整个大学英语教学研究方面的期刊论文分布如下表1.4：

表1.4 大学英语口语教学研究与大学英语教学研究期刊论文数量对比

大学英语口语研究期刊论文分布	大学英语口语教学研究（篇）	大学英语教学研究论文总数（篇）
外语教学与研究	8	76
外语界	51	523
外国语	1	10

续表

大学英语口语研究期刊论文分布	大学英语口语教学研究（篇）	大学英语教学研究论文总数（篇）
现代外语	8	27
中国外语	16	177
外语电化教学	58	422
外语教学理论与实践	7	62
外语教学	19	148
外语学刊	6	61
外语与外语教学	21	181
总计	195	1687

显而易见，大学英语口语教学研究本身在整个大学英语教学研究中所占的比例甚少，总数共计 195 篇，占整体 1687 篇大学英语教学研究论文中只占 11.56%，而 SCT 框架下的大学英语口语教学研究则更加微不足道，如秦丽莉&戴炜栋(2013a)以 SCT 框架为基础对大学英语口语教学进行的思辨性研究。

在博士论文相关的研究中，作者发现目前已有的 20 篇以 SCT 框架为基础的研究中只有栾岚(2014)对大学英语口语教学进行了深入的研究和探索，主要以支架理论为理论基础展开研究。

3.3 对 SLA 领域 SCT 指导的实证研究的意义

如上文所述，SLA 领域的 SCT 研究在国际上已经成为一个派别，在这一研究方向的学者们的努力下，SCT 研究已经有了高级别的博士培养点，其中不乏世界顶级名校，如牛津大学、剑桥大学和宾夕法尼亚州立大学等，国际上出版的博士论文数量(30 篇，中文博士论文除外，因没有被纳入到国际 SCT 研究文献总览的 Bibliography 中)虽然不多，但是引用率居高不下，如 Neguerrela (2003)、Ableeva (2010)、Gánem Gutiérrez (2004)、Garcia(2012、2014)、Appel & Amory (2014)、Johnson & Worden (2014)、Zhang & Lantolf (2015)等。而且已经有了 SCT 研究的期刊 *Language and Sociocutural Theoy* (Equinox Press, First Issue April, 2014 年出版第一期),并于 2002 年 6 月成立了 International Society for Cultural-historical Activity Research (ISCAR),该协会每年举办一次年会,但是可惜的是该协会年会产生的大部分成果本身并非是单纯在 SLA 领域内的 SCT 研究,而是主要关于 SCT 的哲学思想和根源的社会学与哲学研究或者是两者的跨学科研究。但近年来,SCT 在 SLA 领域有大量的研究成果涌现,目前根据宾夕法尼亚州立大学的 CALPER(Center of Advanced Language Proficieny, Education and Research)研究中心 2015 年 12 月统计更新,已经有了 807 个参考文献。而且,SCT 在 SLA 领域的应用研究不仅仅局限于英语作为第二外语的学习(English as a second language=ESL)或者是英语作为外语的学习(English as a foreign language=EFL)方面的研究,还涉及很多其他的语种方面的研究,其中有关法语学习的最多,其他还有西班牙语、德语、日语、韩语、俄语等。但是以汉语为母语的学习者英语学习方面的研究目前非常欠缺,只有如 Duff et. al.(2013)、Lai(2013)、Zhang(2013)、Zeng & Takatsuka(2009)等极少数的研究,而且他们的研究都是在二语环境下进行的,在外语环境下进行的该方面的研究非常少见,而本书是在中国本土东北地区展开的 SCT 的应用研究,因此也将对相关领域的研究有补充作用。

3.4 对 SLA 领域生态研究的意义

传统上,大部分的 SLA 研究倾向于脱离社会文化背景对某一个变量进行单独研究,很少从生态理念的整体观视角关注人与环境和人与人之间的互动关系对 SLA 的影响,他们认为 SLA 研究应同时关注社会文化环境,而不应只关注语言的输入,就如动物在自然环境中生存不仅要了解自然界的资源,还要把握利用资源和与其他生物的互动机会,采取相应的行动才能生存下来一样。因而 van Lier(2000:247)提出,"We should ask not what's inside your head, ask what your head's inside of",意即我们不应该只研究大脑内部,而应该研究大脑存在于何种环境内部。但尽管很多学者支持 SLA 生态方向的研究(如 Larsen-Freeman, 1997, 2011 等),他们同时也认为该方向的研究急需获得质性的、纵向性的数据支撑其观点(Steffensen & Fill, 2014)。而目前在中国地区相关的实证研究也比较缺乏。因此本书将优化大学英语学习"生态环境"为目标,对大学英语学习环境(College English learning environment=CELE)的给养状况进行了调查,发现了大学英语教学中存在的问题,并提出优化CELE的解决办法,希望能为深化大学英语教学改革提供有益的建议。

3.5 对语言任务型教学研究的意义

任务型教学法一直是SLA领域的研究热点,但大部分研究都在二语环境下进行的,在外语环境下的研究严重不足。任务型教学研究的焦点通常是任务的有效性问题,比如在学生的语言输出、互动、意义协商方面,还有学生在输出语言时,同时要注意语言形式与意义等方面。目前任务型教学(task-based language teaching=TBLT)所依据的SLA理论框架主要是心理语言学[①],其中主要包括输入/互动理论、认知理论和SCT,对前两者的研究比较常见,而对后者则相对较少(Ellis,2003),但正逐渐受到学术界的重视(Willis, 2005;秦丽莉&戴炜栋, 2013a)。

此外,任务型口语教学的研究存在的另一个问题就是,研究基本都在课堂内或者是实验室环境下对语言学习者的表现展开研究,而对学生课外如何准备任务,如何展开语言学习、分配任务、口语学习机会等情况关注较少。语言教师们的首要任务即为促进学生设计自己的学习计划,帮助学生获得搜索学习资源的途径并使学生能够自我引导自己的学习。简单的关注一个任务完成的微观方面明显是不足的,教师们还应关注他们完成语言学习任务之后长期的、宏观的方面(Mohan,2001;秦丽莉&戴炜栋,2013a)。van Lier(1996: 213)也阐述了语言学习者们需要逐渐"学习如何计划、执行任务(包括深度调查报告、书面报告和口头报告等任务),才能培养出自主学习的能力",学者们应该从更广泛的视角对任务型语言教学展开研究。

综上所述,本章首先从中国大学英语口语教学的相关官方指导性文件分析入手,并从不同省市大学英语教师和学生的访谈反馈中发现目前大学英语口语教学与相关官方指导性文件之间存在脱节的现象,以及大学英语口语教学存在的亟待解决的问题。之后,作者论证了SCT与语言教学的关系、SCT与任务型教学的关系以及SCT与"EA"理念之间的关

---

① Ellis(2000)、Anton & Dicamilla(1998)、Lantolf & Ahmed(1989)、Wertsch(1978)把社会文化理论也归为心理语言学。

系,进而确定了本书以SCT为理论框架,以任务型教学为实施手段,以构建"EA"丰富的大学英语学习环境为目标的整体研究框架,说明了本书的目的和研究问题。最后对本书的研究意义进行了阐述,分别从分析中国现有的SCT研究数量和类别上发现SCT在中国本土的研究非常匮乏;同时在大学英语口语教学中也很少有以SCT为指导的研究;此外SCT研究本身在SLA领域的实证研究数量不足,而且与本书目的相关的另一个关键词相关的"生态"方面的SLA的实证研究也非常匮乏;而任务型教学本身虽然与SCT有很大的兼容性,但是以SCT为指导的任务型教学研究也非常少。总之,经过一系列的陈述说明了本书的研究意义和创新性。

第二章 SLA领域社会文化理论研究的哲学根源、学科属性、研究现状与理论内涵

根据上一章的论述,本书决定采用SCT为框架,以任务型教学为策略,以改善大学英语口语学习环境的"EA"状况为目标。本章分为三部分:第一部分说明本书依据的SCT理论及其分支理论的内涵;第二部分对与本书相关的理论进行了阐述;最后根据前两部分的论述,作者进一步提出了本书的宏观和微观的研究框架。

1. 社会文化理论及其分支理论

首先先来了解一下本书依据的SCT的发展历程和不同的理论分支内涵以及本书涉及的生态给养理论和复杂理论。

1.1 SCT缘起

1.1.1 SCT的哲学根源与内涵

著名俄罗斯心理学家Vygotsky提出的文化历史理论(cultural-historical theory,后称作sociocultural theory)一直都是学术界关注的热点之一。虽然Vygotsky的思想源自哲学领域,但令人费解的是对Vygotsky与其他哲学家之间,以及Vygotsky所提出的理论与哲学理论之间的关系很少有学者进行系统的梳理,虽然近年来少数学者已经关注到这一问题,

但对相关SCT所基于的格式塔(Gestalt)理论的哲学根源、本质和历史的系统研究较少。在此作者希望通过Vygotsky格式塔思想的起源和其在不同哲学家的影响下的发展轨迹探究SCT的哲学根源与内涵。

格式塔理论在Vygotsky的心理研究和理论发展中至关重要，但Vygotsky的格式塔思想并非衍生于考夫卡与科勒(Koffka & Köhler)的格式塔心理学理论。在20世纪90年代出版的Vygotsky的著作中，作者发现Vygotsky实际上对格式塔心理学进行过批评（当时格式塔心理学被视为心理学的"左翼"思想），也曾批评过当时处于主流的联想主义心理学(associationist psychology)思想。他曾一度支持结构主义心理学(structural psychology)的理念，认为这一理念下的格式塔的组成部分超出了心理学格式塔思想包含的范畴，并指出格式塔理论已经将原子打碎，却用独立的、被隔离的分子代替了原子(Vygotsky,1997)，也就是说当时提出的格式塔，并没有将研究的各个元素相关联形成一个整体。这里Vygotsky希望表达的批判观点是：格式塔不应该被简单的视作单独个体"大脑内部"心智的构成部分，还要涵盖"大脑外部"处于社会互动整体系统中的不同个体的心智，而后者也是作为社会中人类个体生活的组成部分。这个较广义的格式塔思想虽然源自一个多世纪之前的哥特思想，但却是通过黑格尔和马克思的哲学思想著作被Vygotsky所重视，因而经历了一种完全不同的发展路径。

"格式塔"这一术语是德语词，常常被翻译成"形式"或"形状"。在"格式塔心理"学这一专业术语中，"格式塔"应该被翻译成"外形"，就像"一个有形的男人"中的"形"的意思。具体来说，根据哥特所说，格式塔指的是一个活着的事物的整体的、动态的外形(the overall dynamic configuration of a living thing)。但是在其他语言中，格式塔一词只是被用来表示"一个不可分割的整体"或者是"一个整体的结构"。

关于Vygotsky格式塔思想发展轨迹的阐述，我们必须从斯宾诺莎(Spinoza)开始说起。Vygotsky本人曾明确表示他对斯宾诺莎思想的支持，他崇拜斯宾诺莎为超越笛卡尔的二元主义(Descartes' Dualism)做出的努力，也支持斯宾诺莎对"思维—感情"(though-feeling)二元观点的反对，以及他所提出的现世人文主义(secular humanism)思想。Vygotsky曾频繁地引用斯宾诺莎，甚至还写了一本关于斯宾诺莎情绪理论(Theory of Emotions)的著作。但即便如此，我们也不能说斯宾诺莎对Vygotsky格式塔思想的形成就有影响。斯宾诺莎代表的是在哲学领域历经300多年的整体观和人文主义科学之间的斗争，这证明他与Vygotsky并无瓜葛。我们必须从与Vygotsky格式塔思想的产生年代最近的哲学思想开始探究。

在1924年之前，Vygotsky还没有被公认为心理学家之前，他已经阅读了众多领域中的大量书籍。尽管在Vygotsky的每一个版本的自传中都证明了他青年时期曾读过黑格尔的著作，但是所有的这些证据都源于卡尔莱夫顿（Karl Leviton）对Vygotsky学生时期的好朋友西蒙多普金（Semyon Dobkin）进行采访的录音。事实上，Vygotsky青年时期并没有读过黑格尔的著作。他在大学时期的论文中体现了他读过普列汉诺夫（Plekhanov）的著作，而通过普列汉诺夫他产生了对黑格尔和马克思思想的兴趣。然而，实际上他只是真正去钻研了马克思的相关研究。几乎所有Vygotsky的著作中被引用的黑格尔的成果，要么是被广为引用的概论，要么是来自于其他马克思主义思想学者们的论文/著作中引用的片段，也就是说他几乎没有直接读过黑格尔的著作。Vygotsky曾一度与柯特莱文（Kurt Lewin）紧密合作，所以非常有可能是在柯特莱文的影响下，他不仅开始对格式塔心理学产生兴趣，而且对黑格尔心理学思想有了深层的了解。

令人震惊的是Vygotsky对黑格尔辩证论的理解如此深奥。但如果我们从他对马克思的资本论、马克思1844年的手稿、德国意识形态等著作和恩格斯思想的深入研究上，以及Vygotsky生前所处的社会文化背景来看，就不难理解这一点了。Vygotsky的亲密伙伴和同事卢里亚（Luria）或许对此也有影响。虽然在青年时期卢里亚并没有对马克思主义思想有过研究，但是他却是在德国浪漫主义思想影响下成长的。从Vygotsky 1924年对苏维埃心理学的接触开始，就已经开始使用黑格尔的"内在批判法（immanent critique）"，系统的批判主流行为主义思想和后来风靡全球的心理学思潮，包括格式塔心理学。他的思想虽然与斯宾诺莎的所提出的思想有关，但是却与黑格尔、哥特和马克思思想更接近。

格式塔的理念以一种完全不同的路线通过哥特被Vygotsky接受。他根据艾伦菲斯（Ehrenfels）的观点了解到格式塔指的是在个体大脑内部的感知区和思维结构构成的；而根据黑格尔的观点，他又了解到格式塔指的是个体有机生物与他们参与的社会活动共同构成的整体。虽然黑格尔在19世纪没有，也不可能解决个体如何学习的问题，但是他确定了对个体学习问题进行进一步研究的内容。虽然格式塔心理学家们从来都没有承认黑格尔思想对他们的影响，但是马克思却曾明确表示他对黑格尔思想的支持。正如黑格尔一样，马克思认为个体的心理是社会形态（格式塔）的一个短暂的表现，也是社会形态的一部分。

几乎所有Vygotsky的思想都借用哥特、黑格尔和马克思的思想，而后两者的见解也出自于当时苏联的社会政治文化背景之下。当时那里到处充斥着马克思主义思潮，而成为一名新的、高素质的人——社会主义者，是一种必须履行的社会义务，这种背景使Vygotsky吸收了马克思和黑格尔的深刻见解（虽然后两者的思想曾一度受19世纪和20世纪初期主流实证主义意识形态推崇的科学分析法的冲击而失去影响）。像马克思一样，Vygotsky认为"格式塔"不只是一种思维结构或者是感知机制，而是一个社会关系和活动的系统，它包括社会环境中的人，人的需求也是在社会环境中才能得到满足。在构建一种心理学思想体系时，Vygotsky将关注重点转移到了单独个体活动的范围上，这一点与马克思关注整个社会形态的观点正好相反。但是马克思和Vygotsky都将社会实践、个人意识和物质文化视为是相互包含的，即它们分别是"格式塔"的一部分。将心理视为格式塔的概念并不意味着将社会学和心理学混为一体；相反两者是相互协调的关系。从这一观点来看，个体是处在周围的社会背景下的，但是个体与社会的关系并非是简单的、直接的联系，因为整个社会形态和个体之间的关系是通过家庭和其他社团（institutions）的调节而形成的。同样，社会整体也不是与个体平行存在的，或者是在其他层次存在的，而是存在于不同个体之中，通过不同个体而存在的。总之，格式塔的特征是由实践活动、意识和物质环境共同造就的，作为整体的一部分，三者彼此包含。

1.1.2 格式塔与二元论的关系

二元论是将世界在基础阶段分成两个相互独立的物质。这种理论自笛卡尔（Descartes）以来就存在于哲学领域。斯宾诺莎的理论只是一个解决办法，但是尚未纳入到任何学科范畴。伊曼努尔·康德（Immanuel Kant）后来提出了二元论的多重性，但远远没有将二元论存在的问题解决,直到黑格尔提出了超越二元论的理念。黑格尔对康德式的二元论存在问题的解决办法就是他提出的格式塔理念(Hegel, 1830/2009)。但是Vygotsky没有直接通过研究黑格尔的思想解决二元论的难题,而是借用黑格尔的格式塔原理,根据马克思和其他哲学专家的思想提出了唯物主义心理学这一科学的解决方法。马克思的资本论为他的这一理论框架提供了参考。

在Vygotsky能够从格式塔心理学中借用结构主义原理时,他清楚地认识到在"思维—事物"(mind and matter)这一二元制的关键问题上,结构主义在对联想主义心理学的批判中几乎没有取得任何进步。Vygotsky曾说到一个警句,其大概的意思是:格式塔心理学把原子打碎,却用独立的、被隔离的分子代替了它。宣称反对二元论是一回事,以非二元论为基础形成一个造诣颇高的、不同的、科学的心理学模式就是另一回事了。Vygotsky没有采用二元论的理念,而是采用了三分法的观点,认为在这一模式下思维在社会实践中与社会文化产物(如语言、社会文化规范等)紧密相关。这种从哥特到黑格尔,再从黑格尔到马克思的模式对格式塔根源的解读,替代了考夫卡与科勒(Koffka & Köhler)的模式,或许为Vygotsky心理学发展的解读提供了一个新的、强有力的深刻见解,并借此对Vygotsky著名的思想进行了再一次审视,同时也为不同的人类科学领域之间的关系提供了一种新的研究方法。

总之,Vygotsky的格式塔思想遵循的是以一种整体的视角观察人类发展的过程,打破了二元论的束缚,并非只是简单的观察某一个因素的变化。格式塔思想也是后来被称为SCT的前身。

1.2　SCT的定义和学科归属

厘清了SCT的定义和学科归属,才能以其为理论指导研究。

1.2.1　SCT的定义

虽然SCT的定义曾被不同的学者从不同角度阐述(Lantolf, 2006; Menezes, 2009),但是所有的定义都包括两个基本概念——社会的(social)和文化的(cultural)。诚然,一些其他的学者也强调社会文化环境因素对SLA的影响,诸如"合作学习""辅助""协作"与"他人的互动"和

"内部思维过程""融入实践社群""共同构建意义""思维工具""内部思维工具"、"社会实践"等因素,但都没有将人的思维与社会文化背景统整起来展开研究,而 SCT 的核心的理念即为"人类的思维是被社会文化调节的"(Lantolf,2006:74),即我们使用社会文化背景提供的文化产物(如作为符号工具的语言、网络)等来调节我们与他人的关系,促进思维的发展和语言的习得。实际上,这一概念是对 Vygotsky(1987:9)提出的格式塔(Gestalt)观点的重新整理,Vygotsky 认为,人类并不是直接与物质相关联的(即反对笛卡尔"思维—事物"的二元论关系),而是依赖于工具和活动,在人类生活的环境中使用文化产物(如语言),进而通过调节建立自己与社会的关系(Lantolf,2006)。在 Vygotsky 看来,心理活动的任务是理解人类的社会活动和思维活动如何通过文化产物组织进行,因此 SCT 研究领域主要研究经过文化历史产生的不同的文化产物和人类参与的社会互动活动如何影响人类的思维。

1.2.2 SCT 的学科归属

虽然当前学术界对 SCT 的学术归属问题存在争议,但大部分学者都支持 SCT 是关于社会的、交际问题的研究,它主要是跟语言的学习和教学两者之间的互动问题相关。也就是说,在 SCT 看来,语言学习者如果希望更熟练地掌握一门语言,需要与社会文化环境中的其他人进行真正的社会互动交流。但是 SCT 并不只是一个关于社会的研究,它还包括心理语言学角度的研究。实际上 SCT 在学科上归属于第三代心理语言学研究。Leontiev(1981)从心理语言学视角对 SCT 的研究内容进行了具体描述。他提出,在 SCT 发展伊始,即 20 世纪 50 年代,心理语言学研究的核心理论是行为主义,那时的研究主要关注语言习得中学习者对语言单位(如词)的加工过程;从 60 年代开始,出现了第二代心理语言学,以语言学研究的乔姆斯基(Chomsky)和心理学研究的乔治米勒(George Miller)为主要代表。他们的研究超越了第一代心理语言学研究的限制,将语言习得研究的焦点放在关于抽象的语言规则的习得问题,而不再只是关注独立的语言单位习得的问题。第二代心理语言学的学者们研究的焦点在于语言学习者对句子的加工、理解和输出。虽然 Leontiev 将第二代心理语言学视为非常重要的一代,但他认为这一代学者们的研究方向更接近于语言学,在心理学范畴的研究还比较不足(Leontiev,1981:93),同时这一代的学者们对语言本身的形式特征更关注。心理语言学第一和第二代的学者们显然都没有注重语言的意义(meaning),也没有对作为工具的语言是如何被使用于交流和思维中等问题展开研究。此外,第一代和第二代心理语言学学者们只对语言学习者个体展开研究,将个体与社会隔离开来,还将个体与真正的社会交际过程分离,所以在前两代心理语言学的研究范式下,交际被简化为从说话人(speaker)到听话人(listener)的信息转移,而且这种信息转移仅仅是复制性的,即说话人输出的信息,会被听话人完全接受;但是第三代心理语言学研究则更加注重心理学方面研究,而减少了对语言学习过程中的语言学方面的研究,研究的重点也从对句子、文本的理解和加工转向了对学习者在交际和思维过程中的心理学分析。但是值得注意的是,第三代心理语言学并不是对服务于言语行为的心理结构的实现进行研究,而是探索在活动中使用语言(作为工具)的不同策略(Leontiev, 1981:96;秦丽莉,王绍平&刘风光,2015),此种观点所提出的活动本身的目的也许会对其他人或者对学习者本身产生影响。例如,当活动的目的是对他人产生影响的时候,该项活动就是交际性的;当活动的目的是对学习者本身产生影响的时候,该项活动就是认知性的。但是我们需要注意的是,这两种活动并非是孤立存在的,而是相辅相成、辩证性存在的,所以 SCT 认为在对语言学习展开研究的时候,有必要对两种活动同时进行管理和监测。换句话说,以学习者自我为导向的言语活动,来源于以他人为导向的言语活动,从本质上讲,两者都是一种交际形式。第三代心理语言学研究更加关注对交际活动的研究,将其优先于对抽象性语言规则加工过程的研究,这使第三代心理语言学研究将焦点置于言语(和书面语言)对人类具体的社会和思维活动的调节(Vygotsky, 1978)。因此,言语活动是有动机性和目的性的(秦丽莉,王绍平&刘风光,2015)。这种研究关注到了语言学习过程中,解决交际问题的过程(Leontiev, 1981:97),而这些交际问题可能是社会性的,也可能是认知性的。从这种视角看,对语言教学的研究,并非是关于如何教授语言的规则和形式方面的研究,而是关于语言学习过程中的社会交际方面的研究,因为 SCT 认为这种交际方式是作为调节方式促进语言学习的,而且在 SCT 看来,这种交际是特殊的社会实践性学习活动。正如人类的社会互动活动需要借助言语调节一样,人类的思维也要借助言语调节。也就是说,借助言语

(或书面语言),人类能控制自己的思维、注意力、计划、理解、学习和发展,但是这种控制主要是由人类所参与的社会活动调节的。所以SCT应该隶属于第三代心理语言学,其核心观点是人类本质上是社会交际性生物,这种理念不仅包括社会学,而且也包括高级思维功能领域的心理学。(秦丽莉,王绍平&刘风光,2015)

1.3 国内外SCT相关研究现状

自20世纪70年代末期以来,SLA领域出现了大量的以SCT为理论框架的研究。SCT以俄罗斯心理语言学家Vygotsky(1978;1986)的研究为基础,认为将人类的文化与历史融入人类心理发展的研究非常重要。Vygotsky的学生和同事对他的理论进行了进一步的研究,出现了如加尔柏林(Galperin,1969)、里昂切夫(Leontiev,1978)和卢里亚(Luria,1982)等著名的研究成果。同时现代学者们也在心理学、人类学、教育学(Ratner, 2002; Wertsch, 2006等)以及SLA领域对Vygotsky的理论进行了进一步的探索和应用。而当代SCT框架下的SLA研究主要是在宾夕法尼亚州立大学James Lantolf教授带领的团队影响下,出现了丰富的研究成果,根据宾夕法尼亚州立大学的语言习得中心统计(2015年12月更新),当时已有806个参考文献,其文献类别统计如下图2.1。

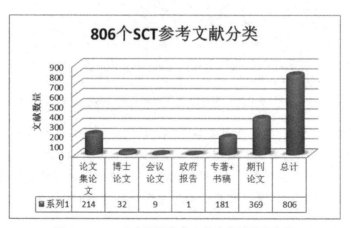

图2.1 SCT现有国际参考文献分类统计分布图

显然,国际上SLA领域下,SCT相关的研究已经非常成熟,其中专著(181部)的数量就表明,该领域的研究已经达到了一定的深度,而公开发表的期刊论文（369篇）和论文集论文（214篇）以及会议论文（9篇）总量已经达到592个，表明在国际上这一方向的研究在SLA领域已经达到了相当大的影响力，成为一个独立的学派，而且也是一大批学者的研究热点。但是博士论文的数量（32篇）还有很大的发展空间。如果将此数据与第一章陈述的中国本土SLA领域下的SCT研究已有成果对比就会明显看出目前中国该领域研究的不足。分析中，作者将以上国际文献中的未发表专著手稿纳入专著统计量，论文集论文、期刊论文和会议论文因为都属于公开发表的学术性论文，因而都归为学术论文数量。中国目前已经公开发表的SLA领域SCT相关的期刊论文（实证、书评和综述类）总计为162篇，博士论文20篇，学术专著1部；但由于国内会议论文并不公开发表，因此无法纳入统计。此外，作者也并未发现现有的相关SCT研究的报告。根据以上数据将中国与国际相关研究现状的数量对比如图2.2。

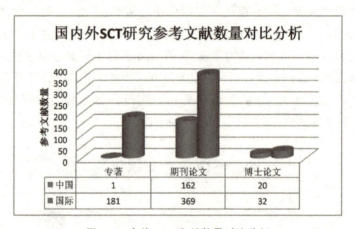

图2.2　中外SCT文献数量对比分析

显然，在SLA领域，中外学者对SCT研究的关注程度有很大的差异，在国际上SCT在SLA领域的研究已经受到大批学者的关注，而在中国这一领域专著和公开发表论文的数量都有一定的差距。但是可喜的是，相关研究的博士论文数量与国际上的差距并不明显（国外32篇，国内20篇）。

此外，需要注意的是在国际上的806个文献中，作者发现了几位专家在不同的理论研究方向上颇有影响力，比如Lantolf本人1984年至2015年之间，就发表过29个独著文献、54个第一作者合著文献和24篇第二作者文献,总计107个(占806个总数量中的13.27%),因此在该领域的研究中影响力颇为重要。其中专著5部,而被学术界引用最多的是Lantolf & Thorne(2006)共同出版的 *The Sociogenesis of Second Language Development* 和 Lantolf & Peohner(2008)共同出版的 *Sociocultural Theory and the Teaching of Second Languages*,两本书可谓是SCT的"辞典",书中详细说明了SCT的内涵,具体的理论分支内容如最近发展区理论、调节理论、内化理论等,同时Lantolf与他的学生Poehner于2014年出版的新专著 *Sociocultural theory and the pedagogical imperative in L2 education: Vygotskian praxis and the research/practice divide* 中也将SCT研究与第二语言教学有机地结合起来,该书一经发表便广受好评,而该书对当代我国大学英语教学改革的深化有很大的启示作用。

在SCT研究中另外几个颇有影响的学者有:Cole、Murphey主要研究最近发展区理论;Daniels主要研究Vygotsky思想与SCT的关系;de Guerrero主要研究语言内化理论;Donato、Mercer主要研究支架理论在语言教学中的应用,如合作学习等;Engeström主要研究活动理论的应用研究;Feuerstein与合作伙伴们Kozulin、Poehner主要进行动态评估方面的;Frawley、McCafferty主要对私语(private speech)展开研究;Gánem Gutiérrez对SCT在使用信息技术构建合作学习环境等方面的研究;Hall对语言学习者之间面对面的互动的研究;维果斯基的同事和亲密研究伙伴Leontiev和Luria对维果斯基思想的研究;Negueruela对SCT在语言教学中的应用研究;Ohta使用最近发展区理论对合作学习中产生的学习者之间的语篇的研究;Pavlenko应用SCT对语言学习者身份的研究;Ratner通过SCT对学习者心理的研究,以及SCT研究方法的研究;Rommetveit通过SCT,从解释学(hermeneutics)视角对学习者语言的研究;Swain对语言表达(languaging)和能动性(agency)的研究;Thorne对SCT内涵的深入剖析和对调节理论以及活动理论方面的研究;van Lier对语言学习EA状况和能动性的研究;Norton(2001)进行的实践社群理论相关研究等等。这些专家在该相关研究领域的成果颇丰,其中值得重点提出的还有Rod Ellis对任务型教学法与SCT的关系研究在学术界非常有参考价值(Ellis,2012)。除此之外,虽然Larsen-Freeman的经典动态系统理论和混沌复杂理论的研究(1997)没有被纳入SCT研究的Bibliography统计中[①]，但作者认为动态系统理论和混沌/发杂理论与SCT有不可分割的关系(Larsen-Freeman & Cameron, 2008)(参见下文复杂理论的阐述)。

1.3.1　SCT指导语言教学观点的提出

自从Frawley & Lantolf开始合作展开SCT框架下的SLA研究以来(Frawley & Lantolf, 1985; Lantolf & Frawley, 1984)，Vygotsky的SCT思想已经得到SLA学者们越来越多的重视。但是，Vygotsky本人有生之年(38岁去世)并没有机会使用sociocultural这个术语，他主要使用cultural psychology或者是cultural-historical psychology来指这个方向的研究。Wertsch(1985)通常被认为是首先创造sociocultural这一术语的，其表达的观点是注重参与在人类思维功能发展中的作用，以及注重使用某些文化调节(cultural mediation)形式融入社会活动中的研究。Lantolf(2008)却指出Vygotsky的SCT理论观点是在Negueruela(2003)的博士论文发表之后，才被系统的融入L2教学体系中的。自从那时起，出现了大量的以SCT为理论基础，对成年人的SLA过程展开的研究(包括博士论文)(Lantolf & Peohner, 2008)。Firth & Wagner也曾在1997年在现代语言期刊(*Modern Language Journal*=MLJ)上发表论文，主张重新构建SLA理论、方法和研究焦点(1997)，将研究重点从SLA的认知方面转向与其相关的社会背景上，因为他们认为主流的SLA理论研究只将学习者视为非母语者(努力的想达到"假想的"母语者的语言水平)，忽视了学习者使用L2的社会身份(如母亲、兄弟、朋友、雇员、新闻记者、教授等)；同时主流SLA研究将习得视为认知的和个体的现象，主要采用实验和量化研究的方法，很少采用民族志和质性的研究方法(前者通常在控制外部变量的背景下展开，而后者通常在自然的背景下展开)；而且传统的SLA研究优先考虑本位的(emic)研究方法，而非非着位的(etic)研究方法，因此他们建议SLA研究应该采用整体方法观察语言和语言习得(p.296)，承认社会背

[①] 就此，作者曾在2015—2016年美国宾夕法尼亚州立大学语言习得中心访学的时候，采访过该中心的主任、教授、博士生导师James Lantolf教授，据他本人陈述，他认为Larsen-Freeman提出的混沌/复杂理论在二语习得领域存在争议，其与SCT的兼容性也有待进一步探讨，但两者都认为语言习得不仅仅是人类自身心理思维发展的结果，还要与人类参与的不同层面的社会文化活动紧密相关，是人类思维受不同社会文化因素影响的结果。

景、身份、任务对语言使用和习得的影响。实际上，在 Firth & Wagner (1997)的论文出现之前，学术界就已经开始酝酿从概念上对 SLA 研究的理论进行重新构建。如 Lantolf(1996)、van Lier(1994)都已经提出了从社会文化视角展开 SLA 研究的观点，而且在 Lantolf(1994)作为主编的现代语言期刊中的 SCT& L2 特刊以及 Lantolf & Appel(1994)从 Vygotsky 理论展开的 SLA 研究论文集中，都反映出 1997 年以前 SLA 相关研究对 SCT 的兴趣。无疑 Firth & Wagner(1997)进一步刺激了 SLA 研究向更加多元化的方法和理论研究方向发展。也是自他们的论文发表以后，SLA 研究出现了大量的与以往不同的新观点，拓展了 SLA 理论研究界限，丰富了 SLA 理论的架构(construct)。

实际上，Lantolf 首先建立了 SLA 领域 SCT 方向研究的框架(Lantolf & Thorne, 2006)，随着 SCT 研究的日渐丰富，其他学者的相关研究也开始"风起云涌"。其中 Leo van Lier 从生态视角对 L2 教学和学习的研究影响颇为深远。他们的研究也同样得到了 Diane Larsen Freeman 的观注，而 Larsen-Freeman 的混沌复杂理论与 SCT 是否有"异曲同工"之效，还需要进一步探索。Lantolf 教授和 Larsen-freeman 教授两人也于 2019 年 5 月对两者的兼容性进行了深入的对话，从两人的对话中可见两者之间的差异很大，可兼容性较低。(Lantolf & Larsen Free-man, 2019)下文将对本书相关的 SCT 不同分支理论概念、内涵和与 SCT 和本书紧密相关的复杂理论和生态给养理论进行逐一解释。

1.3.2　调节理论(mediation)①

SCT 体系中处于核心地位的理论就是调节理论。这一理论认为人类使用物质社会的工具使他们所处的环境产生变化，进而改善他们的生活状况，人类同时也使用符号工具(如语言)，调节他们与周围的人的关系，借此改变他们与他人关系的性质。在 Vygotsky 和他的同事看来，调节

---

① 调节理论也被有些学者称作"中介理论"。根据《新华字典》，"中介"一词的基本解释为：在不同事物或同一事物内部对立两极之间起居间联系作用的环节。对立的两极通过中介联成一体。中介因对立面的斗争向两极分化，导致统一体的破裂。可见"中介"为名词词性。而"调节"一词的基本意思之一是：从数量上或程度上调整，使适合要求。显然"调节"一词可为动词，而且词意更符合 mediation 的本意；同时"调节"也可以用为名词。因此，作者认为 mediation 翻译为调节理论更加符合其理念。

指的是工具的使用。这里工具指的是任何能够帮助解决问题并达到某种目标的事物。这些工具中最重要的是符号性的语言,使用符号性的语言调节能够帮助学习者向更高的水平发展 SLA,因而具有重要意义。与笛卡尔的二分法(Cartesian dichonomy)将思维与事物(mind and matter)视为相互独立的观点相反,Vygotsky 认为人类心理和社会文化背景之间存在着辩证的关系。实物(physical)和符号(semiotic)工具使个体能够改变他们的物质和社会环境,相反物质的和社会的环境也会改变个体和个体与它们的关系。这一理论从根本上区别于其他的心理语言学理论,主张社会环境并不是 L2 习得的背景而是资源(source)。传统的心理行为的研究主要关注个体本身和个体的行为,而 SCT 将个体使用调节方式(mediational means)与社会文化背景产生的复杂的互动作为研究焦点。也就是说,SCT 研究的是个体采用调节方式时使用什么工具、个体的行为发生在什么场合以及为什么个体采取某种行为(动机和目标)等。为了更清晰的理解这一内容,可以举个例子:如果人类想在土壤里挖个洞,用铁锹和挖沟机要比单纯用手容易得多。而这里的铁锹和挖沟机都是文化产物,他们使人类采取更有效的行动改变他们的生活。同样,我们也会使用其他符号性文化产物(如语言)与社会建立直接的或经过调节的关系。Lantolf(2000)曾提出 Vygotsky 提出的主要观点是找出人类在使用文化构建的产物时受到何种影响,认为无论工具是符号性的还是非符号性的,他们都是经历具体的文化和历史条件形成的,因而他们都具有文化特性,因为他们本身来源于文化。他们的作用是解决问题(如果不使用他们就无法被解决的)。同时,他们对使用它们的人类也产生影响,因为他们引发了之前人类不了解的活动和理解社会文化现象的方式。因而,人类在历史发展进程中,经历变革,并把这些传递给下一代,而每一代人又重新构建适合他们的与所处社群相应的变革。

　　SCT 摒弃了将思维和言语混为一谈的观点,同时也不支持根据笛卡尔的二分法原则将思维和言语视为相互独立的观点。SCT 认为思维和言语作为独立单位彼此紧密关联。Lantolf(2000:7)认为:"思维和言语既是独立的,也是以辩证关系相互关联的,因为外部表象的言语与内部思维是互补的。"所以,研究者无法在不关注研究对象所说的言语的情况下解读思维,语言活动也无法在不考虑相关思维的情况下得以说明。Vygotsky

(1978:87)认为:"思维和言语是两个相互交叉的环,在他们重叠的部分,思维和言语共同产生言语思维(verbal thinking)。言语思维不包括所有形式的思维。有很多形式的言语思维与言语没有直接的关系。思维体现在使用工具的过程中。"根据 Lantolf & Thorne(2006),L2 学习的调节理论是指:(1)在社会互动中与他人的调节(如人与人之间的调节或称为他人调节;interpersonal mediation or other regulation);(2)通过社会文化产物的调节或称作事物调节(mediation by artifacts or object regulation,如通过网络);(3)通过私语(private speech,或称自我话语)的自我调节(mediation by self or self regulation)。(秦丽莉&戴炜栋,2013a)

1.3.3 最近发展区(zone of proximal development)和支架理论(scaffolding)

最近发展区的定义是学习者个体实际能发展的水平与在成人或者水平较高的合作者指导下发展的水平之间的区域(秦丽莉&戴炜栋,2013a)。它最初是心理学领域的概念,Vygotsky 将儿童心理功能的发展视为格式塔,它包括两个方面:

(1)格式塔即包括儿童内在的心理生活,也包括与周围人的互动行为;
(2)格式塔经历了一系列在性质上不同的阶段。在每个阶段,儿童占据着不同的社会地位并展现出不同的行为模式,这些不同的阶段中间间隔着或长或短的快速转变的危机时期。

通过上面两点,Vygotsky 著名的"最近发展区"理念被清晰地呈现出来。这一理念对 Vygotsky 的意义在于它特有的发展理念,也就是说,儿童如何参与社会活动会有助于儿童做好摆脱和解决自己心理发展阶段"困境"的准备。所有其他方面的学习对于心理发展都发挥着促进的作用。而且,成年人在儿童的社会背景中的干预,在为儿童创造的社会空间时是不可或缺的,这种社会空间能够容纳儿童采取的行为和参与的社会互动活动方面的转变。儿童行为模式的转变必须借助成年人根据儿童尚未发展完全的能力情况采取相应的干预,因为这种干预在实施时要假设儿童已经完成了心理发展平稳期的过渡。成年人的干预行为是按照社会文化对儿童心理发展的期望实施的。

从儿童的角度来看,他/她可能会在成年人的帮助下根据心理发展的下一个和更高级阶段的特征采取相应的行为,因而毫无疑问,这种新的、更高级的行为模式的"演练"使儿童准备好放弃他们之前的身份,并采取新的行为模式。但是这种儿童与成年人的关系只有在儿童被"训练"参与的活动与他们年龄所处阶段的核心"新结构"①相符合的时候才会对他/她的心理发展有帮助。否则,儿童虽然可能会学习,但这种学习将对他们的心理发展没有促进作用,也不能帮助儿童将自己从目前他们已经被设定的社会身份中解脱出来以便进入到心理发展的新的阶段、新的行为互动模式和新的心理发展社会背景。

之后 SLA 领域学者将最近发展区的概念进行借鉴和新的阐释,目前 SLA 领域关于最近发展区关注的是专家和新手之间的具体对话关系的本质,其目的是推动新手对语言的自我调节能力,个体在帮助下能做的事情也可以在将来独立完成(秦丽莉&戴炜栋,2013a)。

"支架"理论的理念与最近发展区的理念非常接近,因此作者放在同一小节解释。"支架"理论的内涵是指任何"成人—儿童"或者"专家—新手"的相互协作的行为(Lantolf & Thorne, 2007;秦丽莉 & 戴炜栋,2013a)。这一概念被进一步运用到同伴交互活动中,包括其他协作方式。Wertsch(2006)进一步指出,支架也可以是同伴互动,建议学习者之间可以展开相互支架,相互合作学习。

当我们提到最近发展区的概念的时候,就无法避免另外一个概念,就是支架(scaffolding)因为是在最近发展区内发生的语言过程。实际上 Vygotsky 本人对此概念并没有做过太多的陈述,Scaffolding 是由 Bruner(1983)提出的。后者认为所谓"支架",即为构建情境(Bruner,1983:60),这种情境能够帮助成年人/孩子逐渐掌控语言学习活动,而且当他/她对某一技能掌握的足够熟练的时候,就能够完全掌控该项活动。而且,这一理念与 Vygotsky 指出的"儿童目前能够与他人合作完成的活动,将来终有一天能够独立完成"(Vygotsky, 1986:211)的理念不谋而合。但 Lantolf 教授认为 ZPD 和 Scaffolding 的概念存在差异,因为 Scaffolding 指的是"专家

---

① 所谓核心"新结构"是指:儿童在心理发展中的一定阶段,形成的相对稳定的心理的社会形式(social formation)。但是随着儿童不断成长,他/她的心理发展到了新的阶段,此时就要突破之前一阶段心理发展的社会形式的束缚,产生冲突和危机,然后再一次进入稳定期。

(如家长、老师或者水平更高的学习者)"与儿童合作,帮助儿童完成某项其无法独立完成的任务之后,就不再关注儿童进一步的能力发展。相当于建筑工程中建好了就会撤掉"支架或者脚手架"一样的道理。而 ZPD 的理念不仅仅是关注学生经过帮助之后所能达到的完成较难任务的能力水平,而是关注其未来有可能进一步达到的水平,继续对其提供帮助。因此 ZPD 不仅仅关注儿童目前所能达到的水平,而是关注未来有可能达到的水平。根据 Brunner(1983),支架的作用并不是使任务对学习者来说更容易完成,而是通过帮助的情况下使任务的完成成为可能。然而,这种帮助需要根据理论原则的特征来调节(tuned in accordance to the features of theoretical tenets)。因为如果我们把"最近发展区"和"支架"两个概念剥离开来的话,那么语言教学就成了教师和学生之间直接的教学,就会阻碍通过互动和对话进行的知识共建(co-construction of knowledge)的过程(Donovan & Smolkin,2002)。而在 SCT 领域,Vygotsky 曾多次重申是对话的过程和结果使"支架"产生意义。在支架的过程中,能力更强的人(比如语言教学中的教师或者是同伴)操控着能力较弱的人的知识构建过程,比如通过提示卡、模型、提示语、暗示、合作和直接讲授等互动方式,来激发另一方能力较弱的学习者的知识构建和思维过程。SCT 认为互动就是把双方视为积极的参与者,在互动的过程中知识储备较多的一方为知识的给予者,而且知识储备较少的一方也并非是接受者,实际上支架理论认为学习者的知识是在老师的帮助下发展的,而且教师为学生的知识发展构建社会文化环境。Vygotsky 认为只有超出学习者自身知识发展水平的教学才是有用的教学。教学的主要作用是促进知识的发展,那么如果教学的内容是在学习者某项知识发展的既有水平上的话,就不可能成为知识发展的源泉(Vygotsky, 1986:212)。支架的最终目的是使学习者能够进行自我调节,进而能够独立解决问题。

van Lier(1996)指出"支架"的过程可以分为以下六步:(1)情境构建。在这一过程中双方构建对话和互动的情境;(2)不间断合作。能力较强的一方("专家")持续支持能力较弱一方("新手")完成任务;(3)主体间互动(intersubjectivity)。即双方的互动性思维(interactive mind thinking),互相促进思维的进展;(4)协助性交流。即"专家"在与"新手"进行的交流是辅助性的、提示性的,而不是直接的教授任务的答案或结果,而是不断的引导"新手";(5)随机的合作。因为学习者对"专家"(能力较强的一方)的回答是随机的,因为某个回答之后的交流要根据之前的回答继续发展;(6)"移交权力"。即"专家"退出,学习者能够独立完成任务。

在教师对语言学习者进行"支架"支持的时候,最常用的工具就是使用"问题"引导。教师通过问题引导学习者进行回答、提高学生的意识,进而重新构建学生的思维(Kim,2010)。"问题"是一个引导的方式,为教师在第二语言课堂上提供引导学习者认知发展和思维的工具。而其他聆听教师和该学习者的交流的时候也可以作为他们反思和展开自身与他人进行互动的资源。

1.3.4　活动理论(activity theory=AT)

前文阐述的Vygotsky的格式塔理论为"思维/事物(mind-matter)"二元论存在的问题提出了新的、可行的、科学的解决办法。Vygotsky开发了一种富有成效的方法解决了"个人/社会"二元论的问题。这就意味着这种理念是活动理论框架的重要组成部分,活动理论的目的是拓展文化心理学(或称文化历史学,即SCT的前身)的应用领域,超越原本狭隘的心理学界限解决问题。活动理论学家将社会现象具体化成一个"活动(activity)",它区别于由个体执行的"行动(action)",认为行动构成活动。这种将行动和活动区别开来的观点是非常有效的,而且很重要。

活动理论(AT)依据Vygotsky的理念形成,当代的活动理论由A. N. Leontiev整理提出。苏联解体之后,一批芬兰的学者对其展开深入研究,其中代表人物是Engeström的团队(Engeström et. al., 2014; Engeström, 2013),Engeström本人1978—2014年也曾发表过近150篇关于AT的研究论文。其核心观点是:"人类活动的创造性调节过程在活动中处于优先地位,所谓调节过程是指人类借用文化产生的产物、概念和活动调节物质世界或者彼此之间的社会和思维活动"(Lantolf & Thorne, 2006:79)。在调节过程中,每一个L2学习者独特的学习经历和学习环境的文化发挥着重要的作用,因此虽然他们有同样的教师,学习同样的内容,在同一个课堂环境,结果可能有很大的差异(比如L2的熟练程度等)。Engeström(1999)的AT三角模型为这一现象提供了有力的解析(秦丽莉&戴炜栋,2013a)。

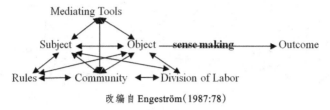

改编自 Engeström(1987:78)

图 2.3 单元活动理论系统

如图 2.3 所示,从 L2 学习背景解释该图意义为:一个语言学习活动的整体系统(activity system)由几个元素组成:调节工具(Mediating Tools,指电脑工具与作为文化符号的语言等)、语言活动参与者或称主体(Subject,如学生)、语言学习活动的整体目标(Object)、语言学习活动的规则(Rules,如课堂上的教学方法,或者课外对学习者的社会行为起限定作用的传统)、语言学习社区(Community,指具有共同学习目标的语言学习者组成的社群包括与学习者相关和社会成员,如教师、家长、同学和朋友等)、语言学习不同个体的分工(Division of Labor,如在语言学习课堂上教师与学生的分工,或者完成语言学习任务时学生组员和搭档之间的分工)以及语言学习的最终结果(Outcome,指语言学习最终的熟练水平),结果的产生依赖于学习者是否把这一活动系统看作是有意义的,即意义建构(sense making),这取决于不同元素之间的互动关系(图中的双箭头所示)。Turner(2005)认为只有被 L2 学习者认为对其学习有益的环境才能转化成语言学习的给养(affordances)。van Lier 用给养代替了 Krashen 的 linguistic input,在给养充足的环境中,学习者可以获得更多的锻炼使用语言的机会(秦丽莉&戴炜栋,2013a)。后来 Engeström(1999)在原来三角模型单一社会活动系统的基础上,结合社会多元活动的事实对其进行了拓展,目的是说明人类参与的不同社会活动之间的目的交叉重合。(见图 2.4)同样道理,在语言学习过程中参与的活动也不可能是单一的,比如课内和课外都会参加不同的 L2 学习活动,不同的活动形成语言学习的不同目的,这些目的结合到一起都会产生新的目的,形成新的语言学习活动,进而促进语言学习(秦丽莉&戴炜栋,2013b)。

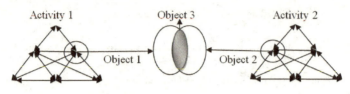

改编自 Engeström（1999:9）
图 2.4　多元活动理论系统

本书认为借用这一模式可以解释 L2 学习动机各个元素之间的关系，及其对动机的影响，而且不但能找出影响动机的有利因素，还可以找出动机消减（demotivation）和动机缺失（amotivation）的原因。模型中各个元素的互动关系（双向箭头）也体现了动机发展的动态特征。

1.3.5　实践社群理论（community of practice=CoP）

Wenger（1998）指出人类可以通过实际参与到社群活动中来从属于某个/某些社群（Direct Communities=DC），或者是通过想象自己加入到目的语社群来提高语言水平，即加入想象社群（imagined community=IC）（Wenger, 1998:176），IC 指将自我（self）通过超越时间和空间的方式，建立社会和自我新的形象的过程。想象社群的成员是指不能直接接触到的人群，因而需要通过想象（Murray, 2011）。Norton（2001）采用了 IC 的概念探索了学习者通过想象加入不能直接接触到的目的语社群对学习者的身份构建和语言学习的影响。

CoP 理论的核心理念是学习者身份（identity）在 SLA 过程中发挥的作用，认为语言学习也是身份构建的过程。Norton（2005）将身份定义为："一个人如何理解他/她与社会的关系，这个关系如何通过时间和空间而构建以及这个人如何理解未来与社会可能的关系。"van Lier（2007:58）认为身份"是个人与社会相关联的方式"。Wenger（1998）认为学习者在语言学习过程中除了参与 DC 构建不同的身份为语言学习提供机会之外，学习者的想象也能使他们归属于某些不能直接接触到的社群（如由于地理距离造成的），构建更多的身份。正如 Wenger（2000）解释道："身份并不是抽象的或者是一个像头衔、少数民族或者是个人特征等一样的标签，而是一个从属（或不从属）某些社群的生活经历（p.200）。"然而一个人的身份并不是一个统一的形式，而是以多种社群成员身份形式存在着多种变体,他进一步对此解释道,身份是一个复杂的系统(complex system),该系统对个人的生活经历开放,因此形成不同的变体,在SLA领域,这种身份拓展过程通过学习者加入到不同的语言社会实践而形成。

CoP这一理论将学习者置于社会文化环境来研究,认为学习者的身份、学习资源和实践行为构成了作为社会成员的学习者自主能力(learner autonomy=LA)(Toohey, 2007)。LA的心理特征主要由学习者与所属的社群的意识形态和期望的互动形成;学习资源是由与社群所有的社会文化环境调节而获得,因此学习者的LA的表现主要由学习者在所属社群内部与社群内部成员的多方位协商行为而形成的(Dang, 2010)(见图2.5),这种协商即包括社群资源使用的协商,也包括与社群其他成员的关系建立的协商。

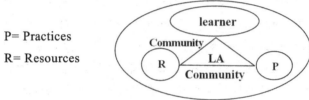

改编自 Toohey(2007: 233)
图2.5 社区中的学习者示意图

一个学习者与所在的社群的互动和协商可以是一对一的、一对多的、也可以以委托的形式进行协商(Wenger, 1999),主要取决于学习者在每一项语言学习活动中的具体情况而定。每一个学习者参与一个活动的程度即反映了学习者在该社会文化环境下的个人特点、能力和局限性,同时也体现学习者身份(learner identity=LID)的转化。换句话说,一个社群的新成员(这里指语言学习者)的地位从边缘成员转换成内部人员,从被动成员转换成主动成员,从无意识的学习转换成自主学习,需要在该社群内参与很多有促进性作用的实践活动,因此LA是一种与社会文化紧密关联的能力,它的发展需要经过社会文化环境的其他相关因素的共同作用(Dang, 2010),同时也需要考虑不同个体的个性化特征和独立的内化过程。因此CoP框架下的最高层次的LA被描述为与学习者直接相关的社会环境的对话性协商(dialogic negotiation)与互动,而不应被认为是独立学习的能力。

综上所述,本书将采用 CoP 理论,通过第二语言学习者学习者身份的构建情况观测学习者自主能力(learner autonomy=LA)。

1.3.6 内化理论(internalisation theory)

内化是人类借助文化产物(如语言)实现心理功能的过程。这一过程与调节理论一样是 SCT 的核心理论概念之一(Lantolf, 2006)。如 Kozulin (1990:16)所述:"形成人类的高级思维功能最基本的要素是内化过程。"内化是一个协商的过程,这一过程重新组织个体与环境的关系,并将此种关系融入个体未来的语言行为中(performance)。内化的过程有机的连接了社会交际与思维活动,即是个体控制思维的机制,也是思维的"生理器官"。Vygotsky 认为每一种心理功能会出现两次,首先是在人与人之间的人际层面(interpsychological plane),之后出现在个体的思维内部或脑际层面(intrapsychological plane)(1978),而从成因演化(genetic development)的普遍规律视角来看,这种理念就是通过内化过程,将两个层面相互关联的。具体来说,以个体之间的社会关系形式和个体与社会构建的文化产物的互动形式呈现的脑际之间(intermental)的功能被转化为个体内部的脑内功能(intramental)的过程(Vygotsky, 1978)。Vygotsky (1986)则把内化描述为将交际语言(external language)转化成私语(inner speech①),进而转化成言语思维(verbal thinking②)的过程(如图 2.6)。

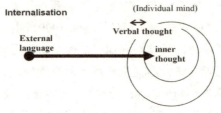

改编自 Vygotsky(1986:123)

图 2.6 内化理论原理示意图

---

① 私语定义:A form of internalized, self-directed dialogue: talking to oneself in silence.(Vygotsky, 1986),即一种内化的、自我导向的对话:无声的与自己对话。

② 言语思维定义:a reasoning procedure which necessitates language and thereby symbolizes the merging of language and idea. Kids initially utilize language to direct thought by speaking aloud; only later does speech get repressed to come to be internal verbal thought(Vygotsky, 1986),即一种思维过程,这种思维过程中语言是必需品,因此体现了语言和思维的融合。儿童起初使用语言,通过大声说话引导思维;之后言语才会被抑制,进而转化成内在的言语思维。

1.3.7 情境学习理论(Situated Learning)

另外一个与 SCT 理论紧密相关的 SLA 理论研究发展方向是在情境学习理论框架下展开的。这一理论由 Lave & Wenger(1991)提出,用来指学习是人类生活的社会(lived-in world)中生成性(generative)、社会性(social)实践的不可分割的一部分(p.25)。生成性暗指学习是一个个体构建和与他人共同构建的行为;社会性表明至少有一部分的学习发生在与他人合作的过程中;而生活的社会性则指出真正的社会实践和背景使学习更加有关联性、实用性和可转化性。在情境学习理论下,如果学习者能够进入越来越复杂的、多样化的对话和文化互动中去,而不只是通过背诵和记笔记关注个别的语法练习,语言习得的成功度越高。其中情境学习理论下的关于"参与"(participation)的研究就越来越受到学者们的关注,学者们甚至认为参与隐喻(metaphor)与传统的习得隐喻是互补的关系(Donato, 2000, 2004; Pavlenko & Lantolf, 2000; Lantolf & Pavlenko, 2001)。根据参与隐喻概念,学习是一个成为某个社区成员的过程,这一过程包括通过被该社区认可的语言和行为方式发展交际能力的过程。这里我们对这一理念下的两个理论框架展开论述,它们分别是语言社会化理论(language socialization)和实践社群理论(community of practice)。两者都强调学习的社会情境性,并将学习视作学习者成为积极的、完全参与到某个特定社群的过程,这一过程必然包含学习者在这些社区内的身份的构建(Swain, 2010)。

语言社会化理论被盖莱特和巴克达诺洛佩兹(Garret & Baquedano-Lopez, 2002)定义为儿童或者其他语言初学者习得知识与实践的过程,这一过程使他们有效地、恰当地参与到特定社群的社会生活中(p.339),并通过使用语言得以实现。语言社会化主要研究学习者如何通过使用语言被社会化,以及学习者如何实现社会化进而使用语言的问题。语言社会化主要从整体的和综合的视角研究人类的发展,通常倾向于纵深性的和民族性的研究(Swain, 2010)。近期的语言社会化研究主要来自,达夫和尤驰达(Duff & Uchida, 1997)、奥赫塔(Ohta, 2010; 2012; 2001; 2008)、兰姆(Lam, 2004)等。该方向的研究对不同的二语和外语背景下的语言社会化问题进行了研究,研究重点对象是课堂中教师和学生以及工作场所的移民。

华生葛吉傲(Watson-Gegeo)将拉夫和温格尔(Lave &Wenger,1991;1998)合法边缘化参与理论(legitimate peripheral participation)与当代的语言社会化理论进行了整合。实际上很多采用情境学习理论的学者都认为语言社会化理论和实践社群理论观点基本相同。但是两者也存在着主要的差异。实践社群理论更加突出语言学习场所中不同成员之间的权力差异性(power differentials),而拉夫和温格尔提出的情境学习理论中核心的理念是合法边缘化参与理论。学习者必须被该社区接纳为合法的成员才能够获得某个特定社群的资源。边缘化(peripherality)是一个积极的(positive)术语,描述了新成员参与该社群活动的不同程度。个体为了成为能够完全融入该社区的成员,合法性(legitimacy)和边缘化都是必经的阶段。新成员必须被实践社群接纳,才能获得社会化的资源和机会,其中合法的途径是关键。而语言学习者无论是在二语还是外语环境下都不一定会顺利的融入特定的语言社群。

实践社群理论强调学习过程由具有特定社会文化历史经历的个体实施,注重个体在社会中的活动和与社会产生的互动,主张活动的主体(学习者)、活动和社会彼此相互构成(Lave & Wenger, 1991, p.33)。同时实践社群理论也认为学习是身份的构建与再构建的过程,因此社群的新成员也会对社群带来变化。除了参与的概念之外,这一理论还包括非参与的概念(non-participation)。温格尔(Wenger, 1998; 2007; 2009; 2010)"我们不但通过所参与的社群实践活动构建我们的身份,同时我们也通过不参与某些社群实践活动构成其他的身份。我们的身份不仅由我们是什么构成,还包括我们不是什么的内容。"(p.64)因此实践社群理论主要关注的是学习者在不同的实践社群之间所进行的具有潜在冲突性的不同身份的协商。因此L2学习是一个高度复杂的、具有社会情境性的过程,而且这一过程是动态的,包括进入和参与某个社群的协商过程,这其中最重要的是身份问题。实践社群理论为SLA研究带来的重要启示在于它注重语言学习活动、学习者和学习者自身能动性之间的偶然的和辩证性的关系。同时这一理论也注重在社会情境学习中权力关系对某特定社群新成员获得该社群资源的影响。

1.3.8 后结构主义

后结构主义(poststructuralism),顾名思义,来自索绪尔(Saussure,1916/1974)的结构主义语言学。索绪尔认为语言是一个抽象的符号系统,每一个符号都有一个标记(signifier,如一个单词的发音)和一个指定的概念(signified concept,如单词的意义),两者之间的关系是任意的,而非固定的。后结构主义理论的主要代表有巴斯(Barthes,1977)、德里达(Derrida,1976)、福克特(Foucault,1978;1980)、克里斯特娃(Kristeva,1984)和拉肯(Lacan,1977)等,其主要观点是意义并非是固定的,而是通过社会话语(discourses)和实践构建而成的。

威登(Weedon,1997)认为,后结构主义理论包括语言、意义和主观性(subjectivity)三个概念。意义是社会构建的,在语言内部构成,因此语言构建了我们自身和主观性。主观性这一概念被后结构主义学者用来表示身份的概念,强调身份的偶然性。之前的SLA研究认为学习者的身份是固定的、独特的和前后一致的(Weedon,1997:32),而后结构主义认为主观性是不确定的、矛盾的,在形成过程中不断地通过我们每次思考或者说话产生的话语被重新构建。主观性可以被定义为:个体有意识的和无意识的思维和情感,个体的自我感和对自身与社会的关系的理解方式(Weedon,1997:32)。主观性基本上是社会身份的同义词。个体可能具备一个通过文化构建、协商,并在不同场景实施的主观性的"指令系统"(repertoire)。例如一个人与他人的关系有不同形式的主观性,"她"可能被视为女性、中国人、黄种人、妻子、母亲、教师等等。不同的主观性根据不同情境和互动的局限突显出不同的形式。主观性具有三重特性:(1)多元的、非单一性的;(2)主观性就如一个竞技场,不同的形式之间具有矛盾性;(3)主观性根据时间和空间发生变化(Norton, 1997, 2010, 2001; Norton Peirce, 1995; Norton & Early, 2011; Norton & Toohey, 2011)。值得注意的是主观性同时也受个体的个性和所处的社会文化背景影响(Hall, 2002等)。

SLA社会文化视角下的主观性研究通常与能动性(agency)有关联(Palenko & Blackledge,2004)。能动性或者自主决定能力(autonomous decision-making, Hall,2002)被定义为:个体根据自身意愿和权力操控自力更生、独立的、自定义的能力,借以做出改变或者决定。个体并非总是被动的,而是常常会主动与社会背景为他们设定的身份展开斗争,努力构建出自身的新的身份。因此个体的主观性有时在不对等的权力关系中是非协商性的或者是被强加于个体的(Pavlenko & Blackledge,2004:21);但有时主观性是被个体接受的,因而不需要协商;而有时个体的主观性则是需要协商才会形成的。因此在 SLA 过程中,协商主观性的时候,个体势必要发挥积极的能动性,通过语言使用决定如何展现自己。(Norton, 2010; Norton & Early,2011; Norton & Toohey, 2011)

1.3.9 对话理论(Dialogism)

俄罗斯文艺理论家和哲学家巴赫金(Bakhtin,1981;1986)的研究近年来得到了 SLA 领域学者的关注。巴赫金提出的观点中,核心理念是语言、思维和意义共同构成言语(utterance),这一理念体现了人类活动不同方面的具体状况和目标。言语既具有个体性也具有体裁性(speech genre)。巴赫金(Bakhtin,1981)认为所有的言语都是对话性的(dialogic),也就是说所有的言语都有说话者(addressor)和受话者(addressee),还认为所有语言是动态的、互动的,而且是依赖于背景(context)的。在这一理论下,巴赫金提出了杂语(heteroglossia)的概念来描述语言具有多重意义、多重视角和多重价值的特征。霍尔等(Hall et al., 2005)认为巴赫金主张语言具有结构性的和浮现性的特征,人类通过社会互动学习语言。当学习语言的时候我们挪用(appropriate)通过历史和文化构建的意义,但同时我们也能将自身对语言的理解加入语言。

近年来,将巴赫金和 Vygotsky 的观点进行比较的研究越来越受到 SLA 领域学者的重视(Sullivan & McCarthy, 2004; Marchenkova, 2005等)。巴赫金的理论也会被拿来与后结构主义和 Vygotsky 的理论相关联。巴赫金的理论与后结构主义理论都承认不论是 Vygotsky、后结构主义还是巴赫金的理论都支持语言是由社会历史构建的和意义是由言语构建的观点。然而 SCT 与后结构主义的最大的区别在于,SCT 认为语言表达(languaging)会使语言实现内化(internalization),这一观点隐含着语言在个体的思维中的多元性(plurality)和多样性(heterogeneity)。巴赫金(1981;1986)的对话理论拓展了对人类能动性研究的空间(Sullivan & McCarthy, 2004)。

1.4 复杂理论①(complexity theory=CT)

复杂系统的特征是动态的、非线性的、顺应的、自我组织的和浮现性的。首先由于复杂系统的特征是动态性的,因此几乎达不到系统的平衡状态。系统随着时间发生变化,其组成部分也同样。发生变化的原因主要是反馈系统对新环境的顺应(adapt),以及系统从自身的经验中学习到的内容。这种变化也是非线性的,因为其受到的影响并不一定与引起变化的原因成比例。实际上是一种混乱的状态(chaotic)。显然这种系统是无序的,虽然在这种表面的无序状态下,隐含着某种顺序。但这个系统中的任何组成部分或者元素都不是确定的或者都无法预测其发展变化。因此,这个系统的另一个特性也就是非线性。显然,无法解说在性质上究竟在系统中发生了什么,也无法完全找出因果关系,包括学习或者社会互动。这种无法预测性(unpredicatability)似乎控制着这个复杂系统,在性质上是这种复杂系统的进化过程中内在具备的特征,它导致了无法根据该系统最开始的原始状态预测之后的发展。这种无法预测的特征被叫作浮现性(emergent properties)。浮现性也因此说明了复杂系统本身内在的创造性。复杂系统具有创造性,而创造的基础就是无法预测性。比如人类本身是无法预测的学习者,这种特征决定了创造性学习经历的浮现。根据Johnson(2002),浮现性被理解为在整体比不同组成部分的整合功能更强的时候发生的现象。因此在研究人类的语言学习的时候,我们必须考虑到我们无法从被孤立的元素中理解SLA这个整体系统。我需要一种研究方法,具备识别同一个现象的不同情况之间的关系的工具。复杂系统的另一个特征是顺应性(adaptive properties),也就是说,复杂系统有能力重新自我组织,对外在的因素的干扰做出反应。复杂系统的这种标志性特征使系统能够自我调节或者说系统的能力寻求自我调节,无论周围的影响如何干扰它。这使作者回想起,封闭的系统(closed system)如果任由其自由发展很容易会走向消亡,它们会从顺序走向稳定,就像一个没有上弦的时钟,最终一定会停下来。然而开放式的系统(open-system),随时开放,吸收新的能量,有可能会向相反的方向发展,

---

① 复杂理论严格意义上讲并不是SCT的分支,而是独立发展的领域,但是作者认为该理论与SCT的理念有不可分割的联系,因此在该部分一并解析其内涵。

进化成更加复杂的状态。变化和干扰使系统继续运作,并随着自身的动态性变得越来越有组织,通过顺应性,系统具备了从经验中学习并改变的能力。在系统不断进化过程中,它本身的复杂性也越来越强,而且也能够自我组织。目前有足够的证据说明语言学习显然是一个顺应复杂系统(adaptive complex system),因为语言学习本身具有内在的能力,顺应个体和周围环境的局限性强加于语言学习系统的不同的情境或情况。从本族人转化成说 L2 或者外语的人是一个复杂的过程,从顺序发展成混沌,这里的"混沌"是指由大量的不规则性特征的动态系统长时间的发展行为。因此,作者认为民族志方法研究能够对这种复杂的过程进行解读,因为民族志方法本身不注重结果,而是更加注重过程(详见研究方法部分)。

复杂理论源自数学领域,Poincare(1921)首先提出即使是最被人熟知的系统,也会表现出无限新的情况。之后气象学家 Lorenz(2001)提出了"蝴蝶效应"(butterfly effect)的隐喻用来表示 CT 中对起始状态的敏感性的依赖,即很小的变化可能带来巨大的结果。Larsen-Freeman(1997)认为混沌/复杂理论科学与语言和二语习得的关系惊人的相似。她先后提出了不同的论述将语言和 SLA 看作是复杂的、非线性的、动态的现象。之后,Larsen-Freeman & Cameron(2008)还进一步论述:"复杂系统主要出自系统中的各个成分以及次级系统之间以多种不同的方式相互依存和互动的特性"(p.29),此外复杂系统还具有适应性特征,同理 SLA 系统也展现出自有的能够适应不同环境的能力。正如 van Lier(1996)指出的"我们既不能宣称学习是由环境刺激引发的(行为主义观点),也不能宣称学习是有基因决定的(先天论观点),学习是个人与环境之间的复杂而偶然的互动产物"(p.170)。

例如,在 SLA 的自主学习研究领域,Sade(2011)认为学习者的自主能力(learner autonomy=LA)也并非是一种状态,而是一个非线性的过程(non-linear process),时刻经历着不稳定性、多变性和适应性。LA 是 SLA 的基本元素,因为它通过学习者的能动性引发学习的过程,进而将学习拓展到课堂之外。LA 较强的学习者能够吸收社会文化环境中的语言给养(affordances),并能够积极参与到 L2 学习的社会活动实践中去,获得更多的机会使用语言促进语言学习,van Lier(2000)认为语言给养是为学习者提供行动和加入社群的环境的特征,这种环境为语言学习者提供更多的机会。Paiva & Braga(2008)认为,LA具有CT所具有的特征,因此与环境有着不可分割的联系。

因此,本书还将采用复杂理论来调查学生的口语学习发展状况,如在调查自主学习能力、动机、能动性、给养转化情况等方面,都会引用复杂理论的理念对各个指标最终的数据进行解释。

1.5 生态给养理论(ecological affordance theory)

生态研究[①]早在19世纪中期就已经成为一个独立的学科,主要研究的是有机生物和其所处环境之间的关系。传统的研究往往对环境进行控制,然后从复杂的、特殊的现象中选择某些内容,进行观察、操控和测量。而在生态研究领域,通常从两个层面展开研究——浅层生态和深层生态(van Lier, 2004)。前者是指对生态系统中的主要种群展开调查的研究领域,比如生态工程领域主要测量对空气中的某些颗粒或者分子;后者是指对构成环境的整体复杂的、相关的过程展开研究的领域。这就与上文提到的复杂理论、混沌/复杂理论和系统理论有不可分割的联系。

从生态角度来看,我们并不能够提前预知学习者关注的焦点,而是为学习者提供接触语言的环境,以便学习者能够从环境中提取所需要的内容,比如说如果一个人从树上摘了一只苹果,并不是因为其他的苹果都被屏蔽了/不存在了,只是学习者没有摘它们而已。同时,我们也知道其他苹果也在学习者可摘到的范围内。因为,生态角度的第二语言学习研究认为应该为学习者提供使用语言的机会,因此互动活动和对话就能够为学习者提供可识别和使用的"生态给养"(van Lier,1996)。与生态视角研究紧密相关的两个概念是"给养"和"浮现"。生态给养,主要关注的是人与周围环境的关系;浮现关注的是语言能力的发展(van Lier, 2004)。

生态语言学将语言视为人与周围环境的关系,语言学习是人与周围环境有效关联的一种方法。其核心理念即为"生态给养理论",是指为行动提供机会或者抑制采取某种行动的有机生物与环境的关系。环境包含给养,也是生物活动的基础。关系是指如大纲、行动、语言、学习等关联人

[①] 既然生态视角的研究已经是一个独立的学科,那么它与SCT研究的关系并不是从属关系。但是作者在本书中主要关注生态研究中的一个理论——"生态给养"理论,而这一理论在SLA领域与SCT研究有非常紧密的联系,因此便融入该部分的陈述内容。

与环境的事物;语言则是一个关系系统(van Lier,2004)。实际上,给养的概念首先由 Gibson(1971)提出,受到 SCT 研究的启发,van Lier(2000)将给养定义为"a particular property of the environment that is relevant to an active, perceiving organism in that environment. An affordance affords furture action. What becomes an affordance depends on what organism does, what it wants and what is useful for it"(p.252)(意指给养是环境的一种特殊的性质,与该环境积极的、能够识别给养的有机生物有关。给养促进(有机生物)采取进一步的行动。究竟什么能够转化为给养取决于有机生物做什么、它需要什么和什么对其有用)。Lantolf & Thorne(2006)曾就个体在社会环境中能够获得的语言给养的内化过程中,私语(private speech)发挥的作用展开调查。

Aronin & Singleton(2013)认为,从宏观上看,生态给养理论框架包含三个要素:语言使用者、环境(environment)和语言(Aronin & Singleton, 2013)。语言使用者不仅包括说语言的人,还包括写语言的人;环境要比背景(setting)包含的内容更广泛,所指的不仅是特殊情境下有形的内容,还包括无形的内容(如图2.7所示)。

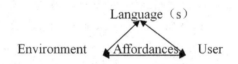

改编自 Aronin & Singleton(2013);秦丽莉&戴炜栋(2015)
图2.7　宏观给养形成三要素关系图

由双箭头构成的三角形代表三者之间复杂的相互关联性,给养的产生是三者共同作用下的产物。实际上,三角形中间充满了各种各样的给养,我们可以想象任何一个特殊的情境都可以被看作是一个三角(或大或小),给养由三要素之间的互动产生适合于这一特殊情境的一整套给养,之后被感知、使用、实施行动。这一模式也代表 SLA 生态研究的复合的、整体的研究视角。因为对于不同的语言使用者,在不同的情境中,三者之间的互动会产生不同的给养;对于不同的人来说,给养被感知、使用的情况也不同,对于一个人有效的给养,很可能并没有被其他人感知、使用;同样给养的表现形式对不同的情境,也可能不同;即使对于同一个人来说,不同的情境中感知、使用的给养也不尽相同。这些都证明了生态研究整体观视角下，给养的复杂性特征，而这一点也与近年来SLA领域提倡的由Larsen-Freeman(1997, 2011)提出的SLA混沌/复杂理论一致。生态整体观研究方法摒弃了任何将复杂现象简化成笛卡尔的二元论(Cartesian Dualism)进行研究，并非是寻求共相性(universals)，与乔姆斯基的普遍语法(Chomsky's Universal Grammar)、格蕾丝的普遍性原理(Grice's Universal Maxims)或哈伯马斯的普遍语用学(Habermas' Universal Pragmatics)的研究范式都不同。生态理念下的研究采用的是描述性模式，强调特殊的和具体的特征胜过对普遍性和共相性特征的关注。

从微观上看，van Lier(2000:26)认为行动(action)、感知(perception)和解读(interpretation)是给养形成的先决条件，三者之间具有持续的相互作用的关系，并形成一个循环。如图2.8所示：

改编自：van Lier(2004:92)；秦丽莉&戴炜栋(2015)

图2.8 微观给养形成三要素关系图

给养形成过程中具有浮现的、复杂性的特征，因为不同的个体对社会有不同的认知，个体与环境之间的互动体现在不同的社会实践中，如一个清洁工把丢在垃圾桶的物品视作垃圾，而艺术家则有可能把它变成艺术品；不同的语言学习者在同一个环境中，或者同一个学习者在不同的环境中，都可能产生不同的学习经历和学习目标等。

1.5.1 给养如何发挥作用

在SLA领域，对于施行一个行为或者实现一个目标，如提高口语和写作的能力，一种独立的给养是不够的，而是需要环境提供的一整套的给养同时发挥作用，如教学方法、老师、同伴、字典、网络等。总之，可以对给养如何发挥作用进行如下三点总结：

> 为了使某个特定的行为实施，进而达到某个特定的目标需要一整套的给养；

每一个行为或目标都需要它本身需要的、特定的一整套给养；
确切地说，需要提供哪些给养、多少给养、哪种形式的给养，取决于相关"行为—目标"的特性、行为人（language speaker）和环境。

因此实践研究中最重要的是找出与特定目标相关的一整套给养。决定了给养的数量、种类和类型，才有可能找出某些给养是否以及如何使能被感知，促进给养发挥作用，甚至在需要的时候，补充欠缺的给养（Aronin & Singleton, 2013, cited in 秦丽莉&戴炜栋, 2015）。

根据前文理论的论述结合第一章的研究背景中阐述的大学英语教学目前存在的问题，作者计划实行以下的教学理论与实践相结合的实际操作宏观蓝图（见图2.9）：以 SCT 为指导，以任务型教学为实施策略，以构建积极 EA 丰富的"生态化"大学英语口语学习环境为目标，促进学生的课内和课外学习相结合，借以实现优化大学英语学习"生态"环境的初衷。

注：SCT=Sociocultural Theory; Postitive EA=Positive Ecological Affordances;
TBLT=Task-based Language Teaching

图2.9　本书宏观框架蓝图

2. 本书的理论框架

在实际操作中，根据以上理论的论述，作者计划对以下具体的内容（即研究具体的焦点）展开调查，构建了以下具体的研究操作理论框架（见图2.10）。

第二章　SLA领域社会文化理论研究的哲学根源、学科属性、研究现状与理论内涵 | 57

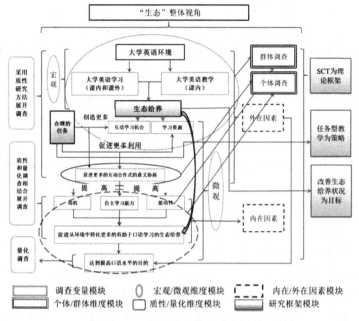

图2.10　本书操作方法理论框架

如图2.10所示，作者认为大学英语口语环境分为大学英语口语学习和大学英语口语教学两个部分，需要从两个方面了解大学英语环境的"生态给养"状况（根据生态给养与生态环境的定义和理论详见下文第三章文献综述部分），而"生态给养"是由环境提供的，由互动学习机会和学习给养共同组成，而这些给养只有语言使用者感知、解读进而采取行动才能够转化成对语言学习有利的给养（取决于学生对给养的感知和解读的情况），因此如果希望学生能够将环境供应的"生态给养"转化成给养，由外在因素（互动学习机会和学习资源，即学习环境提供的给养情况），以及内在的因素（即学生主动采取行动转化给养的能力，本书主要从动机、LA、能动性三个方面对此进行调查）共同决定。作为语言教师，有效的策略之一就是对外在因素进行干扰刺激，通过合理的语言学习任务创造更多的互动学习机会，促进学生更多的语言学习资源，进而促进学生之间的交流互动，在完成任务的过程中，进行更多的意义协商，以互动合作的形式带动学生的学习动机、LA和能动性的提高，然后进一步促进学生从环境中将感知、解读的给养采取行动转化成更多对学习有力的语言给养，最终达到提高口语水平的目的。

因此,本书需要从生态视角研究本身所提倡的整体视角(holistic)出发对大学英语口语整体的给养状况进行深入解析,本书所指的整体给养状况,就是既要说明外在的因素情况(如图2.10所示,大学英语口语学习和大学英语口语教学共同组成的大学英语口语环境的"生态给养"状况,将通过互动学习机会和学习资源的使用情况、互动合作性意义协商情况以及口语水平情况这些外在因素展开调查),也要说明内在的因素情况(如动机、LA、能动性和学习给养的转化情况),目的是从内在因素找出外在因素表征(representation)的原因;既要关注宏观状况(如大学英语教学和学习整体的"生态给养"状况),也要关注微观状况(如互动学习机会、学习资源、意义协商和互动合作、动机、LA、能动性、给养转化情况和口语水平等);既要关注群体研究,也要关注个体研究;既结合SCT惯用的量化研究方法进行剖析,又结合质化研究方法进行解读(图2.10中最左侧的方框已经表示质性和量化研究部分)。<u>总之,作者将从外在/内在、宏观/微观、群体/个体、质化/量化,四个维度实现"四维立体"的整体观的研究框架</u>。如图2.11中所示,对于大学英语口语现状来说,这个因素本身是外在因素,既需要从宏观角度调查国家相关官方指导性文件,也需要从微观的角度调查某个学校、某个课堂的教学情况,而对于这个因素的调查主要涉及对学生群体的教学状况,因此作者主要采用质性的研究办法,如课堂观察的方法进行调查;再比如对于大学英语口语学习环境的EA被学生转化的情况(图中为标为"CELAFT")这一因素,她既需要从宏观上观察整个班级,也需要对学生个体对给养的识别、感知和使用状况进行调查,既需要用量化的形式进行调查(如问卷),也需要用质性的方法进行调查(如访谈),既需要对整个班级群体进行调查,也需要对个体学生进行调查,而这一因素本身也是外在因素之一。对于其他因素的情况从图中也可以明显看出在四个维度中的定位因此不一一解释。

如图2.11所示,研究将对大学英语口语学习环境在实验前后变化进行相对"自然"的、"生态"的全视角描述,即采用"四维立体"的方式,原因是如果对外在因素变化的描述通常只是说明现象发生变化的表征,而其内在原因,通常需要进一步了解内在因素的变化,并找出外在和内在因素之间的相关性。每个研究内容在图2.11中"四维立体"模型各个维度中所

第二章 SLA领域社会文化理论研究的哲学根源、学科属性、研究现状与理论内涵 | 59

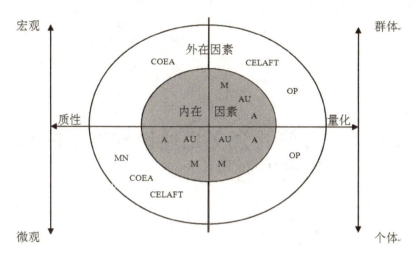

注：
A = agency = 能动性
AU = Autonomy = 自主能力
LA = learner's autonomy = 学习者自主能力
CELAFT=College English learning affordances transformation=大学英语学习给养转化情况
COEA=College oral English affordances=大学英语口语环境的给养状况
M = Motivation = 动机
MN = meaning negotiation = 意义协商
OP=oral performance = 口语水平

图2.11 本书"四维立体"研究框架

处的位置即表明将要对其展开某个维度的实证研究方法和范式，有的是需要多个维度相结合的，这也是三角论证研究范式的特征之一。

在本章中研究人员首先对本书的整体理论框架——SCT理论的缘起、历史沿革、哲学根源、定义和学科归属的进行了详细的阐述，之后对SCT的核心理论（如调节理论）和分支理论（如最近发展区、活动理论、实践社群理论、内化理论、情境学习理论、后结构主义和对话理论），以及与SCT紧密相关的复杂理论和生态给养理论的内涵进行了阐述，最后分别提出了本书的宏观和具体研究框架，并进行了相应的说明，目的是阐明研究目标和指导路线，为进一步的深入研究打下基础。

第三章 当前社会文化理论框架下的SLA热点研究

近年来,SLA领域的SCT相关研究不断涌现,形成了新的流派,主要的成果都说明了人类所有的思维活动都是经过符号调节的(symbolically mediated)。SCT框架下的SLA研究的实证研究数量相对比较少。而且大部分产生于20世纪80年代和90年代的以SCT为框架的实证研究成果,都是对自然状况下的L2发展状况或者被引导的二语习得发展状况进行研究。从Negueruela(2003)的博士论文发表之后,将SCT作为理论框架,构建促进第二语言教学的成果开始成为重要的研究课题(Lantolf,2006)。这一研究方向反映出Vygotsky(1997)的实践论观点(praxis),即强调教育改革中理论与实践的辩证性结合。本书也以此研究课题为中心展开系列教学任务,目的有两个:(1)构建有助于大学英语学生提高口语水平的英语学习环境;(2)从学习者口语水平测试、意义协商情况、学习动机、学习能动性、LA和英语学习环境的给养状况的变化中,找出影响学习者口语水平的主要原因,探索各个元素之间的相关性。下文将对相关研究进行分别阐述。

1. SCT与SLA的关系

Lantolf &Peohner(2011)曾解释道:Vygotsky思想的科学体系倾向于对人类心理的描述,对人类发展的过程进行说明,具体来讲,是对人类控制思维采用的社会文化方法进行解读。对于Vygotsky来说,这种研究主要探索人类发展中社会文化"干预"(intervention)所发挥的作用,即针对人类设计的互动活动如何支持人类的发展进行探索。Vygotsky认为应该将理论与实践结合,理论为实践行动提供了基础,同时实践行动也为理论的构架提供了启示(1997)。

Lantolf & Peohner(2011)曾就Vygotsky对实践论的贡献进行了评论,认为Vygotsky提出的理论与大部分SLA理论相反,具体来说是"基础"研究与"应用"研究的针锋相对(例如,SLA理论与语言教学)。Lantolf(2010)认为非SCT(non-SCT)L2学者通常将SLA过程简化为比较容易理解的、对某个语言组成部分的习得过程进行研究,而SCT角度的研究却认为这种简化了的方法无法找出问题的本质。虽然Vygotsky并不否认生理因素在初级心理发展过程中的必要作用,但他坚持认为社会文化因素同样在人类思维发展过程中意义重大。

SCT将学习视为一种社会活动,学习在学习者和环境之间进行互动时产生。Vygotsky(1978)将社会文化背景视作高级思维活动发展的本质性、决定性因素,认为人类思维功能的发展是社会调节的过程,由文化产物(cultural artifact)、社会活动(activities)和社会理念(concepts)三方面组织(Lantolf, 2000)。根据这一观点,社会中存在的文化产物使人类能够调节并修整自身行为,语言也被认为是调节的基本工具。语言的发展过程是学习者参与文化、语言和历史背景中活动的结果,比如与家人、同伴之间的互动,在教育单位、工作场所参加的活动等。虽然Vygotsky不否认神经生理因素对高级思维能力发展的作用,但他主要关注人类与社会背景之间的互动对认知能力发展的重要作用。Vygotsky的观点主要关注人类的高级思维功能、理性思维、解决问题能力、计划能力和意义建构能力等等。他认为人类的心理功能由两个层次——低级功能和高级功能构成。高级功能包括语言、阅读、计算、逻辑能力等,这些使人类能够有意识地控制自身的意识,而语言工具的使用则在人类思维和环境之间形成一个缓冲阶段,使人类和他周围的物质世界之间相互调节(Lantolf, 2007)。

SCT用整体观的视角看待外语教学,强调将意义(meaning)作为语言教学的核心,认为语言技能和知识需要以复合的形式教授,而不是以独立的、相互分离的形式逐个向学习者呈现。语言学习者被认为是学习过程中积极的意义构建者和问题解决者。SCT还强调教师、学生和任务相互关联的动态关系,主张学习产生于不同个体之间的互动。Ellis(2000)认为SCT的核心理念是学习并不是通过互动产生,而是在互动过程中产生。当学习者在其他学习者或者老师的帮助下,参与到某项任务中时,将任务完成的方法内化(internalize),进而学会独立完成同样的任务。因此,社会互动是能够促进或调节学习过程的。

总之,SCT在SLA领域的重要贡献之一是将语言学习视为参与(participation)(Pavlenko & Lantolf, 2000),参与将社会文化背景与个体语言习得过程相结合。换句话说,个体为了成为语言的熟练掌握者,靠自身的努力是无法完成的,除非他能够参与到与他人(尤其是比自己水平高的人)进行互动的活动中,并在互动过程中得到辅助(scaffold)。而这一强调社会参与的理念与上文陈述的大学英语口语教学目前欠缺的参与互动活动问题正好契合,因此作者认为SCT的观点可以帮助解决相关问题。那么具体采用SCT的哪个分支理论,解决哪些语言教学的问题,作者将在下一章加以详细解释,这里不赘述。

2. SCT与语言教学的关系

2.1 SCT框架下的任务型教学定义

在现有的有关任务的定义中,Candlin & Murray(1987:39)的定义最适合SCT的理念:

> "任务是指一组不同的、具有顺序性的、提出某种问题的系列活动之一。任务关系到学习者本身在社会环境下探索和追求可预见的或者意外发现的目标而把其原有的和新的知识应用于认知和交际中的过程。"

该定义从任务的组织,到任务所处的社会环境,到学习者的学习过程都做了具体描述,也是以下研究依据的核心概念(秦丽莉&戴炜栋,2013a)。

虽然SCT的相关研究对任务型语言教学(task-based language teaching,

TBLT)进行了阐述,但是到目前为止很少有研究根据 SCT 理论框架指导课堂教学。近年来已有学者对 SCT 框架下的任务型教学进行了研究,对互动和合作性学习本身的意义进行了探索,研究的角度并不是在于互动中的个体,而是合作互动中形成的学习者共同构建意义的现象(Lantolf, 2000; 秦丽莉&戴炜栋, 2013a),以及学习者如何解读任务。他们认为把任务看成具有可预测性的、可依赖性的性质是不切实际的。Wen(2008)认为在任何特定的课堂背景下,虽然在任务中所有的参与者明确显示出相同的或者类似的行为,语言活动还是有可能时刻发生着变化的,这或许是因为学习者通常在语言学习过程中寻求不同的目标(Lantolf, 2007)。van Lier & Matsuo(2000)曾经进行了研究,试图找出学习者学习过程中如何进行有效平等的互动,而不是以一方为主导的互动。借助 SCT 框架, Nakahama, Tyler, & van Lier(2001)曾对不同任务的性质进行了研究,强调讨论式任务的重要性,因为这种任务要比信息互换型的任务(information exchange task)为学习者提供的学习机会更多。Swain & Lapkin(2001)也曾对任务中合作性意义构建(collaborative construction of meaning)如何在合作听写和拼图任务中为学习者提供"支架"展开研究,认为合作性意义构建使学习者能够以合作的方式注意到目的语语法的不同方面。(秦丽莉&戴炜栋, 2013a)

2.2 "生态化"任务型教学任务

根据前文阐述的 SCT 与生态给养理论的内涵,以及任务型教学与SCT 的兼容性,作者认为如果想为学生提供更多参与使用语言的机会或者意义协商的机会,就必须设计相应的任务,促进学生参与口语互动活动。因此作者曾在秦丽莉&戴炜栋(2013a)中提出"生态化"学术专题口头汇报任务(APBOPTG = academic project-based oral presentation tasks by group),这里简要陈述。APBOPTG 是指要求学生就由阅读书籍、论文或者从网络等方式以小组为单位(为了保证完成任务过程中组员贡献的合理化和有效性,以 3 人一组为宜)搜集到的学术性(如文学、科学、社会科学和教育等专题)文章或视频信息进行深度理解、分析并对学到的知识内容进行口头汇报的任务(Duff, 2002)。这类任务的完成要求学生具有相关专业的知识,同样要求相应的语言技能和互动合作,任务包括理解学术信息、记录、主持/参与班级讨论等活动(秦丽莉&戴炜栋,2013a)。

少数 SLA 学者(Becket, 2002; Eyring, 2001)认为,专题任务教学一直是教育哲学家(如 Dewey, 1938)学术著作中的传统课题,主要理念是强调学习的社会性和学校教育在构建合作性的、民主性的学习中发挥的作用:

> Dewey 认为如果人类希望学习如何合作,他们必须有在学校里合作学习的经验。课堂中的学习生活应该是社会民主进程的缩影,而民主生活的核心即为群体生活中的合作。而且,Dewey 认为课堂教学应该体现民主,不仅在于学生如何学习做选择和共同完成课题,还在于学生如何学习将课题联系起来。这种教学方法涉及对合作伙伴的理解,对他人权利的尊重,并学习如何共同合作合理解决问题。(Eyring, 2001, p.334)

因此小组可以被看作是促进学生在教师指导下锻炼合作性学习的手段(Dewey, 1938)。同样 Stoller 也认为,把学习专题小组作业融入语言教学中,能够帮助教师"脱离以教师为主导的教学方式,构建探索性学习的氛围,进行真正的交流、合作、学习,并达到解决问题的目的"(2002:17)。

Haines(1989)也认为,专题小组作业是以学生为中心的、多技能的活动,可以允许学生自主选择话题和学习的方法。正如 Bygate(1987)为<u>专题任务给出的定义"专题任务是学生围绕一个题目进行调查之后进行报告的学习活动</u>"(p.116),专题任务通常是让学生进行大量的自主学习(即没有教师在场),有时是独立学习,有时是与小组合作学习。因此专题任务涉及一系列相关的活动,包括学生根据课题进行思考并提出问题、调研收集分析信息、综合信息、批判性的评估并修正信息、分享信息、整合信息,最后形成任务的输出(以小组、搭对或个人形式)(Beckett, 2002; Stoller, 2002)。因此,专题任务的准备工作通常是在课后进行的,而且任务报告的输出涵盖多种形式,报告可以是口头的、书面的、纪录性视频等等。一些专家认为,这种需要有口头或者书面报告的任务会帮助 L2 学习者更加注意语言输出的形式和意义(Skehan, 1998)。也有学者认为专题小组任务可以促进语言与内容的结合并提高思维技能水平(Beckett,

2002; Stoller, 2002),因为借助专题小组任务学生们可以通过分享信息、讨论、调研等多种方式学习,这是一种合作学习的理想方式。以 Vygotsky 等专家的 SCT 为基础,本书认为小组专题作业能够引导学生成为更加有学识、有内涵的 L2 学习者和说话者,使学习者更加有能力参与到未来的社会生活中。

2.2.1 任务之间的生态系统内涵

所谓任务之间的生态系统是指在宏观层面上做到任务和任务之间要有关联的而不是孤立的,而且在整个教学周期(如一个学期,或者一个学年)中任务的难度是系统性递进的(见图 3.1),这种系统性的递进是以学术小组项目探索的深度和广度为标准的。比如一个专题任务可以进行三轮汇报,首先是根据学生的兴趣选择,如有的学生选择以《简·爱》这本书为题目,那么学生第一次的任务说的是简·爱的人物和故事梗概介绍;第二次则需要说明这本书为什么会成为经久不衰的名著等更深层次的解读;而到了第三次该组学生则需要说明另一本与《简·爱》有可比性的同类书籍之间的对比评价。这样安排的目的是希望学生能够不断的使用英语对所研究的主题相关内容进行意义协商(meaning negotiation),借以促进学生与学生、学生与教师、学生与社会文化背景中的文化产物等方面的相互调节和互动,进而促进语言学习。

Tasks are interrelated and systematically progressive throughout the term to form an "Ecosystem" of tasks

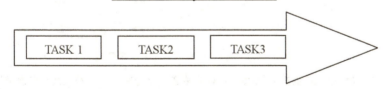

图 3.1 宏观层面口语教学中任务的"生态系统"

2.2.2 课内/课外学习的生态系统

微观上语言教学不仅要关注学生在课堂内的表现,还要促进学生们在课堂外的自主学习。正如 Dewey(1927:62)所提出的,以学术专题为基础的任务教学能有效促进学生探索他们需要学习的知识,以便达到他们希望达到的水平。由于L2教学中进行的学术性专题难度相对较高,需要学生课后进一步学习,形成课内、外学习紧密关联的语言学习生态系统。具体看(见图3.2),在课堂上,组员之间的互动也相对提高,教师则作为组织者和顾问指导学生,为学生提供scaffolding和feedback,帮助学生拓展ZPD(zone of proximal development)。同时这一模式也给教师提出了挑战,教师们必须培养课堂教学技能,设计有效的任务,促进学生进行相对复杂的思考,提出有创造性的解决办法,进而高效率的提高学习效果,这一理念其实就是生态语言学的语言环境给养(affordances)的使用,为学生提供更多的使用L2的机会。

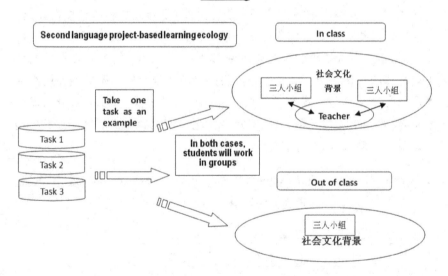

Each task completion requires both in/out of class work——"Ecosystem" of Learning

图3.2　微观层面"生态化"APBOPTG中语言学习者在课内/课外完成任务流程图

除此之外,学生在课内/外不断地进行交流,形成语言学习过程的微观生态循环系统(见图3.3)。首先从思考并提出问题开始,然后从网络等渠道搜集分析信息,创造性综合信息(因为个体的差异,不同的学生和小组对信息的内容理解不同),批判性的评估整理信息、分享信息、整合信息,最后通过L2输出所学到的内容,这一过程为学生充分提供使用L2进行意义协商的机会,虽然学生难免用L1,但是这一过程对L2习得的辅助

第三章　当前社会文化理论框架下的SLA热点研究 | 67

作用在下文本章第9小节的与本书相关的研究部分解释，这里不做赘述。整个过程中不同的环节之间也是相互交叉、互相促进的。学生们通过社会文化背景中的互动活动（如与教师、同伴、组员其他社会个体的交流，借用网络、书籍等途径交流信息等等）获取所需要的信息，并整合形成L2输出。这一模式可以在接下来的任务中继续循环下去，形成语言学习的整体性、生态系统，进而达到提高语言能力的预期目标。

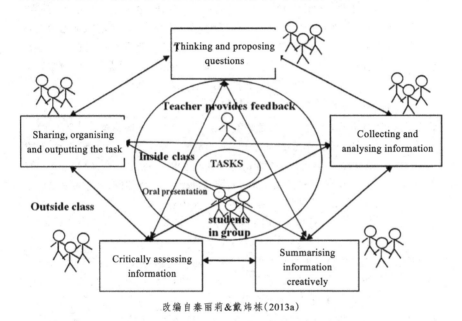

改编自秦丽莉&戴炜栋（2013a）

图3.3　小组学术专题口语报告任务完成微观"生态系统"流程图

按照以上的任务型教学设计，SCT与任务型教学的结合从宏观上和微观上都能够促进语言教学从多维立体的角度促进学习者L2的学习，同时也能够为学生提供更多的语言使用和学习的机会，为学生提供L2学习"给养"，构建语言学习的生态系统。

综上所述，SCT理论框架下的"生态化"APBOPTG的整体构念如下（见表3.1）：

表 3.1　SCT 为理论框架的"生态化"学术专题口头汇报小组任务教学的特征

SCT	学习过程	生态视角解读
调节理论	通过学术专题小组任务，促进学生与他人调节，由于小组作业的难度，促进学生借助事物调节（如网络），这一过程中又包含着个人调节。	由于课内分配的任务还需要在课外继续讨论完成，构成课内课外学习的生态循环
支架和最近发展区	由于是小组作业形式或者是搭对形式的任务，在课堂上学生与学生之间和学生与教师之间可以同时存在支架，而课外时组员之间和搭档之间要进行合作，彼此借助相互的知识构建新的知识，形成合作支架，这可以促进学生的最近发展区的拓展提升。	学生之间的互相支架或者合作支架，加上学生与教师之间的支架，双管齐下，促进语言学习的生态循环。
活动理论	从活动理论的三个层面来看： Activity：课上、课后是两个不同的情境。 Action：学生对同一专题的理解也不尽相同，因此完成任务就形成了不同的目标。 Operations：不同的学生有不同的方法解读同一专题，因此会采用不同的方式汇报其内容。	不同的学生有不同的目标和方法完成任务，形成社会与个体相互影响的、整体的、动态的生态系统
实践社群理论	通过小组作业的形式学习，可以促进学生参与到语言的社会文化活动中，融入社群互动活动中，并使用社群中的资源。	构建"人—活动—社会"三者之间的互动，形成语言学习的生态系统
生态理论	以上各个理论的应用，构建了"生态化"的语言学习环境，为语言学习提供了更多的 affordances，增加了语言使用和学习的机会。	

注：改编自秦丽莉&戴炜栋（2013a）

2.3　SCT 框架下的任务型教学研究

主流 TBLT 理论框架主要参考以下两个理论方面（Ellis，2003）。其一，输入/互动理论。代表人物有 Hatch、Krashen、Long 等，他们认为为了习得 L2，学习者们要接受相当多的可理解性输入，其中意义协商（negotiate for meaning）是使输入成为可理解性的有效办法（Shedadeh，2005）。Pica（1992：200）认为意义协商是"语言学习者与对话人在相互对话时为了达到互相理解、消除理解困难从语音上、词汇上、形态句法上调整他们的语言的行为"(秦丽莉&戴炜栋,2013a)。Futaba(1994)指出日本的英语学习者在与日语为母语的搭档完成语言任务时采取的意义协商比与英语为母语的搭档共同完成任务时要多很多(虽然会交叉使用L1&L2),虽然两种任务状况下的输入条件是没有明显差异的,这表明母语相同的L2语言学习者在学习的过程中会进行更多的意义协商,也证明在外语环境下进行的L2教学中合理设计教学任务,是促进学习者的互动和意义协商,提高语言学习效果的有效方法(秦丽莉&戴炜栋,2013a;贡琪,2014)。

其二,认知理论方向。代表人物是Skehan和他的同事(Skehan, 2009; 2011; Skehan & Foster, 2009; Shedadeh, 2005)。人类的注意力(attentional capabilities)和注意力资源(attentional resources)是有限的,他们在注意某些事物时,要借助他人的注意力资源来"注意"其他事物(Skehan,1996:45;秦丽莉&戴炜栋,2013a)。也就是说,人类信息处理能力是非常有限的,因此在L2的学习过程中,同时关注形式和意义会很困难(Skehan, 2007)。van Lier(1996)也认为注意力的资源是有限的,不能做到同时关注不同的目标。Skehan(2007)认为任务的表现(task performance)需要从三个方面来衡量:准确率、流畅性和复杂性,而这三方面都同时需要注意力资源的使用。Skehan认为有效的TBLT能够将语言准确度、流畅性和复杂性的水平同时提高(秦丽莉&戴炜栋,2013a)。

从以上的两个理论方向(输入/互动理论;认知理论)展开的任务型语言教学研究中,任务都作为重要维度(construct)决定语言使用和信息处理,学习者们通过积极地参与完成任务来进行语言学习(Ellis, 2000)。van Lier也认同以上观点,但是他同时也指出,任务型教学过于关注语言学方面的意义协商,却忽视了对社会环境因素的关注,没能对社会环境和社会互动对语言习得产生的影响展开更多的研究(van Lier & Matsuo, 2000)。因此,近年来借助具有"环境敏感性"的方法(context-sensitive approaches)研究TBLT的研究日渐增多,所参考的理论也通常是社会文化方向的理论框架、分支或与社会文化理论紧密相关的理论,如活动理论(activity theory)、最近发展区理论(zone of proximal development=ZPD)、支架理论(scaffolding)、对话理论(dialoguism)、情境学习理论(situated learning)等(秦丽莉&戴炜栋,2013a)。已有研究提出,参考SCT展开任务型语言教学,可以更多地促进语言学习的动机(motivation)、自主(autonomy)和能动性[①](agency)。

2.4 SCT与任务型教学的兼容性

SCT认为L2的发展与参与社会活动紧密结合,认为语言的发展不只是摄入信息与掌握知识,而且是社会活动的参与(Ellis, 2003:176)。这一观点来自于Vygotsky(1981):"儿童心理功能的发展出现在两个层面上,首先是在社会层面上,然后才是在心理层面上。首先是在人与人之间的心理之间(inter-psychological category)的互动层面,其次是在儿童自身心理内部的层面(intra-psychological category)"(p.163)从这一模式来看,个体的学习(intrapsychological)发生在与其他人的社会互动活动之后(interpsychological)。换句话说,学习者参与的外部的、社会的互动活动是认知发展的主要来源。受到Vygotsky和他的同事(如Leontiev和Wertsch)共同研发的SCT的启发,这一角度的任务型教学法研究主要关注学习者如何共同完成任务,以及整个任务完成的过程如何促进L2的学习。

Lantolf(2000; 2003)曾指出,SCT研究的是学习者如何完成任务和如何将任务表现出来,而不是任务本身的特征和属性,而"任务的表现主要依赖与个体之间的互动和不同任务之间的互动",在完成任务的过程中,学习者们设立自己的目标、程序和方法合作完成一项任务,并把任务表现出来。除此之外,SCT对任务型教学的另一重要启示是认识到语言的社会文化属性能够影响任务的表现,语言的学习是处于社会文化背景之中的,这一点非常重要(Shahadeh, 2005)。近年来已有学者对SCT框架下的任务型教学进行了研究,对互动和合作性学习本身的意义进行了探索,研究的角度并不是在于互动中的个体,而是合作互动中形成的学习者共同构建意义的现象(Lantolf, 2000; 秦丽莉&戴炜栋, 2013a)。借助SCT框架,Nakahama, Tyler, & van Lier(2001)曾对不同任务的性质进行了研究,强调讨论式任务的重要性,因为这种任务要比信息互换型的任务

---

① Agency refers to the socioculturally mediated capacity to act (Ahearn, 2001),即经过社会文化调节的行为能力(秦丽莉, 2015)。Agency is defined by Murray as "the satisfying power to take meaningful action and see the results of the decisions and choices" (cited in Kramsch, 2009),即足以采取有意义的行动的能力和对所作出的决定和选择产生的结果进行评估的能力。

(information exchange task)为学习者提供的学习机会更多。Swain & Lapkin(2001)也曾对任务中合作性意义构建(collaborative construction of meaning)如何在合作听写和拼图任务中为学习者提供"支架"展开研究,认为合作性意义构建使学习者能够以合作的方式注意到目的语语法的不同方面。

Nunn(2001)认为SCT对SLA极其有利,而且与任务型教学法的相容性很高,主要体现在以下三点:(1)为了便于意义协商而重新构建教学环境,把语言的结构、语言的理解和语言的环境相结合;(2)把任务作为语言发展的主要背景;(3)通过鼓励语言的使用而关注语言的意义。Nunn还进一步指出,任务在课堂环境中有助于使用语言进行意义协商而重新构建课堂的语言环境,SCT和任务型教学可以互相支撑,形成对语言的研究、分析和教学有利的新的研究方式。Ellis(2003)指出:"SCT指导下的任务型教学非常重要,因为SCT对语言任务表现(task performance)中的社会文化特性的关注有助于调整心理语言学在SLA研究上只关注语言输出的失衡现象。"他的这一论断进一步确定了语言学习的社会文化背景的重要性(秦丽莉&戴炜栋,2013a)。

综上所述,SCT视角下的任务型教学使我们超越了传统上只对语言单位和系统功能习得效果的关注,开始从整体的视角更多地关注互动机会为学生语言习得带来的积极影响,正如van Lier(2004)所说,我们应该关注学习者如何塑造任务,而不是任务如何塑造学习者。因此本书用任务型教学法作为大学英语口语教学任务的手段和策略。

3."生态"视域下的语言教学研究

从上文的论述作者找到了SCT作为理论框架,并确定了以任务型教学为施行手段,那么任何一个教学改革研究不能缺少的就是教学目标。本书的目标是给学生创建具有丰富的参与英语口语社会互动机会的社会环境,即"EA"丰富的口语学习环境,这种学习环境在SCT视角下被van Lier(1996;1997;2000;2004;2008;2010)称作为"生态化"的学习环境。因此作者下文将论述生态化的语言教学的内涵,借以确定这一教学目标的意义。

3.1 "生态"的内涵

"生态"(ecology)一词的首次使用是出自德国的生物学家 Ernst Haeckel,他把生态定义为一种有机生物体在其生存和发展的环境中与其他各种有机生物体之间的整体关系(van Lier, 2000:251; 范国睿, 2011)。如果对这一概念进行高度概括的话,可以将之理解为在某一个特定研究领域采用整体的方法探索某一个物体或者某个过程在某个特定环境下,与其他与之共生/共存的物体或者过程的相互关系。在有关语言的研究中 Edward Sapir(1912)首次在他撰写的"Language and Environment"提出对语言环境(environment)的重视。在文中,Sapir 指出,语言的社会与实体环境(social and physical environment)影响该语言的发展,具体来说是在语言的词汇和语言变化的速度上。根据 Sapir 的观点,社会环境包括某一特定社会的文化与政治特点,影响着语言的发展,因为语言的发展是社会发展的有力例证,例如:在社会中的文化由于受技术与工业发展的影响所产生的快速变革直接影响了语言相应的变革。一个特定社会的实体环境包括地理、气候和经济特征,都会影响语言的发展(Sapir, 1912)。这一点可以从爱斯基摩人用 50 多种词汇描绘雪,古埃及人用 50 多种词汇描绘沙子,离海近的地区有更发达的有关海洋的词汇等得到证明。Sapir 可以被看作是从"生态"视角研究语言的先驱。但是"生态"这一词汇首次出现在语言研究领域是出自 J. L. Trim 撰写的 *Historical, Descriptive, and Dynamic Linguistics*"(1959)一文。Trim 认为语言学家们应该"更多的重视社会生物学或称生态学的其他方面"(p.23),以便拓展传统语言学研究的视角,改变只关注语言的单一方面的研究方法,转而去探索语言发展过程中社会、历史和文化方面的发展过程。Einar Haugen(1972)也曾在其撰写的"Ecology of Language"一文中进一步提出拒绝只关注语言静态结构的传统语言研究(比如音系学、语法学和词汇学)的观点。他进一步强调应该从生态的视角研究语言与其环境之间的互动性(p.57)。换言之,语言的"生态化"研究应该关注环境如何影响语言的使用和发展,以及语言的使用者之间及其与环境之间的相互影响与共生关系。因此,本书所指的"生态化"任务型教学中的"生态化"的概念就是希望能在任务设计中关注语言学习的过程,即语言学习的环境和语言学习中"教师—学生"、"学生—学生""教师—学生—语言环境""学生—任务""学生—学习资源"等不同的社会元素之间的互动来探索不同个体、环境、任务、资源之间的相互影响和共生关系。

"生态"的概念已经被应用到语言学领域的研究,因此也显然与SLA研究相关。生态语言学目前被归属于语言学的一个分支,主要研究语言在不断变化的社会、文化和实体环境中与各种事物和事物发展过程的关系的整体研究(Fill & Mühlhaüsler, 2001)。van Lier(2000, 2004)曾指出如果从生态语言学的角度来看,把SLA看作是SLA语境中不同现象之间的相互关系(宏观),而不只是关注SLA语境中的个别现象(微观)。他的这一观点被Adam Makkai(1993)认为是一种能够把SLA研究中的不同范式综合在一起的"知识性的变革",把"生态"作为隐喻引入到SLA研究中。

3.2 生态角度的语言研究

生态角度的语言学习研究重点是语言学习的环境。在这一视角下,环境是通过文化产物(artifact,比如语言)调节认知的重要给养提供场所(provider of affordances[①])。而在认知视角下,环境是语言输入的次级资源(secondary resources)是由语言学习者的认知机制控制的。Firth & Wagner(1997)认为目前语言学习相关研究已经从对认知机制(内部)的关注转向对环境的(外部)关注。后现代和后方法时代认为学习是受社会文化因素影响的,受社会文化的宏观环境影响,并在社会的、文化的、生态的微观环境下发生。一些学者认为,对学习研究的关注点从"内部"转向"外部"意味着学习发生的场所完全是在个体之外的(而学习来源于学习者与环境的互动),而另一些学者认为,互动是学习的资源,而认知资源在学习过程中发挥重要作用。

生态角度的语言教学研究是基于生态的特征的,比如生态是整体性的、动态性的、互动性的和情境性的(Garner & Borg, 2005)。生态角度的

---

① 生态角度的语言教学研究的核心概念是"给养"(affordances)。给养概念首先由Gibson(1966)提出,但可惜终其一生也未能对affordance给出清晰的定义。但理论家们普遍同意,给养是个体与环境之间的交互作用,是环境的属性使个体进行某种行为的可能性。人类学习语言过程中与周围环境中的事物或者人的互动的中心环节就是提取给养,这不可避免的涉及个体的差异和环境的差异。本书的第二章定义部分对affordances进行了详细阐述。

语言教学研究与认知角度正相反,认知角度的语言教学研究把语言学习看作是一个统一的认知过程,而生态角度则把语言学习看作是动态的、复杂的系统,在个人发展过程中涉及大量的个体差异问题(Larsen-Freeman, 2006)。表3.2对比了认知和生态角度的语言教学研究的不同之处。后者更加注重环境,从学习的生态理论框架研究语言学习。对两种研究角度的对比主要从环境、互动两个维度展开。

表3.2 语言教学研究的认知角度和生态角度对比

认知角度的语言教学研究	生态角度的语言教学研究
环境是输入的资源。 语言学习是对可理解性输入的接受(Krashen, 1982)	环境是学习的资源。 生态理论,SCT以及社会认知理论为理论框架。语言学习是人与社会文化环境的互动协商。
互动是意义与形式的协商。 恰当的问题(提示性问题比直接性问题引发的互动更多)和反馈(包括延展性的IRF"extended IRF",引发"elicitation",重塑"recast")促进互动(Lyster, 2007:93)	互动发生在多个层面。 语言学习过程是一个动态系统,发生在学习者、环境和情境三个方面。在最近发展区(ZPD=zone of proximal development)内的互动可以促进语言的内化(即习得)(Vygotsky, 1986)

注:改编自(Järvinen, 2008);IRF = initiation-response-feedback。

对语言学习有益的教学应该是一种"生态化"的语言学习环境。在这种环境中,学习者可以获得更多的机会锻炼语言的使用(Atkinson, 2011),"生态化"语言学习环境这一术语在此指的是:能为语言学习提供大量学习给养(affordances)的环境,可供学习者使用的。学习者们在使用这些学习给养的时候很可能有差异,除此之外动态系统理论也指出了生态化学习(ecology of learning)的不可预见性、动态性和个体差异性(Larsen-Freeman, 2006)。生态学理论框架对语言教学的影响是提高了对学习环境的关注。认为环境为学习者提供调节(mediation)的学习机会,进而将学习者的认知机制内化。在学习调节过程中使用的重要人工产物(artifact)就是语言。认识活动也因此依赖于情境,因此学习者的整个学习过程是动态的过程。作为语言老师对此加以了解并应用,将对语言教学有很大的提升作用。因此将大学英语口语学习环境视为生态环境,为学生构建更多的互动机会可以作为教学的最终目标指导教学。

综上所述,本书构建了以 SCT 为理论指导,以任务型教学法为手段,以构建 EA 丰富的大学英语口语学习环境为目标的研究框架,实施了以下研究。研究中为了了解大学英语学生英语口语学习情况,我们对语言学习的内在因素(如动机、能动性、自主学习能力)和外在因素(如给养情况)进行了跟踪调查。具体措施是先对四者的相关性进行调查,然后分别对四个因素发生变化的原因进行调查。下文将对与四个因素相关的研究进行综述,详见下文。

4. 学习者学习动机、LA、能动性、身份以及学习环境给养之间的相关性

van Lier(2008)认为能动性、学习者的动机和 LA 彼此关联。能动性也被视为能动行为(agentic actions)的同义词。能动性是一个社会实践,由个人的历史和社会文化发展轨迹塑造而成。同时如上文相关定义中所述,动机是具有社会文化和历史特性的,由具体的、个体的、独特的经历所决定,同时随着一个人的实际生活进程不断地改变(Markova,1990: 31)。可以说能动性和动机都有历史性和依托社会文化的特征。Little(1990: 7)提出 LA 首先是一个关于学习者心理的问题,与学习的过程和内容相关。Pennycook(1997: 45)也提出自主和能动性的发展必定包涵成为"一个人自身世界的主宰者"。所有的自主的定义都必须包括关于学习者独立采取行动和与他人合作的能力和愿望,以便成为一个对社会负责的人。Bernard(2010)认为动机在获得自主能力上至关重要,而具有自主特征的能动性(autonomous agency)一定是一个动机性较强的个体所具备的。一个自主的个体体现了其本身的动机。La Guardia(2009)认为自主能力是指一个学习者自我调节的能力,同时她认为动机性强的学生,如果能得到教师培养自主能力的支持,能够进一步提升其学习的动机,同时也使学生能够进行自我选择和实施行动,即展现出能动性。自我决定理论(self-determination theory)提出自主能力(autonomy)是一个基本的心理需求,与动机是正相关的关系(La Guardia, 2009)。Black & Deci(2000)认为教师对学生自主能力的培养会提升学习动机,增加他们对学习的兴趣

和专注度。同时当学生被允许和鼓励说出和写出关于他们自身的重要内容,应用于日常生活中时,也是一种选择做什么的形式,这种为学生提供选择的教学形式,也展现出教师对学生的支持。可见,从 SCT 视角来看,能动性、LA 和动机三者紧密相关。然而对三者之间的关系的实证研究,目前只局限于三者中两者之间的关系,如学习动机与 LA 的关系,如 Murray et.al.(2011)、Ushioda(2011)、Lamb(2009);LA 与能动性的关系,如 Gao(2010);Mercer(2011;2012)等;以及学习动机与能动性之间的关系,如 Brown(2014)、Dörnyei & Ushioda(2009)等;将三者同时关联展开的研究目前非常少见,然而 van Lier(2008)则提出,积极的学习者采取的行动通常是自发的而非受教师支配的或程序式的,因而积极的学习者在动机和自主能力方面都会有积极的发展(Ushioda, 2003)。Norton Peirce (1995)强调个体作为自己的行动的操控者时(即当个体成为具有能动性的个体时, agentic individual, or agent of his or her own actions),其动机与 LA 紧密相关。其实最经典的教育理论已经提出,如果没有动机,学习是不可能产生的,而且没有主控能力,能动性、自我决定能力以及自主能力也无法发展。因此,归结到底,动机和自主都是能动性的两个方面 (motivation and autonomy are both two sides of the same coin of agency, van Lier, 1996:26)。而且作者发现,关于三者彼此之间的关系,很难避开第四个元素和概念——身份,目前已经出现关于身份、动机和 LA 三者之间的关系的研究,如 Gordon(2013)、Paiva(2011);以及身份、能动性和自主能力三者之间的关系的研究,如 Huang(2009)、Benson & Cooker (2013)。作者对这些研究进行分析之后提出了一个问题:能动性、身份、动机和 LA 四者之间究竟有什么样的关系?在 SCT 框架下,似乎四者是研究 SLA 不可或缺的重要元素,缺一不可,或者说对四者其中任何一个进行研究,并不足以说明 L2 的具体习得过程,而且目前对四者之间的关系并没有定论,需要大量的实证研究支撑。Benson(2007:30)在对能动性、身份与自主能力进行调查之后,谨慎的宣称或许能动性可以被视为自主能力发展的起点,而身份可以被视为 LA 发展的结果。这些评论都证明,有必要在 SLA 领域对能动性、LA、动机和身份展开深入的调查。研究目的是通过多方面探索,全面调查大学英语教学目前存在的问题,并希望能够提出有益的建议。

在以上观点中隐含的一个视角是语言学习者是处于社会文化背景中相互合作的个体，他们在他们所处的社群中构建学习的条件和情境（Kalaja et. al., 2011; Lantolf & Pavlenko, 2001; van Lier, 2007），他们找到给养（affordances）——如使用他们从学习环境中所能获得的调节工具和资源——或多或少的积极地并有意地努力达到自己所设定的目标。受Gibson(1986)启发，van Lier(2004;2007)采纳给养的概念指代环境的特征，这种特征允许参与、并为参与者提供行动和与环境互动的机会（秦丽莉&戴炜栋，2015）。给养是行动潜势（action potentials, Halliday, 1978），在人类与物质社会互动中浮现出来。什么能够转化为真正的给养取决于参与者的感知、行为和目标。学习感知这些给养进而成为语言学习的关键前提。因此，学习者只有在环境中获得互动的机会，才有可能进行成功的语言学习，进而构建合适的能动性、动机和LA，促进语言学习。综上所述，SCT框架下能动性、动机、LA和学生转化给养情况以及学习者身份彼此之间显然是有关联性的，但是可惜的是关于它们之间关系的实证研究比较少见。因此本书将对从它们彼此之间的联系中探索大学英语学习者的语言学习状况，其中引入身份的概念辅助解读。

为了证明学生动机、能动性、LA和转化学习环境给养状况之间的相关性，作者曾在东北某高校展开了问卷调查，对所获得的关于四者关系的919份有效问卷统计的数据进行分析（具体研究对象、数据搜集过程和研究工具等内容在第四章"社会文化理论研究方法与案例分析"一章有详细说明），得出了初步的四者之间相关分析数据，其结果说明四者之间彼此关系比较紧密（见表3.3）。

表3.3 动机、能动性、LA和转化学习环境给养状况之间的相关性

描述性统计量

	均值	标准差	N
Motivation	3.4884	.60149	919
Agency	3.3721	.42666	919
Affordances	3.1568	.47832	919
Autonomy	3.6936	.71956	919

相关性

		Motivation	Agency	Affordances	Autonomy
Motivation	Pearson 相关性	1	.554**	.274**	.326**
	显著性（双侧）		0.000	0.000	.000
	N	919	919	919	919
Agency	Pearson 相关性	.554**	1	.386**	.380**
	显著性（双侧）	.000		.000	.000
	N	919	919	919	919
Affordances	Pearson 相关性	.274**	.386**	1	.168**
	显著性（双侧）	.000	.000		.000
	N	919	919	919	919
Autonomy	Pearson 相关性	.326**	.380**	.168**	1
	显著性（双侧）	.000	.000	.000	
	N	919	919	919	919

**. 在 0.01 水平（双侧）上显著相关。

研究发现四者彼此之间的关系在 0.01 水平上显著相关，显著性都在.000，表示四者之间的相关性无意义的可能性几乎为零（秦晓晴，2003）。四者之间的相关关系为正相关，其中能动性和动机之间、能动性和给养状况之间、能动性和自主能力之间、动机和自主能力之间的相关性较高，分别为 0.554、0.386、0.380 和 0.326，为切实相关；而给养和动机之间和给养与 LA 之间的相关性较弱，分别为 0.274 和 0.168，为低相关，即几乎是不相关的。那么之后的实证研究中，在作者所设计论证的"生态化" APBOPTG 干扰下，学生在传统的自然班环境和作者的"生态化"任务班的环境下进行的口语学习，会有什么差异呢？学生的口语水平、学习动机、能动性、自主能力和学生转化给养状况又会发生什么样的变化，它们彼此之间又存在什么样的关系呢？表中的初期数据相关研究只是证明了四者彼此之间是否存在关系，但却无法直接说明缘由，因此作者进行了进一步的实证研究，将在下文第四章和第五章逐步阐述其过程和数据分析。而且，以上的相关系数据也从侧面说明了本书在大学英语背景下对四者同时进行观察的研究意义。但是具体的相关性强弱的原因和状态还需要进一步通过详细观察和研究进行描述(详见第四章"社会文化理论研究方法与案例分析"中的实证数据解析部分)。

下文将对 SLA 领域近期以 SCT 为理论框架展开的热门焦点问题(L2学习的动机研究、自主学习研究、能动性研究和生态给养问题研究等方面)相关研究进行简单的介绍。

5. SCT 框架下 L2 学习动机研究综述

5.1 动机(motivation)的定义

动力(Motive)与动机的区别

两者在 SCT 视角下的定义与内涵有很大的差异。Leontiev(1981)曾强调人类的活动(activity)取决于目标(object),而人类所追求的目标与动物的目标是有本质上的区别的。人类为了实现目标总会涉及工具的制造与使用以及在群体活动中劳动力的分配。Markova(1990)认为,在一个活动中,当一种需求(need)与目标(object)一致的时候,这种需求就会转变成动力(motive),或者说是一种具有导向或融合力量的驱动力(Wertsch,1985b:212)。如此看来,动力是活动中的一种内在特征,而且它具有变化性,在活动进一步发展的时候会不断转化(Markova,1990:23)。Leontiev(1978)认为一个活动的目标(object)是核心,与个体的动力(motive)是不可分割的。此外在需求方面,对于动物而言,需求是生理的需求;而对于人类而言,需求是具有文化和历史特性的。到此在进一步解释之前,作者还需要区分一下 object 与 goal 的不同。如果一个目标(object)涉及物质的和心理的需求,那么这个目标本身就包含了人类特有的高层次的思维行为(high order mental behaviours)。然而 Engeström(1999)认为不应把 object 和 goal 混淆。

他认为:

"goal 是附着于具体的行动(action)上的,行动是具有清晰的起始点与终止点的,经历的时间相对比较短。而一个活动(activity)需要经历比较长的时间,其起始点和终止点很难确定。在完成一个活动的过程中不断产生不同的行动,因此一个活动的 object 不断地被执行或者重新构成具体行动的目标(goals)，但是object永远都无法完全达到"。

从上文的描述可以看出goal可以被看作是一个行为的具体的、阶段性目标，而object则是一个活动的整体的、最终的目标(秦丽莉&戴炜栋，2013b)。Markova(1990: 27)在教育理论背景下区分了需求(need)、动力(motive)和动机(motivation)三者的区别，她把需求定义为"一个学生的积极性的大致导向"，认为"需求确定了学生在学校的学习活动的前提"(秦丽莉&戴炜栋，2013b)。然而一种需求没有足够的能量导致学生的行为的改变，除非这种需求在一个活动中与目标(object)关联，即"在一个活动中需求的目标化使其转化成了动力，这种动力一旦产生，就会具有选择的能力(selective power)"(Miettinen, 2005, p.56)。Markova(1990)认为当动力与目标(goal)一致的情况下，动力(motive)就被转化成动机(motivation)，即动力实现了动机(p.28)。除此之外，从SCT角度展开研究的Wenger(1998)还认为人类对一个活动的参与(participation)(包括行动上的和意念上的)和群体的归属(belonging to a community)是完成活动的关键所在(秦丽莉&戴炜栋，2013b)。那么需求、动力和动机三者的关系就如图3.4所示：

需求+活动的整体目的→动力+具体行为的目标+参与社会活动→动机
Needs   Object   Motive   Goals   Participation   Motivation

改编自秦丽莉&戴炜栋(2013b)

图3.4 motivation定义概念图

Negueruela(2003)曾从L2课堂背景下对以上动机图示做出以下解释：

"L2动机并非L2学习的起因，而是L2学习的导向(orienting meaning)，这种导向在L2学习者参与合理组织的教学活动中逐渐产生意义"。(p.102)

综上所述，动机是具有社会文化和历史特性的，由具体的、个体的、独特的经历所决定，同时随着一个人的实际生活进程不断地改变(Markova, 1990:31；秦丽莉&戴炜栋，2013b)。以上概念的解读是下文大学英语学生的学习动机研究的重要基础。研究中作者也将从动机的社会文化性和历史性重点展开研究。

5.2 SCT框架下的L2动机相关研究

早在1978年Naiman et al.就曾宣称,在学习的过程中,一个积极参与学习互动活动的学生会在很大程度上提高他们的语言能力。然而大部分的研究认为任务完成的质量(task performance),也就是任务刺激下的语言水平的发挥主要受学生发挥认知能力(capabilities to excercise cognition)的影响,而不是对某种认知功能的坚持(persistence of cognition),换句话说,任务的完成通常广泛的被认为是各种认知因素发挥的作用,而动机则被认为在完成任务的过程中并不发挥核心作用。虽然实证研究证明了语言的学习动机与语言的水平测试成绩有相当强的正相关性,但是其证明的方法通常只采用的是量化方法。在中国樊淑玲(2012)等学者的研究也以量化手段展开,但量化研究的问题在于,其中的结论对为什么动机与语言水平测试成绩有较强的相关性的深层原因并没有进行深入解读。而这种情况在大部分的L2研究中非常常见,通常学者们在通过量化研究证明了某个假设是否成立之后,研究基本进入了结论阶段,但是在作者看来,量化研究的结果其实是一个起点而不是终点,量化研究给接下来的质化研究指明了研究方向,但是只有进一步进行质化的研究才能从深层次挖掘量化研究结果背后的原因。

不论是国际上还是国内,SLA领域自20世纪末对L2动机的研究都是热点,虽然国内研究发展相对比较滞后。下文将对相关研究进行简要概述。

5.2.1 L2学习动机国内外研究

回顾L2动机研究的历史发展,该领域在国际上的研究已经产生了丰富的成果。比较具有代表性的有Gardner(1985)的研究,他把动机分为两种:融合性动机(integrativeness)和工具性动机(instrumentality)。语言学习者在目的语文化中的社会和心理融合度,或者说文化迁移程度(acculturation)能够影响L2学习者学习和使用L2的动机;而Ryan & Deci(2000)的自主理论(Self-determination Theory)重点研究了动机的另一方面：动机的内在(intrinsic)因素和外在(extrinsic)因素，受内在因素动机影响的学习者更加有可能坚持学习的发展进程因而获得更高的学习成绩。还有一些具有代表性的研究重点关注教师对L2学习者学习动机的影响、语言学习的负动机(demotivation)、影响动机的性别问题、用L2进行交流的意愿(willingness to communicate)对动机的影响、语言学习投资(investment)对动机的影响，以及L2动机自我系统(Motivation Self System)。

从动机研究的历史发展阶段划分，自1959年到1988年，大概30年的时间，Gardner和他的同事们的动机研究成果逐渐在学术界崭露头角。他们的研究可以被归纳如下：(1)L2学习动机基本可以被分为融合性(integrative)动机和工具性(instrumental)动机两种；(2)影响L2学习者的L2熟练程度的主要因素并不是工具性动机而是融合性动机(秦丽莉&戴炜栋，2013b)；(3)对目的语社区的态度和L2本族人的态度被容纳到了动机结构的组成部分。Gardner的研究似乎解释了众多影响学习者动机的内在因素之间的关系，但其研究重点主要在融合性动机上。Oxford & Shearin(1994)等对"加氏学者(Gardner et al.)"的研究提出了质疑，并指出他们的大量研究成果"强行掩饰"了其他动机研究的成果，而且对一个语言学习者的语言环境、依赖于文化环境和情境因素的动机研究在20世纪基本上处于被忽视的状况(Dörnyei & Skehan, 2003)。

进入20世纪90年代，L2的动机研究出现了新的理论框架，其主要代表人物是Crookes、Schmidt、Dörnyei、Oxford和Shearin等，他们并没有局限于以Gardner的二元模式融合性和工具性动机的框架进行研究。其中Dörnyei et al.的研究最具代表性，主要原因是Dörnyei在其研究中建立了二语和外语学习动机的综合模型。他提出了应从三个层面对动机进行研究：语言层面、学习者层面和学习情境层面。他认为动机研究的重点应该是依托于情境的，这个语言情境包括不同的学习环境，进而提出了语言学习动机研究的过程型模式(process model)，在这一模式下动机被认为是一个顺序过程(sequential process)，动机的发展分为三个阶段：行动前、行动中和行动后。这一模式虽然提出了某一语言学习动机的动态发展过程，但是却忽略了动机形成的多维性，即一个学习者学习的动机可能是因为希望获得奖励，同时也可能是因为希望融入目的语社区内部，即语言学习动机不止一个,而且不同的动机有可能在语言学习过程中被一直保持,也可能消失,同时也可能出现新的动机。Dörnyei 的动机过程模式(process model)没有对动机的消减(demotivation,或称负动机)进行足够的阐释。但是 Dörnyei 提出了动机研究的新理念,即动机是动态发展的。然而迄今为止,在 L2 学习的动机研究中,纵深研究(longitudinal)并不多见,只有少数的学者对语言学习者的动机进行了动态跟踪研究。横断研究(cross-sectional)的最大局限性在于不能捕捉动机的动态特征,例如一个学习者开始可能是缺乏学习动机的(amotivation①),但是之后的学习中动机可能会变得特别强,反之亦然。

L2 学习动机的另一方向是结合宏观社会环境的研究,其代表人物是 Norton(1993, 1995, 2000)。Norton 根据社会经济学概念提出了语言学习投资(investment)的理念,认为英语学习是一个个人的投资,这种投资在个人信念中是成功和进入主流社会的关键所在。

相对国外研究,国内研究相对比较滞后,但近年来成果也很多,作者借助知网文献数据总库以"外语学习动机"和"英语学习动机"为关键词,以 CSSCI 论文为文献搜索范围,1990-2013 为论文发表时间区间,一共搜索到 74 篇相关论文。74 篇论文中以研究范式划分有 4 篇为综述性论文,21 篇为思辨性论文,50 篇为实证研究,其中实证研究方法基本与国际接轨,有 48 篇为量化研究,多采用量表测试,其中有少数几篇结合了访谈与量化展开研究;国内实证研究采用的理论也基本与国际上动机研究理论紧密相连但更多地采用 Gardner 的社会教育理论,也有采用 Dörnyei 动机理论的动机减退(demotivation)理论展开研究的,但以 Dörnyei 的动机自我系统 3 个概念:应当自我(ought-to self=OTS)、理想自我(ideal self=IS)和学习经历(learning experience=LE)理论概念展开研究的实证研究比较缺失,同时采用质化研究方法对量化研究加以补充的混合方法进行研究的也不多见。作者还以"社会文化理论与外语学习动机"为关键词搜索 CSSCI 论文,发现这类论文非常少见,这些也是在本书中对相关研究进行深入探索的主要原因之一。

虽然国内外相关领域动机研究成绩斐然,但现有的动机研究还存在

---

① Dörnyei(2001c,p.143)把 amotivation(动机缺乏)定义为当学习者认为达到某一 L2 水平是无意义的或者超出自己的能力时,该学习者即被认为是缺乏 L2 学习动机的。

着以下三个方面的问题:理论概念上的不一致性、研究范式上的局限性和方法上的缺陷性。

5.2.2　L2学习动机研究存在的问题

(1) 理论上的不一致性

回顾动机研究的历史,L2学习动机研究开始于心理学理论,之后转而由心理测量(psychometric)理论为主导,其代表人物是Gardner及其同事们,他们开创了Gardnerian时代。近年来,这一领域又进入到了post-Gardnerian时代。自从20世纪90年代以来,L2学习的动机研究逐步进入了跨学科发展时代,主要是教育心理学与L2领域的学者们之间的交叉研究,同时也伴有其他社会学领域学者的不断介入。这一发展丰富了该领域的研究成果也促进了其发展模式的拓展,比如Gardner就曾对其之前动机研究的社会教育模式进行了修正,加入了语言学习的注意力(attention)、目标的具体化(objectivity)和语言学习的执着性(persistence)等新的元素。然而,MacIntyre(2002)曾指出在动机研究中对构成动机的子元素(subcomponents)的痴迷研究情况将会使L2学习动机学者们在很长一段时间内忙于整理不同的变量,大家都忙着提出自己的动机工作定义,并区别于其他学者的定义,同时发掘出影响动机的不同变量,然而这一现状迫使大家没有办法从整体的角度真正理解动机的形成,转而使大家更加迷惑。因此动机研究急切的需要一种能够从整体的角度将不同的因素结合到一起的新的研究方法,弥补之前的研究的不足。

(2) 研究范式的局限性

Kuhn(1970)曾把学科发展变革分割为三个阶段:学科前阶段(pre-scienctific period),这个阶段各种理论百家争鸣,争相获得主导地位,在动机研究中这可以视作pre-Gardnerian阶段,当时各种行为主义理论的范式各有重要成果;学科成熟阶段(scientific period),这一阶段,各种理论中有一种理论处于主导地位,这好比1985年左右Gardner社会教育模式动机理论占主导的阶段;最后是学科后阶段(post-scientific),即新兴的理论开始挑战主流理论的地位,这就如动机研究当前的阶段,即post-Gardnerian阶段,这一阶段不同的理论都提出对社会教育理论模式的修正。然而,现有L2动机研究的另一个局限性是研究方法主要采用横断研究和量化研究的方法。这种实证方法或者叫作笛卡尔(Cartesian)的方法主要基于两种假设前提之上:(1)对人类心理的探索与对自然科学的研究相同;(2)在人类的社会生活中心理现象和行为存在着线性因果关系。然而从本质上讲,各种社会的、历史的、文化的因素共同作用形成人类的心理,如果脱离这些外在因素进行探究,对动机的研究自然信服力不足(秦丽莉&戴炜栋,2013b),因此相关研究亟待发掘不同因素之间的相互关系,而不仅是探索孤立的变量,方能弥补现有研究的不足。

(3) 研究方法的缺陷性

先前动机研究主要基于对L2学习者进行问卷调查获得大型的数字数据(Dörnyei, 2003b),数据的处理基本上采用电脑统计软件对动机的影响因素数据进行相关分析、回归分析、因子分析、结构方程等形式对数据进行深入分析,试图找出动机的根源。这一方法是基于心理学研究跟物理与化学等"硬科学(hard science)"的研究中不同的假设之上的(Lantolf, 1996)。回顾动机发展的历史,在动机研究发展开始的阶段受心理学研究影响颇深,或许是受早期Skinner的行为主义研究采用的量化方法影响较多。虽然采用量化研究方法研究人的认知和情感因素对动机的影响完全是可行的,但是正如Dörnyei(2001c)所强调的,量化研究不能够全面的解释影响L2学习动机的深层原因,L2动机急需依托L2学习环境增加具有解释性的深层描述数据,如采用深度访谈、民族志方法、课堂观察等方法获得的数据(秦丽莉&戴炜栋,2013b)。

5.3　SCT视域下L2动机研究的理论基础

本书认为L2学习动机不是一个静态的产物,而是动态发展的过程,这一过程包含L2学习者的学习经历和所处的社会文化环境。本书结合Vygotsky提出的SCT中的活动理论(AT)和Dörnyei的L2动机的自我系统(L2 Motivation Self System=L2MSS)理论以某高校大学英语学习动机(College English Learning Motivation=CELM)为例,就SCT框架下的L2学习动机展开实证案例研究(秦丽莉&戴炜栋,2013b),为相关领域的研究提供可参考性资料。关于活动理论本书已经在前文有关活动理论的部分进行阐述(详见本章1.2.7),这里不再赘述。在该部分只对L2动机自我系统及活动理论(AT)与L2MSS之间的关系进行陈述。

(1) L2动机自我系统(L2MSS)

Al Khalil(2011)认为Gardner的融合性动机在英语学习中逐渐被认为是不相关的因素，主要原因是英语已经成为世界通用语(lingua franca)，而且很多外语环境的英语学习者并没有希望融入目的语社会环境中去的动机。Dörnyei(2009)提出了理想自我(ideal self=IS)、应当自我(ought-to self=OTS)和语言学习经历(learning experience=LE)三个概念：IS是指学习者个体希望拥有的L2语言特质的表现，如理想中的熟练程度；OTS指学习者自身为了避免负面的结果，应该具有的L2水平。Dörnyei认为IS既包括融合性动机也包括工具性动机，既包括达到理想的语言水平(融合性动机)，也包括在国际化公司使用水平(工具性动机)，因此在国际化环境下很难区分工具性动机和融合性动机；LE指在L2学习过程中动机的动态发展特征(秦丽莉&戴炜栋，2013b)。

(2) AT与L2MSS的关系

Dörnyei提出的三个概念OS、IS、LE与Engeström提出的L2活动系统(Activity System=AS)的相关性很高。IS与AS中subject相关；OTS主要反应的内涵更多是来自外部的需求，如来自社区的(community)其他成员的压力(AS的另一要素)；L2学习整体目标(object)需要通过具体的、阶段性的目标(goals)来实现。阶段性的goals与AS三角模型的不同元素都有双向的互动关系，例如在教师为中心的课堂中，L2学习者的有意义的交流机会很少，这种情况与学习者希望提高L2交际技能的goals有冲突(Lantolf & Genung, 2002)则有可能导致动机消减(demotivation)。

因此作者将在下文实证案例中借用SCT的活动理论框架对学生的学习历史、目标(包括具体目标和整体目标，近期目标和未来目标等)进行调查，以及对学生学习经历中的社会关系(如老师、家长、朋友、偶像、同学等)、英语学习需求和不同的文化产物(如网络、教材、各种考试等)对学生学习动机的影响进行调查，是SCT框架下学习者动机研究的合理框架。

6. SCT框架下学习者自主能力研究综述

6.1 学习者自主能力(learner's autonomy=LA)的定义

LA源自希腊语auto-nomos,auto是指自身,nomos指"原则或法律",auto-nomos指个人给自己设定原则或法律的情况。虽然这一词汇源自政治学,却被应用于各个领域和学科(如哲学、医学和心理学等),表示一个人或者一个组织能够证明所做的事情是正确的的能力。

在外语教育和L2教育领域,LA长久以来一直被认为是语言学习的终极目标(Dang, 2010)。LA被用来表示学生积极参与到学习活动中的状态(Benson, 2009),这一观点被众多不同背景下的研究所支持。从概念上看,LA被描述为复杂的(Little, 2003)、多层面的(Smith & Ushioda, 2009),因此LA概念的发展过程经历了不断的修正和转化。

语言教育领域的LA起初被定义为"the ability to take charge of one's own learning"(负责一个人自身学习的能力),该定义是迄今为止被引用最多的(Benson, 2009; Dang, 2010)。它主要源自哲学领域自由和自主两个概念,于20世纪80年代由欧洲现代语言项目委员会首先提出。后来,"capability"代替了"ability","take responsibility"代替了"take charge of",但这只是语言词汇上的变更,并没有语义上的变化(Dang, 2010)。

LA定义的解读有多种形式。首先,LA普遍被认为是一种懂得如何学习的能力;其次,LA被认为是控制学习活动的能力;第三,LA被看作是一种"超脱"(transcend)的能力,或是能在无教师的情况下学习的能力;第四,LA被认为是能够做出选择并采取行动实施的能力或者是在学习活动过程中进行合理化的决定的能力,总之,LA被认为是能够超出课堂采取学习行动的能力。

主流LA的定义主要以两种理论为基础:

第一,心理学角度。认为LA是一种能力,由行为能力和(元)认知能力构成,促使学习者能主动发起、监督、评估学习活动,并且学习者事先已设定好清晰的目标(包括近期和远期)(Little, 2003; Benson, 2006)。

第二,技术角度。认为LA是一种状态,该状态下的学习者能对学习活动完全负责,并拥有丰富的学习资源供其从中选择学什么、怎么学、如何学来达到预期目标(Oxford, 2003)。这一角度的研究多以自主学习中心(self-access learning centers)为背景,认为真实的语料和个性化的学习活动能够培养LA,因此特别关注学习活动的组织、设计和技术支持。

心理学和技术方向的定义关注更多的是学习者本身,没有融合社会文化环境,而社会文化方向的研究则将学习者看作是"社会人",关注人与社会的互动关系。这一角度的学者们认为LA是一种由社会文化环境构建的变量(Smith & Ushioda, 2009),作为社群的成员,任何人都需要应对不同的事物、人和关系,LA是通过与这些社会文化背景的协商过程而习得的,强调LA的个人和社会属性。因此,这一方向的研究为学习者提供更多的选择语境、对话协商、互动活动和批判性的反思等机会来培养LA(Little, 2009; Sinclair, 2009)。

SCT方向的研究认为学习者个体的认知系统与其从属的不同社会群体有不可分割的联系(Vygotsky, 1987),因此与学习者在社会群体中的身份有着不可分割的联系。SCT方向的LA研究中Oxford(2003)的研究最具有代表性,他提出了SCT的研究方向:(1)根据Vygotsky的学习理论(Lantolf, 2000),即指学习是存在于特定历史时间和不同群体共同构建的特殊社会文化背景下的;(2)Lave & Wenger(1991)和Norton(2001)认为LA应该关注学习者在社会文化环境中的相互依赖性(interdependence),而不是独立性(independence)。Smith & Ushioda(2009)等专家也支持这一观点。因此本书采用了SCT理论对LA进行探讨,同时为了解释LA的复杂多面性,作者还借用身份的概念,以及前文提到的复杂性理论(complexity theory)辅助解读。

6.2　SCT框架下的学习者自主能力相关研究

虽然如上文定义部分中所述,不同的LA概念有不同的侧重点,其核心概念都脱离不了学习者能够有责任地、有效地理解和管理学习过程的能力,同时这些概念也体现出了LA的发展趋势。由于每一个关于学习的概念都出自并发展于某一个特定的社会文化环境,因而各种研究提出的模式也根据语言学习理论、技术、学习目标等各种因素而决定。

Cohen(1998)认为帮助学生提高LA对学生的L2学习有很大的帮助,但是难题在于,提高LA并不是一个简单的任务。Fukuba, Skata &

Takeuchi(2011)认为：

> ……在多年的以教师为中心的教学影响下，学生们不可能一下子"跳跃"发展成为一个自主学习的个体，而是需要逐渐转变成为负责任的学习者。在L2学习过程中的这种转变需要学生们理解SLA，将SLA作为语言学习者的目标，并给予学习者空间，不断通过尝试和犯错设立新的目标。(p.81)

当然，改善学生的LA是一个非常艰难持久的任务(Fukuba et al., 2011)但是，正确地引导他们向自主学习方向发展就会逐渐的改善他们的LA。

根据口语交际课程自身的互动性特征，Ruiz(2005)在她的博士论文中曾提出，"提高学习者反思和分析的能力是发展学习者LA的最重要的手段，因为这两者都能帮助学习者参与到社会互动活动中，同时也能够促进学习者的自身学习"(p.567)。而本书提出的学术性口语任务的性质本身就决定了会促进学生进行反思和深层的分析。Ruiz还进一步得出结论，认为学习者与自主学习相关的行为来自于学习任务的刺激(p.570)。

当学习者主动努力提高自己的LA时，他们就自然提高了自身的动机和元认知策略，进而促进语言的学习(Salazar & Carballo, 2013)。因此教师在实施教学的时候必须考虑学习者的语言学习目标、交际目标和社会文化目标借以指导教学(Cohen,1998,p.66)。同样Huang(2005)也提出教师应该在教学中设计交际性任务促进学习者使用语言。正如Nunan(1989:80)指出的："提高学习者的动机和LA能够使学习者为自己语言学习和所获得的成绩负责，进而提高学习者的意识改善自身的语音特征、语音节奏、语调、流利程度、语言惯用语使用的适切性、对话技能、话语轮换能力、互动能力、意义协商能力等。"而Nunan的这番观点中，体现了标志口语能力的多个元素，如语音、语调、流利程度、对话技能、互动能力、意义协商等。因此作者认为口语水平与LA之间的关系也是正相关的情况。

6.2.1 现有研究提出的LA模式

与LA的概念的多样性类似，LA模式也从不同的研究视角有不同的形式。基本上有两种分类标准：以发展过程分类和以学习控制的领域分类。

(1) 以发展过程的不同阶段划分的模式

该种模式的开创者是 Nunan(1997)，他以学习者的行动为基础，提出 LA 的五个发展阶段：意识(awareness)、参与(involvement)、介入(intervention)、创新(creation)和超越(transcendence)。他认为，学习者首先应该了解学习目标并准备好相应的学习策略(awareness)；接下来他们采用自己的目标并选择合适的任务执行(involvement)；之后他们开始修正进而创新性地制定出自己的新的学习目标(intervention and creation)，设计出新的任务，最后达到 LA 的能力。其具体过程如表3.4：

表3.4 LA 的具体发展过程简述表

发展阶段	学习者的行动	行动具体内容	行动过程
1	意识	学习者被告知教学目标和教学材料的内容	学习者识别教学任务中隐含的策略，以及他们自己喜欢的学习风格和策略
2	参与	学习者参与到从不同的被提供的选择中选择出自己学习的目标	学习者从不同的选择中做出自己的选择
3	介入	学习者介入对教学目标和教学内容的修订和调节活动中	学习者修改、调节任务内容
4	创新	学习者创新性制定出自己的新的学习目标(包括近期目标和远期目标)	学习者创新性的制定自己的任务
5	超越	学习者超越课堂，将课堂中学到的内容与社会实践相关联	学习者变成"教师"或者"专家"

虽然 Nunan 的这一模式清晰的划分了 LA 的不同发展阶段，但是对于不同社会文化背景下的不同学生，其发展过程不一定会按照既定顺序进行。比如中国的学生虽然乐于自主制定新的学习内容，设计新的学习任务(4&5阶段)，但是 Sinclair(2009)的研究则明确表明中国学生在选择教学内容和学习目标时会感到困惑，即学生们有时会出现没有学习目标的情况。这说明为了达到 LA 的最终目标，学习者并不一定需要按上列顺序逐步培养 LA，也同时说明这一模式，在社会文化调节(socioculturally-mediated)这一理念下的不足。

第二种以 LA 发展阶段划分的模式来源于 LA 是一种自我调节过程（self-regulated process）的这一概念（Littlewood,1999），包括两个阶段的自我调节：反射自主（reactive autonomy）和前射自主（proactive autonomy）。前者指学习者明确了解教学目标之后对学习活动的调节，这是 LA 组织自己的学习资源借以达到既定目标；后者指学习者既调节学习活动又调节教学目标，这一 LA 能力既确定了学习者的个性化特征，同时也制定了学习者自身部分参与设立新的教学目标（或者从学生角度说的学习目标）。这一模式虽然对 LA 发展过程提供了重要的探索成果，但可惜的是两个概念的细节划分并不是很清晰。

第三种以 LA 发展阶段划分的模式由 Scharle & Szabo（2000）提出，他们把 LA 分为三个阶段：提高意识（raising awareness）、改变态度（changing attitudes）和转换角色（transferring roles）。提高意识阶段是意识过程的初级阶段是学习者意识到学习目标、了解学习内容决定学习过程；改变态度阶段指学习者试图用新的学习方法代替之前的学习行为，开始理性地选择合适的学习方法（Little,1991）；转换角色是学生 LA 的最高水平，这时学习者能够完全控制他们的学习过程，而几乎不需要有规律的教学的支持。同时学习者们也会参与到对学习过程和正在进行的学习活动以及所学知识的评估。似乎这一模式更像是上文 Nunan 提出的模式的简化版。

总之，上文的三种模式将 LA 发展不同阶段的特征进行了陈述，可以用以描述 LA 水平的高和低（Benson,2006），但是如上文所述，似乎不同阶段的特征完全可以独立发展，并与不同阶段的特征互不关联。因此，作者又将目光投向了以学习控制领域划分的模式。

(2) 以控制领域划分的模式

首先是由 Littlewood（1996）提出的三种状态模式：作为交际者的自主（autonomy as communicator）、作为学习者的自主（autonomy as learner）和作为人的自主（autonomy as person），这三种状态分别对应了学习者的三种环境，分别是语言习得环境、学习方法环境和个人发展环境（Benson,2006）。在语言习得环境中作为交际者自主是指在特殊的情境下能够创新性的使用语言并采用合适的策略；在外语学习环境下的作为学习者的自主是指使用合适的策略参与到课内和课外各种学习活动的能力；在相对宽泛的环境下作为人的自主是指能够交流个人思想并使学习环境个人化的能力。虽然看起来三者有区别，但实际上在语言学习的整体社会文化背景下它们是彼此关联的。

第二种模式由 Macaro(2008)提出，也由三个方面构成：语言能力自主(autonomy of language competence)、语言学习能力自主(autonomy of language learning competence)和选择与行动自主(autonomy of choosing and acting)。语言能力自主是指在掌握第二种语言规则达到一定程度之后的交际能力；语言学习能力自主是指能够将学习到的语言技能转化到其他相似的场景中使用；选择与行动自主是指对短期目标和长期目标的选择能力以及辨别个人喜好的学习策略的能力和有目的地进行高级思维技能(high-order thinking)的能力，比如构建论证性的文章和对某一特殊事件进行讨论等。这种模式最大的特点是三个方面分别代表不同的语言技能，即前者不一定是后者的先决条件，而且三者概念彼此之间有重叠。

第三种模式由 Benson(2001)提出，主要强调更广义的控制：学习管理、认知过程和学习内容。他们分别对应的是学习行为、学习心理和学习环境。对某一方面发展的控制可以控制其他方面的控制。例如，对学习内容的有效控制，可以引发积极的学习态度和合适的学习策略；高水平的学习认知意识能够促进对学习管理过程的控制。

三种基于不同控制领域构建的 LA 模式的特征是有重叠的：比如第一种模式中的 autonomy as a learner，就与第二种模式中的 autonomy of language learning competence 非常相似。他们都指学习者在不同环境下使用语言进行交流的能力。同样，第二种模式中的对选择与行动的自主与第三种模式中的学习管理自主和学习内容自主彼此相关。

6.2.2 LA 国内外相关研究

国内的相关研究采用的理论模式发展趋势基本与国外相差不多。作者从知网期刊数据总库以"大学英语自主学习研究"为关键词，搜索到 2000-2015 年的 CSSCI 期刊论文大概有 600 篇左右。但是主要是以技术研究(冯霞 & 黄芳，2013)和心理学研究(胡东平等，2009)为主要视角。从 SCT 视角展开的大学英语 LA 研究非常少见，并且把 LA 和学习者身份相关联的研究也较缺失。

国际上,大部分的模式都采用了"控制(control)"和"管理(control)"学习过程来指代LA的表现。而且大部分研究的观点是LA是学习者"独立"进行的学习行为。Pennycook(1997)就曾对此问题进行了尖刻的批评,认为现有LA的概念过于重视学习者心理和个体化的内容,没能对学习者所处的文化、政治、社会和经济环境给予足够的重视,因此导致人们误认为LA是提倡个人主义、脱离群体、内向的行为,缺乏社会互动,倾向于忽略社会文化背景,明显忽视LA所具备的社会文化属性,并假设LA可以不依赖任何社会互动而形成(p.44)。Sinclair(2000)也支持这一观点,认为LA既发生在课堂内也发生在课堂外,既有个体的维度,也有社会的维度(p.11)。同样Little(2000)也提出LA是将社会互动与学习者的兴趣和合作活动相关联的产物(p.16)。除此之外作者还发现,研究的范式基本有三种:思辨类、综述类和实证研究类。其中实证研究主要是量化研究的方式为主,以质化研究方式展开的实证研究也是非常少见。

本书第四章采用SCT理论分支的一种实践社群理论(CoP)(Lantolf, 2000; Lantolf & Thorne, 2006; Lave & Wenger, 1991; Wenger, 1999; Wenger et al., 2002)兼顾混沌/复杂理论(Larsen-Freeman, 1997; Larsen-Freeman & Cameron, 2008),采用质化研究方法(如访谈的形式)来解释SCT框架下学生的LA的现状和培养方法,无论从理论和方法上都是一个新的研究视角。

6.3 SCT和复杂理论(complexity theory=CT)下的LA

以SCT为指导的LA研究近年来为相关领域的研究注入了新鲜的血液。这一方向的研究主要认为学习者个体的认知系统与其所从属的不同社会群体有着直接的关系,换句话说,一个人与社会生活是不可分割的(Vygotsky, 1987)。由于相关领域的学者对这一点的认可,LA相关研究也承认了发展LA与学习者个体和其与社会的互动同时相关,因而出现了一些影响较大的以SCT为指导的研究。其中Benson(2006)认为Oxford(2003)的研究最具有代表性,他提出了两个SCT框架下的LA研究方向:(1)根据Vygotsky的学习理论(Lantolf, 2000),LA把学习看作是存在于特定历史时间里由具体的群体共同构建的特殊社会和文化背景下的;(2)根据 Lave & Wenger(1991)提出的实践社群理论(community of practice=COP)、情境学习理论(situated learning)和 Norton(2001)提出的投资理论(investment)和想象社群(imagined community)理论,认为 LA 应该更加关注社会文化环境,而不是个人行为等问题。他的观点也得到了 Ushioda(2003;2006)和 Smith & Ushioda(2009)等人的支持,他们都认为 LA 的发展应该关注的是学习者在社会文化环境中的相互依赖性(interdependence),而不是独立性(independence)。因此本书将主要采用 CoP 理论对 LA 进行探讨,为了解释 LA 的复杂多面性,作者还借用复杂性理论对其进行深入解读。

此外,CoP 将学习者置于社会文化环境中,认为 LA、学习资源和实践行为构成了作为社会成员的 LA 能力,LA 的心理特征由学习者与所属的社群的意识形态和期望互动形成;学习资源是由与社群之间的调节而获得,因此学习者的 LA 行为是由学习者在所属社群内部与成员多方位的协商行为而形成(Dang 2010)。既包括社群资源使用的协商,也包括与社群其他成员建立关系的协商,反映了学习者的个人特点、能力和局限性,也体现其身份(learner's identity=LID)的不同变体。CoP 框架下最高层次的 LA 是学习者与社会文化环境的协商与互动,而不是独立学习的能力。Wenger(1998)指出人类可直接参与所从属的某个/些社群活动,即直接社群(Direct Communities=DC),也可通过想象,加入到目的语社群来提高语言水平,即想象社群(imagined community=IC)(Wenger 1998),IC 是指不能直接接触到的人群(如因地域问题),因而需要通过想象(Murray 2011)。

在 SLA 领域,CoP 理论的核心理念是 LID 在第二语言习得过程中发挥的作用,认为语言学习也是身份构建的过程。Norton(2005)将身份定义为:"一个人如何理解其与社会的关系,包括如何通过时间和空间构建关系以及这个人如何理解与社会可能的关系"。van Lier(2007:58)认为身份"是个人与社会相关联的方式"。Wenger(1998)认为学习者在语言学习过程中除了参与 DC 构建不同的身份为语言学习提供机会之外,IC 也能使他们归属于某些不能直接接触到的社群,构建更多的身份。正如 Wenger(2000:200)阐述的身份并不是抽象的像"少数民族"一样的标签,而是一个从属(或不从属)某些社群的生活经历。

Sade(2011)认为 LA 并非是一种状态,而是一个非线性的过程(non-linear process),时刻经历着不稳定性、多变性和适应性。LA 是 SLA 的基本元素,因为它通过学习者的能动性引发学习的过程,进而将学习拓展到课堂之外。LA 强的学习者能够吸收社会文化环境中的语言给养(affordances),并能够积极参与到 L2 学习的社会活动实践中去,获得更多的机会使用语言促进语言学习,van Lier(2000)认为语言给养是为学习者提供行动和加入社群环境的特征,这种环境为语言学习者提供更多的机会。Paiva & Braga(2008)认为,LA 具有 CT 所具有的特征,因此与环境有着不可分割的联系。

综上所述,作者认为从社会文化视角来看,LA 与学生的身份(learner's identity=LID)有着紧密的联系,因为在加入社群的过程中,势必涉及身份的转变,甚至在自主学习的不同阶段,学习者的身份也会随着社会文化环境中,自身经历发生的时间和空间的变化,而发生相应的变化。那么是否能够假设 LA 与 LID 变形的多样性相关?换句话说,是否可以认为语言学习者 LA 强的,就会在与社会文化调节的过程中构建更多形式的身份呢?还是语言学习者与社会文化环境的互动构建的某一种(某一些)社群身份对促进学生的自主学习非常有/无效呢?除此之外,作者还发现 LA 与英语水平的相关研究已经证明自主学习能力强的学生英语水平相对较高,成正相关(Zhang & Li, 2004; Deng, 2007)。据此,下一章内容中,作者还采用 SCT 和 CT 的理论框架对 LA 和 LID 之间的关系进行了描述阐释。

7. SCT 框架下 L2 学习者能动性研究综述

7.1 能动性(agency)的定义

Block(2009)、Josephy(2006)都认为目前已有的能动性定义不够清晰,甚至相互矛盾,尤其是有关身份与能动性的研究中,能动性更是趋于复杂化,因此他们认为如果急于给像能动性这种充满不确定因素的现象进行结论性的定义,是非常不明智的。但是 Ahearn(2001:112)虽然承认能动性可以从不同角度定义,也接受她所提出的临时的能动性的定义——

"经过社会文化调节采取行动的能力(socioculturally mediated capacity to act)"——还有很多具体的问题没能够解决。随后,她辩解道,这个定义可以作为能动性研究的起点。据此不同的学者也提出了各自的能动性定义,如van Lier(2008)认为能动性是一个社会活动,经过文化的和历史的经历构建而成,分别由个体、群体和社群展现出来;Hunter & Cooke(2007: 75)认为能动性是在社会构建的背景下采取主动的、有效的行动的能力。尽管三个定义都只是临时的定义,但都关注了能动性的多维性(multicomponential):除了涉及个人的潜在行为之外,能动性同时也具有情境性,并受社会的、互动的、文化的和情境等因素调节。能动性可以被理解为个体的(或集体的)自我意识和自我决定的能力(capacity for self-awareness and self-determination):即决定能力,施事能力或者抵制变化的能力,以及对行动负责的能力。这种观点是从人类学或者社会语言学角度(而不是语法学或者是语言学角度)理解的能动性。van Lier(2010:x)注意到能动性是指个体在某些方式上或者在某种程度上被迫地或被允许的行动能力,以及该个体主动决定的、想要的、坚持的、同意的、通过协商进行的行为能力。van Lier(2008)提出了与语言学习课堂相关的能动性的三个核心特征。首先是主动性或者是学习者/群体的自我调节能力;其次是相互依赖性,它调节社会文化背景,同时也被社会文化背景所调节;最后一个特征是针对特定环境,个体对实施行为的责任的意识,包括对他人的影响。van Lier将能动性作为核心概念进行分析,但同时他也提到了能动性与身份之间的关系。他从社会文化范式下将能动性、自我(self)和身份(identity)视作对学习另一种语言影响非常重要的内容(van Lier, 2010: ix)。从SCT角度来看,能动性被视为个体在其所处的社会结构中,在社会结构提供的可能性范围内实施行动的能力(van Lier, 2008; Miller, 2010)。具体来说能动性是指个体选择、控制、自我调整的能力,个体通过这些能力追求自身目标,潜在地引导自己实现自身的和社会的转变。能动性使人能够设想、承担和履行新的角色和身份(如能够熟练地使用L2交流的人或者是能够说多种语言的人),进而采取具体的行动追求他们的目标。能动性还能够使人积极的抵制某些行为实践或抵制别人为自己的定位,有时候会引导个体处于相反的立场、采取相反的行为构建另一些身份(Duff, 2012:417),使人们抵制某些行为、事件或者被别人确定的身份地位，有时甚至会导致反对（或抗拒）的立场和行为，进而构成其他身份，如逆反的或缺乏自信的学生，有可能成为被动的、不积极参与的、脱离教育目的的学习者。

Pavlenko & Lantolf(2000:169-170)认为：

> "最终语言学习的成就取决于一个人的能动性……母语和初始的身份往往无可争议的被赋予，但是新的身份通常是通过选择而形成的。能动性在个体必须开始记忆单词和表达形式时，也必须决定是否开始一段漫长的、受尽折磨的、无穷无尽的、永远没有尽头的自我转变的过程（即学习一门新语言的过程）"（秦丽莉，2015）。

除了行动(actions)或者表现(performance)，能动性还被理解为事物和实践赋予关联性(relevance)和意义(significance)的能力，包括能动性的行为(agentive behavior) (Lantolf & Thorne, 2006; van Lier, 2008; Miller, 2010)。Miller(2010:466)将以上观点进行了整合，认为行动能力和为这些行动构建关联性和意义的能力出现在个体在意识形态限定的空间内被定位为潜在的代理人的时候。从另一个角度来看，在任何特定的环境中普遍认可的信念和价值观系统（包括政治、社会和体制内的）构建了人与人之间的互动条件，进而产生了该环境内的人们对互动意义的构建。Miller进一步解析认为在某个特定环境中构建特殊身份地位的局限性同样也使个体在这一互动空间中有目的的采取行动。因此，主体的身份，如学习者或者成年移民或者小企业业主等身份，能够使其采取有意义的行动，同时也能使其抵制和转变这些身份。(p.468)

有些专家认为能动性是个人行动的能力(individual ability to act, Ahearn, 2001; Lantolf, 2005)；有的认为能动性与自由意志一样。然而这些定义都没有全面的说明agency的内涵，至少还没有进行完整的整合。如果将能动性视为独立的个人的行为，似乎表明一些人具有能动性而其他人则没有或者几乎没有；Ahearn(2001)将能动性视为自由意志，但却忽视个体所处的社会文化背景；Duff(2012)将能动性视为抵制或者反对的能力通常会出现在女性社会批评研究中，但是这种定义似乎不够完整，因为抵制只能是能动性的一种形式。van Lier(2008)从SLA视角角度在课堂的背景下定义了L2学习者的能动性，虽然他提到了社会关系和背景的重要性,但是从他提出的师生互动的不同形式上来看,<u>他认为参与口语互动活动是学习者能动性的标志之一</u>。简短来说,学习者参与口语活动的积极程度越高,能动性越高。但是这一概念并没有把学习者参与的社会和权力关系因素考虑进去。因此学者们认为似乎将能动性统一成为一个概念是不合适的。实际上,Ahearn(2001)指出"在大部分的学术研究中,定义好某个术语就是成功的一半"(p.110)。如果想理解像能动性这样的抽象概念,至关重要的是考虑如下的问题——"什么是能动性?""能动性如何发生?""能动性在什么情境发生?""具有能动性会产生什么样的影响?"等。这些问题似乎是跨越社会学、心理学、人类学和教育学不同领域学者们(如 Ahearn,2012;Wertsch & Rupert,1993 等)共同关注的问题。作者认为当从社会文化视角验证能动性的定义时,所研究的问题并不是是否人们拥有能动性,而是能动性如何发挥作用和以何种形式发挥作用。能动性反映出学习者在学习 L2 过程中并非是被动的参与者而是能够做出谨慎选择、在塑造他们学习质量时发挥决定性作用的个体(Dewaele,2009)。Duff(2012)将能动性定义为:"People's ability to make choices, take control, self-regulate, and thereby pursue their goals as individuals learning, potentially, to personal or social transformation(即人们做选择、操控、自我调节的能力,从而使他们作为个体追求他们的目标,并学习潜在地达到个人的和社会的转变)。"(p.417)

从这一视角来看,能动性可以被视为人类根据社会采取行动(act on the social world)的基本能力(fundamental force)。在 Ahearn(2001:112)看来,能动性是通过社会文化调节采取行动的能力。能动感(a sense of agency,通过想象承担、执行的身份和角色)使个体能够实施想象,实际执行(perform)、接受、拒绝(refuse)和抵制(resist)的行为,换句话说,能动性使个体能够根据使他们与社会的关系做出选择,能够掌控他们追求生活目标的活动(如学习 L2),以及能够为自我转变创造机会。

从活动理论角度来看,Lantolf & Pavlenko(2001)将能动性视为个体学习者和社会之间的调解关系(mediational relationship, p.148)。即使 L2 学习者参与到同样的活动中,从社会文化角度来看,他们其实并不是参与到同样的活动中,因为不同的学习者个体与社会的关系不尽相同。对学习者们非常重要的是这一参与过程受到个体学习者的个人历史、学习目标、信念和他们与社会的关系的调节。从这一角度来看，Ahearn(2010)提出的对人们如何陈述他们自己的行动进行研究来解读能动性的观点，可以被理解为，人们作为社会行动人(social actors)如何通过语言描述自己。Lantolf & Pavlenko(2001)认为，是这种"重要的调节作用"最终塑造了个体学习者学习或者不学习的发展方向(orientation to learn or not)。尽管在L2学习领域能动性越来越受重视，但是并没有获得核心地位。这主要是因为在目前的SLA主流研究中，能动性通常与身份研究相结合，被认为是身份的雨伞术语①。尤其是具有里程碑意义的Norton(2000)的著作发表之后，更加奠定了L2学习研究中身份的重要作用，同时也在某种意义上使能动性被置于身份的阴影中，因而没有获得核心的地位，本书中也会参考身份的概念对能动性的表现形式进行阐释和解读。

7.2　身份(identity)的定义

对能动性的研究无法回避说明身份的定义。Holland et al.(1998)将身份定义为从生活中和协商中获得的。身份通过参与由社会文化构建的活动形成。然而，一个人不可能根据自身的意愿构建身份，因为身份必须依赖资源和他人的认可，进而被认定为某一种人(Gee, 2012)。因此，在某个特定的背景下有一系列的可能的身份，但是这些身份的可能形式同时也受社会文化限制。而且，身份本身并不是一个固定的、静态的维度，而是不断变化和进化的。多个身份之间通常是矛盾的，也是个体经过时间和空间的发展形成的由本身理解构建的不同身份。除此之外，在身份构建过程中语言的重要性也不容忽视。这一观点与语言课堂尤其相关，因为在语言课堂中学习者需要学习构建和协商多个身份。FL(Foreign Language)学习是处于社会文化背景中一个整体的过程，这一过程涉及身份的协商，即FL身份的构建(construction)、创建(creation)、发展(development)和修整(modification)(Kaikkonen, 2012; van Lier, 2010)。Benson et al.(2012)认为身份的定义是暂时性的、动态性的、不断变化的。Riceur(1988)认为，身份构建是在一段时间和某个空间范围内，一种陈述性的、解释性的和多层面的过程。从后结构主义和社会建构主义视

---

① 雨伞术语或伞式术语(umbrella term)是一种比喻的说法，表示此术语涵盖几个术语而成的**术语**，或叫作概括性术语或者术语集术语、总术语。

角来看，FL身份也被视为具有动态的、互动的、由语境构建的和环境设定的特征(Block, 2007)。

有时身份被SLA领域的大量研究视为主观性(subjectivity)或者是主体地位(subject position)的同义词(Dörnyei & Ushioda, 2009; Kramsch, 2009)。Pavlenko & Blackledge(2004)把身份视为一个动态的、不断变化的多个主体地位的相互关系，即多个身份之间的关系，如一个人同时具有母亲、会计、拉丁人等多个身份(p.35)。

Norton(2000)将身份视为以下内容：

> 身份是指一个人如何理解他/她与社会的关系，这一关系是如何经过时间和空间构建的，以及这个人如何理解未来与社会可能的关系。(p.5)

学者们越来越关注个体(如语言学习者)的多个社会群体或者是社会角色，以及该个体在不同的时间(过去、现在和将来)，不同的空间(场所)形成的具有情境特征的身份，从这一意义上来看，身份被理解为一个人潜在的动力(potential force)或者改变的可能性。为了使这一潜在的动力或者改变的可能性成为实际的动力，需要L2学习者的能动性。

7.3 SCT框架下L2学习能动性相关研究

SCT将人类视为能动的主体(active agents)(Lantolf & Pavlenko, 2001; Leontiev, 1981等)。正如Halliday(1978)所说，人类与物质的、社会的环境之间的关系是双向性的(bidirectional)，人类的行动不仅塑造环境，同时也被环境塑造(Ahearn, 2001; van Lier, 2000; Vygotsky, 1997; Norton & Toohey, 2001)。Linell(1998)认为人类的能动性是"在某种特定的环境下自由的思考和行动的能力"(p.270)。Linel将能动性分为两种，一种是通过选择和自由意愿启动行动的能力，是从不同的选择中做出决定和克服困难以及干扰的，实现计划的能力。因此，有的个体选择积极地参与活动，而其他的个体则很可能完全不参与。而另一种能动性是指为行动、情境、行为、事件赋予意义的能力(Linel, 1998)。Wenger(1998)则曾经对这一问题举例说明，比如当问到工地施工的工人在做什么的时候，一位的回答是在切割石头，而另一位的回答是在建造教堂，这说明在两个人来看,虽然做的是同一个任务,但是他们对任务的看法不尽相同。在 Vygotsky 的 SCT 的影响下,Wertsch(1998)和他的同事将能动性视为通过社会分配的和共享的能力,它包含了符号调节的问题。

如 Wertsch et al.(1993)写道:

> 参与活动的个体(或者不同的个体)当然是启动和实施行动的主要负责人,但是在实施行动的过程中可能会出现这样或那样的问题,这其中可能就会包含在行动进展的过程中使用调节方式产生的问题。因此能动性的不可或缺的分析单位之一,就是某个个体(或不同的个体)操作使用的调节方式的问题。(p.342)

这段话说明两个关于能动性的问题,首先能动性不仅仅是针对个体心理的层面,还指群体中不同个体心理之间(interpersonal)的层面;其次,能动性是受文化工具、符号(如语言)、方式等调节的(Lantolf & Pavlenko, 2001),这些调节工具并不是由个体在使用的过程中开发的,而是由个体生活的文化的、历史的、体制的背景提供的,这说明个体在某个特定的环境中既被赋予权利也受社会文化背景中的调节工具的限制,因此能动性是控制个人行动的能力,包括优先考虑某些活动的目标、解决问题的方法、并做出选择等,一边制定和实现解决问题的办法。因此作者认为能动性既包括做选择的能力,也包括为情境、事件和行为赋予意义的能力。因此,能动性的行为包括不同的形式,如:合作、服从、不服从和抵制等。能动性,既适用于个体,也适用于群体。人们通常需要合作完成一项活动或者任务,借用不同的文化工具或方法,在群体合作的时候,能动性则是共享的,因此能动性并不会是完全自由的进行选择的行为,而是受到社会文化背景的限制的。所以,本书中以小组合作的形式设计教学,目的是构建学生英语学习的环境,使学生既有机会与同伴协商,也创造机会让学生使用文化工具(如网络、手机等),尽可能地使社会文化背景为学生提供更多的意义建构的机会,进而促进学生英语的学习。

7.3.1 能动性国内外研究

van Lier(2008:179)曾主张将能动性视为语言学习过程研究的"核心维度",目前能动性已经成为 SLA(second language acquisition=SLA)研究中的重要理论概念(Duff, 2012; Lantolf & Pavlenko, 2001; Pavlenko &

Lantolf, 2000; Mercer, 2011),进而促进外语学习(Foreign Language Learning=FLL)过程的研究也开始重视能动性(agency)和身份(identity)之间的关系研究,但对FLL中能动性指的是什么,它与身份之间的关系是什么等问题论证不足,需要大量的实证证据支持其观点(秦丽莉,2015)。语言教育、SLA和SCT领域的学者们的研究中都暗示了能动性与身份之间的相互关联性(van Lier, 2007, 2008, 2010),尽管目前无足够的实证证据支持这一假设(Huang, 2011; Gao & Zhang 2011; Yamaguchi, 2011; van Lier, 2008, 2010)

  SLA领域学习者对身份和能动性问题的探索成了近年来的研究热点之一(Kramsch, 2009; Norton, 2000)。Lave & Wenger(1991)和Wenger(1998)认为能动性促进不同身份的构建。然而,Holland et al.(1998:40)提出了相反的观点,认为身份构建是能动性形成的必要前提。在FL背景下,van Lier(2007)通过口语参与(vocal participation,即参与口语互动活动)将能动性和身份相关联。Bakhtin(1981)也认为一个人的话融入一个人的思维、情感和身份中。因此口语参与是身份的核心,隐含着能动性。能动性有时也会使人积极的抵制某些行为实践或抵制别人为自己的定位,有时会引导个体处于相反的立场、采取相反的行为构建另一些身份(Duff, 2012:417),如逆反的或缺乏自信的学生,有可能成为被动的、不积极参与的、脱离教育目的的学习者。Pavlenko & Lantolf(2000:169)认为:最终语言学习的成就取决于一个人的能动性……母语和初始的身份往往无可争议的被赋予,但是新的身份通常是通过选择而形成的(秦丽莉,2015)。Miller(2010:466-468)将以上观点进行了整合,认为在特定的环境中行动能力,通过普遍认可的信念和价值观系统(包括政治、社会和体制内的)构建了人与人之间的互动条件,构建了人们的互动意义,而且构建特殊身份地位的局限性使个体这一空间中有目的的采取有意义的行动,也使其抵制和转变某些身份。

  Norton(2000; Norton-Peirce, 1995)对SLA领域的身份和能动性问题的研究尤其具有代表性,其研究中采用了大量的语言学习经历回忆录叙事文本,记录了研究对象因为L2学习而产生的复杂的经历、感情和矛盾的心理,以及她们失去某些原来L1身份等问题(Norton, 2000; Pavlenko & Norton, 2007),进而直接对身份和能动性问题进行了论证。与传统的

SLA 研究不同,该领域研究对学习者使用 L2 的具体语言学内容关注较少,转而对个体与社会的关系和在社会互动中的行动关注较多;而且研究并非寻求前后一致的、保持不变的、可概括性的结果,而是通过 L2 语言学习者的经历和不同身份的混合动力中探索某些行为(Kramsch, 2009;秦丽莉,2015)。

从以上论证可以得出,身份与能动性之间的关系是相辅相成的,身份的构建需要能动性支持,能动性行为构建学习者积极/消极的身份;同时能动性的发挥也需要某些身份的支撑,个体采取的能动性行为,可能是支持某些身份,也可能是抵制性的。身份和能动性本身和彼此之间的关系也根据社会背景在时间上(过去、当前)和空间上(不同场景)变化,具有动态性的特征。而且由于能动性的定义以及其与学习者身份的关系,在实际研究中,需要重点调查与能动性存在不可分割的关系的语言学习历史、能动性的学习行为和学习者周围的社会成员关系。

7.4 SCT 视域下能动性研究理论框架

关于能动性的研究涉及两个理论框架。首先是给养理论:以上论证中还隐含了另一个观点,即语言学习者需要通过社会互动实施能动性行为进而构建身份,因而涉及语言学习给养(affordances)的问题(Lantolf & Pavlenko, 2001; van Lier, 2007)。van Lier(2007)指出给养是环境的特性,为学习者提供使用调节工具和资源,主动地、有意地采取行动的机会和与他人或环境互动的机会。什么能够转化成给养取决于参与者的感知、解读、行为和目标。学习者感知、解读这些机会进而采取行动将其转化成积极的给养是语言学习的关键前提,促进达到自己设定的目标。而语言学习过程中能动性和身份之间的作用关系通常是学习者采取行动利用互动机会的过程,因此作者采用了给养理论概念;其次是调节理论:根据 Lantolf & Thorne(2006)的研究论文,L2 学习的调节理论是指:(1)在社会互动中与他人的调节(如人与人之间的调节或称为他人调节);(2)通过社会文化产物的调节,或称作事物调节(如通过书籍和网络等);(3)自我调节(秦丽莉&戴炜栋,2013a)。根据上文论证的社会文化角度的身份构建和能动性的相互作用关系,不得不涉及这三层关系的调节,因而被纳入了对实证数据的解读(秦丽莉,2015)。

8. SCT框架下L2语言学习环境给养研究综述

8.1 生态环境和给养的定义

生态,从牛津百科字典中的定义得出,指的是研究生态系统中存在的有机生物之间,以及它们与环境之间的关系的领域。在谈及生态理念时,心理学家Gibson首先区分了"环境"和"给养"两个概念。

8.1.1 生态环境的定义

根据Gibson & Pick(2000:14):"环境为行动提供机会和资源,同时也为从环境中被感知的内容提供信息以便于指导行动"(Gibson, 1979: 127)。换句话说,环境是客观的一整套资源和互动机会,它们有可能被有机生物获得,环境只有被生活在该环境中的特殊的有机生物认为是有意义的时候,该环境才有可能转化成给养。Gibson对环境的概念化方式从生态系统中不同作用者(agents)角度承认了感知客观环境的相对性和主观性。在SLA领域这一概念使我们从学习者的角度认识到环境的重要性,不再将研究局限于影响学习者本身的一系列客观的变量和特征上,而将环境解释为充满不同的意义潜势(meaning potential, Halliday, 1978)。根据van Lier(2000:246)"这些意义潜势在学习者采取行动时,在环境内或者是与环境之间产生互动时,逐渐进入学习者能获得的范围中",即认为环境充满了意义潜势,只有这种意义潜势被学习者认识到的时候才变得对其有意义。夏纪梅(2000:3)则认为语言学习环境包括"学习环境、学校环境、课堂环境、社会环境等是否有利于外语学习的环境"。

8.1.2 生态给养(ecological affordances=EA)的定义

给养一词由心理学家Gibson于1971年首次提出,之后又在陆续出版的著作Gibson(1977; 1979)中进一步阐述,之后学者们在L2学习和教学相关研究中从应用语言学角度对给养问题进行了探索(Dewaele,2010; Otwinowska-Kasztelanic, 2011; van Lier, 2007; 2008)。目前最为广泛引用的给养概念是"环境中的给养是环境为其中的动物所给予、提供和配置的,不论是积极的还是消极的"(Gibson, 1979:127)。后来Haugen(1972)和Hornberger(2002)将Gibson的定义引用到社会语言学、语言教学和语言学习领域。van Lier(2000; 2002; 2004)认为,给养概念中提出的相关元素有:关系、可能性、机会、直接性和互动,他将给养定义为"环境的特殊性质,与环境中积极采取感知行为的有机生物相关,给养促进有机生物采取进一步的行动。究竟是什么内容能成为给养取决于有机生物做什么、想要的什么以及它认为什么是有用的"。Halliday(1978)认为给养是"行动潜势(action potential)",它出现在我们与物质社会进行互动的过程中。因此环境为我们提供了行动的机会、资源,供我们感知,以便指导我们的行动。换句话说,环境是一系列的机会和资源,可能在某个有机生物可获得的范围之内,环境只有在该生物认为有意义时才会转化成给养。那么在语言学习领域,就可以把给养理解为:语言学习者在其环境中能获得的一切被转化为对语言学习有意义的资源和学习机会。因此在对学习者所能获得给养状况进行调查的时候,首要的任务是找出学生英语学习环境中所能获得的资源和机会有哪些,哪些被转化成了给养,还有哪些给养需要补充等。作为英语教师则应该找出对语言学习有帮助的给养,并在教学中设计合理的任务尽量让学生感知、解读更多给养,进而采取行动转化更多的积极的给养,提高语言教学质量。

8.2 SCT框架下的L2语言学习给养相关研究

目前,关于EFL学习环境的研究已经对语言学习环境的特征,以及改善学习环境对L2学习的有益启示提供了可参考性的建议,例如关于环境对学习者内在的因素的影响的研究,CALL在课堂环境的有效性的研究和在课堂内互动活动的研究等,但是关于学习者对学习环境的有意义的建构和学习者在构建学习环境的能动性的研究却比较少见。语言学习环境的给养(affordance)是由学习者在环境中进行互动时,积极的发挥学习者能动性塑造的(Lantolf & Pavlenko, 2001)。

在中国英语并没有官方语言的地位,但英语的使用非常广泛。因此英语在中国虽然不是日常用语使用语言,但是在中国学校教育中确实是一个非常重要的科目。确立英语在中国的地位和英语学习环境对中国的英语教育有直接的关系。由于很难评估EFL背景下英语学习中有意义的互动,目前关于英语学习环境的研究主要集中在四个方面:(1)学习者内在的因素;(2)英语学习环境CALL的应用研究;(3)教学背景;(4)课堂互动。关于学习者内在的因素将研究的焦点集中在英语学习环境对学生的学习动机和情感因素的影响;而 EFL 环境中关于 CALL 研究的目的是通过应用计算机为基础的工具改善课堂环境;第三种研究是对教学方法方面的研究;而最后一种关于课堂互动的研究则主要分析 EFL 课堂内教师与学生之间的互动、反馈、意义协商等问题。但是这些研究却没有直接探讨学生自身在感知和构建有助于自身学习的环境所发挥的积极的、能动性的作用进行分析。

实际上,环境并不是客观的也不是一成不变的,环境本身是弹性的、相对的,而且是由学习者主观的认识决定的。也就是说,即使两个学习者在同一个语言环境下(从客观因素方面来看),也可能会对环境有不同的认识和感知,因为他们语言学习历史、生活背景、身份和自身价值观系统都可能是独特的,而且是动态的。因此学习者在某个特定环境下学习 L2,势必会受到他/她所能认识、感知和使用的给养①的情况影响。

将给养的概念应用到 L2 的学习中使我们从学习者的视角,认识环境的重要性,并不在于限定学习者的各种客观的变量和特征上。这种 EA 的视角认为环境中充满了意义潜势(meaning potential,或称潜在的意义)(Halliday, 1978)。van Lier(2000)认为这些意义在学习者在环境内实施行动和与环境之间产生互动时逐渐被学习者获得(p.246),也就是说,环境中本身充满了潜在的意义,但是这些意义只有在被学习者感知和识别的时候才会发挥作用,这种被感知和认识到的意义,被称作给养,也就是 van Lier(2004:90)所指出的,"给养即为个体做某些事情时所能获得的内容"。当然,环境中存在着被学习者识别和感知的给养,也存在着没有被学习者识别的给养,而没有被感知和识别的给养仍在作为意义潜势存在于环境中。因此,语言学习从生态视角的研究就是对学习者与环境的关系展开的。

8.2.1 EA 国内外研究

主流 SLA 研究倾向于脱离社会文化背景对某一个变量进行单独研究,而生态理念下的研究关注人与环境和人与人之间的互动关系对 SLA 的影响。自 20 世纪 90 年代末期以来,在 SLA 领域 SCT 方向相关研究热

---

① 关于给养究竟是什么我们在前文已经做了详细的解释,这里不再赘述。

潮的带动下(Lantolf, 1997, 2006, 2012; Gánem-Gutiérre, 2013; Atkinson, 2011),与SCT紧密相关的SLA生态方向的研究也随之日渐丰富,主要代表人物是van Lier(1996; 1997; 2000; 2002; 2003; 2004; 2008)、Kramsch(2009)、Steffensen & Fill(2014)、McNeil (2014)和 Guerrettaz & Johnson(2013)等,他们认为SLA研究应关注社会文化环境,而不应只关注语言的输入,就如动物在自然环境中学会生存不仅要了解自然界的资源,还要把握利用资源和与其他生物的互动机会,采取相应的行动才能生存下来一样。因而不应只关注语言学习者大脑内部发生的变化,还应关注大脑处于何种社会文化背景的内部(van Lier, 2000:255-258)。因此,作者以生态理念为指导,以给养理论为基础,结合调节理论,采用质性研究的方法从学习资源、互动学习机会和学习行动方面对大学英语学习环境(College English learning environment = CELE)的给养状况进行了调查,调查目前大学英语教学中存在的问题,并提出优化CELE的解决办法,希望能为深化大学英语教学改革提供有益的建议。

目前SLA领域关于学习环境给养的研究以理念论证为主,急需质性的、纵向性的实证数据支撑其观点(Steffensen & Fill, 2014)。已有的实证研究主要在技术辅助(如:CALL、网络、手机、ICT等)的语言教学(如Orr, 2010; McNeil, 2014; Jamian, Jalil & Krauss 2013等)和多语言环境下的语言学习给养领域发展(Dewaele, 2010; Smit, 2013; Aronin&Singleton, 2010; 2012; 2013等),只有少数学者研究了自然的语言课内/外学习环境的给养状况,如Menezes(2011)从语言学习历史角度研究了课外给养状况;Peng(2011)利用给养理论对中国大学英语学生学习信念变化进行了调查等,其研究中的不足是对给养的定义解读不够具体,对给养究竟是什么解释不够充分,对给养理论框架的阐述不够明晰,主要证明给养在SLA过程中的重要性,但对给养转化的具体内容阐述不足;而Lai(2013)则从学生对语义符号感知和语义行为方面对语言给养的形成进行了深度探索,并发现了语言学习策略的复杂顺应性特征。该方向研究方法多采用质性手段(如语篇分析、学习历史陈述、访谈等)。研究中作者希望对给养的具体转化情况进行更深层次的解释。

8.3　SCT 视域下 EA 研究理论框架

生态理论与 SCT 兼容性很强,两者都将社会互动作为研究焦点。下文将对两者的分支理论:给养和调节理论的相关性进行阐述,说明本书实证案例相关研究内容的具体理论构架。

(1) 给养的理论框架

通常对于实现一个目标,一种独立的给养是不够的,如掌握熟练的口语,需要一整套给养同时发挥作用,如对教学方法、老师、网络等的转化,也可以说目标决定了它本身需要的特殊的一整套给养(Aronin&Singleton 2013:319)。关于给养形成宏观和微观的理论框架,本书已经在第二章 1.5 部分阐述,这里不再赘述。本部分对在给养转化情况研究中涉及的另外一个理论调节理论与给养理论的关系进行阐述。

(2) 调节理论(Mediation)与给养理论的关系

SCT 中的调节理论指人类的思维活动(如 SLA)由三个方面组织:社会活动(如语言学习活动);文化产物(如书籍、网络、语言等);和社会理念(如所属社群对个人、物质、社会和思维内容的理解,比如宗教)(Lantolf 2006:69)。这些与给养概念和理论框架兼容性很强,如社会活动,由给养理论和定义所指的语言学习行动和互动学习机会(interactive learning opportunities=ILO)共同构成;文化产物即给养概念中的(learning resources=LR)既指技术、书籍等语言学习资源,也包括老师对小组作业的点评和同伴说的语言等,而社会理念则可被视为给养理论中的解读元素,具体说是对语言课程提供的 LR 和 ILO 发挥作用的理解。正如 Gibson(1979)所认为的,所有的语言给养都是通过社会调节的(socially mediated)。

因此,研究人员认为可以从调查学生的学习目标开始,调查学生的学习历史和经历,学生与其他社会成员和周围社会文化背景中的文化产物之间的互动关系,具体来说,调查学生感知、解读的 LR 和 ILO 内容,找出学生采取的语言学习行动,借以了解大学英语学习环境的 EA 转化情况。

9. 与SCT框架下SLA研究相关的若干其他问题

9.1 L1在L2学习中的作用

本书设计的"生态化"APBOPTG最大的特点是将课外和课内学习相结合。学生在课内/外准备任务的时候,难免会涉及同时使用L1和L2的情况。通常在L2学习的课堂中,L1的使用是不被鼓励的,但是在近期的研究中L1的使用在L2学习中发挥的积极作用在Swain & Lapkin(2001)等学者的研究中得到证明。值得注意的是,他们的研究都在任务型教学的基础上进行的实验,而且都是在二语的环境下进行的相关研究。他们的研究表明L1在L2学习中发挥着三方面的作用。首先,L1为L2学习提供支撑(scaffolding);其次,L1可以在学习者进行互动交流的过程中保持不同个体之间主观上的相互理解(如共同理解任务的目标等内容,或称主体间性,intersubjectivity[①]),使任务能够进展顺利;最后L1也可以作为学习者的私语,调节个体自身的思维活动。根据Anton & DiCamilla(1998),L1的使用对L2学习是有益的,因为L1作为批判性思维的工具构建了社会的和认知的空间(p.338),在这一空间中,不同的个体能够为彼此和自身提供意义建构(meaning-making)的帮助。

除此之外,Liang & Mohan(2003)还在合作学习的基础上为L1的使用在L2学习中发挥的作用增加了论据。他们的研究焦点是加拿大华人移民在语言学习班上的学习英语的经历。他们通过访谈,发现很多华人的新移民在使用L1和L2方面非常矛盾,虽然他们表示使用L1主要是因为方便,或者是与其他华人交流时为了沟通,或者是因为英语单词的匮乏等等,但是他们都表示希望能够更多的使用英语。此外,他们还在学生进行语言学习任务互动交流的时候,会在概念功能(ideational functions)方面更多地使用L2,而不是人际交流方面的功能(interpersonal functions),而且L1被更多的用于思考(reasoning),而不是传达信息(informing),L1在协助L2学习内容知识方面非常有帮助,而L2则更多被用于记忆单词、

[①] 是指个体在对话性协商过程中实现的互相共享的观点和目标,促进不同个体共同参与任务的进展。主体间性在任务为基础的活动中,即包括认知方面、也包括社会文化方面的维度(Wells, 1999),主要关注学习者如何能够有效地理解任务、进行互动合作、更好地完成任务。

撰写英语作业答案,准备英语考试等。

但是值得注意的是关于 L1 的使用对 L2 学习的促进作用,在外语的环境下展开的研究非常少见,因此本书也将为此领域的研究提供更多的证据。

9.2　L2学习与小组任务的关系

近25年来,关于语言学习任务型教学的研究越来越得到学者们的关注,语言学习任务也作为基本的概念单位分析促进 SLA 的学习行为(Candlin & Murphy, 1987)。从实践的角度来看,任务通常被认为是一种交际性的语言活动,在实施任务的过程中重点关注的是交际的目的、任务构建的语言交际情境以及语言学习者的积极参与行为。实际上,任务构建的情境在 Bronfenbrenner(1993:15)的生态心理学角度看来,可以被视为"微观系统":

> 在语言能力不断发展的学习者参与面对面的任务过程中,交际活动的模式、交际人扮演的角色和人与人之间的关系,都具有特殊的、物质的、社会的、象征性的特征,这些特征可以促进、允许,甚至有时候会阻碍学习者持续的、参与到周围越来越复杂的互动活动中。

也就是说学习者参与交际活动所处的群体文化(community culture)直接影响了学生的语言习得情况。而且目前有大量的任务型教学都研究了人们如何以小组的形式进行互动、彼此合作完成任务。然而从 SCT 视角展开的任务型教学研究却比较少见,这一点在前文作者已经提到过。Forsyth(1998)认为小组合作的任务对学习者个体的语言的习得、输出和表现有很大的帮助。而在 Levine & Moreland(1990)看来,这种小组形式的任务与语言口语水平相互的关系是:小组合作的成员相对于独立学习学习者来说更有可能积极地参与到对话互动和合作性对话中,而这些行为对于学习者来说是有效的口语交际能力的前提条件和体现。因此本书将合作性的学术小组口头汇报任务作为教学的基本框架。

9.3　意义协商对语言学习的促进作用

Long(1983)和 Vygotsky(1987)都曾经对 L2 学习过程展开过讨论,

也都认为通过互动和口语的交际有助于L2的学习。但是Long的研究主要是从认知的角度展开,他认为人类的SLA主要是习得系统的知识,如组成SLA语音、词汇、句法等知识。这一角度的研究主要关注大脑的加工过程、知识的存储等,以及记忆、注意、自动化和石化等问题。他们主要研究焦点是学习者的认知能力,以及认知能力与L2学习过程中任务加工的互动关系。而语言学习是否进步主要从语言的流利度、准确性、更加复杂的句法结构等方面检测出来,从认知的角度这些被认为是反应学习者的语言水平的标志。但是SCT则认为语言的发展主要是一个社会的过程。Vygotsky认为人类的行为是将通过社会、文化构建的不同的调节形式融入人类的活动中的结果(Lantolf, 2000:8)。人类在输出语言的时候直接或间接地受到社会和文化的影响;因此在SCT视域下,学习一种语言是一个社会过程,在这一过程中学生主要依赖于某个特定社会实践中的社会互动。Forster & Ohta(2005)曾提出SCT将思维和学习视为人际之间的思维(inter-mental)互动,是以社会互动为基础的(p.403)。换句话说,人类是他们所生活的环境中的一部分,无法从环境中隔离开来。因此,知识并不是个体拥有的,而是通过学习者之间和他们与社会文化背景之间的互动意义协商产生的。在SCT视角下的研究主要关注学习者在与其他人和社会文化产物互动中如何使用L2,而对语言的发展主要从学习者的社会互动过程中展开研究,因为学习者在互动过程中逐渐体现出独立使用L2语言水平和能力(Ohta, 2001; Lantolf, 2000)。

目前已有很多研究证明学习者在互动过程中的意义协商有助于L2的学习(Lantolf & Appel, 1994)。SCT认为语言不仅是一个交际的工具也是一个心理的工具,语言调节个体之间的语言意义,因此能够促进人类认知的发展(Lantolf, 2006; Swain & Lapkin, 2001)。Vygotsky(1971)认为,在语言学习的过程中的某些阶段,学习者需要协助,或者支架(scaffolding),他们能从与他人的互动中获得支架。这种寻求支架的过程中就涉及意义的协商,Gee(2012)认为意义并不是一成不变的,而是可以协商的,并且是在社会和文化中共享的。而且他认为,意义首先是人与人之间的社会互动、协商、辩论的结果,意义本身就具有社会的、变化的特征(p.21)。

大部分关于意义协商的研究都研究的是非母语者和母语者之间的

互动(Pica & Doughty, 1985),还有一些研究的是针对母语相同的非本族语者(如L1都是汉语的学习者)在使用学习L2(如英语)时的互动,或者是母语不同的学习者在学习同一种外语(如英语)的过程中进行的互动的研究(Van Compernolle, 2013),但是大部分的研究都在二语的环境下进行,只有极少的研究针对外语学习者,在外语环境下的互动进行研究,比如中国的英语学习者,在中国本土英语学习环境下学习英语时进行的互动等。下表3.5显示了目前已有的12篇以SCT为理论框架的关于L2学习互动过程中意义协商方面的实证研究的论文内容。

表3.5 SCT框架下的意义协商实证研究列联表

	Meaning-focused interaction L2 as tool	Form-focused interaction L2 as object (using L1)	Form-focused interaction L2 as object (using L2)
1:1 Expert-to-novice / Tutor-learner	Nassaji and Cumming (2000) Output = written	Adair-Hauck and Donato (1994) Output = oral	Aljaafreh and Lantolf (1994, 1995) Output = written Nassaji and Swain (2000) Output = written
Teacher-fronted whole class	Ernst (1994) Output = oral Verplaetse (2000) ESL Science Gibbons (2003) ESL Science Michell and Sharpe (2005) ESL (Y7 Maths and English lessons) Todhunter (2007) Output = oral Coyle (2007) Output = oral		McCormick and Donato (2000) Output = oral Antón (1999) Output = oral Consolo (2000) Output = oral Tóth (2011) Output = oral Alcón Soler (2002) Output = oral
Peer-peer (dyadic interaction)	Ohta (1995,1999) Output = oral Storch (2002) Output = oral Foster and Ohta (2005) Output = oral	De Guerrero and Villamil (1994, 2000) Output = written Antón and DiCamilla 1997) Output = written DiCamilla and Antón (1998) Output = written Brooks and Donato (1994) Output = oral	Platt and Brooks (1994) La Pierre (1994) Output = written Swain and Lapkin (1998, 2002) Output = written Ohta (2000) Output = oral Gánem Gutiérrez (2008) Output = oral
Peer-peer (group work)	Lynch and Maclean (2001) Output = oral Smith (2007) Output = oral	Donato (1994) Output = oral	
Private speech (Learner self-directed speech as scaffolding)	Appel and Lantolf (1994) Output = oral		Lantolf and Yañez-Prieto (2003) Output = oral

摘自:Hawkes(2012)

从表中可以很容易看出,关于意义协商的研究有的以"教师—学生"一对一的形式为研究内容、有的以"教师—整个班级"的意义协商形式为研究内容、有的以小组内"组员—组员"之间的协商形式为研究对象、有的则以"学生—自身"的形式研究学生自己与内在的私语之间的意义协商为研究内容;在研究焦点问题上,有的以意义为焦点的协商为主(L2作为交际语言),有的以形式为焦点的协商为主(L1作为交际语言),有的以L2为交际语言,同时兼顾意义和形式的协商展开研究;此外,数据收集中的内容基本是输出的语言,语言的形式大部分以口头输出为主,但是也有少部分研究以书面语言输出为研究基础。而且,不同研究基本上都能够证明这种合作式的意义协商有助于L2的学习,不论意义协商是以L1还是L2展开的。

因此本书的实证研究案例中也会对小组互动中学生之间的意义协商情况进行详细的描述。

9.4 SCT框架下教师的纠正性反馈对L2学习的促进作用

Vygotsky提出的SCT认为语言是人类认知活动的调节工具。当人类思考和调节自身的行为时,他们的认知活动受到符号工具(如语言)的调节。语言能够作为私语(private speech)调节个人自身的认知活动,或者以互动对话的形式调节他人的认知活动。人与人之间的口语对话不仅仅是信息的互换,有时是人与人之间的认知和心理活动的互动(称作inter-mental or interpsychological)。因此认知的发展在SCT视角下被认为受语言的调节的。

认知发展是一个积极发展的过程,在这一过程中初学者在调节自身的行动的时候逐渐获得独立的正确的使用语言的能力,进而将正确的语言使用形式的规则内化。SCT中的一个分支理论——最近发展区理论(ZPD)通常是这一视角下常用的理论框架。最近发展区是指学习者独立解决问题能力决定的实际发展水平和在"专家"引导下或者与能力较强的同伴合作下解决问题能力决定的潜在发展水平之间的距离(Vygotsky, 1978, p.89)。能力较强的"专家"或者同伴与学习者之间的对话潜在意义上就发生在ZPD的区域内。那么在这一理论下研究问题就是这种合作的形式是否能够引导学习者达到更高层次的解决问题的能力,如果能够达到,那么这种合作形式中的对话协商就能够促进语言的学习(Swain *et al.*, 2011),纠正性反馈就被包含在这种互动性对话中。

本书中就是把来自教师的纠正性反馈作为学生在课内学习中的一个重要部分,希望学生在做完学术专题小组口头汇报任务的presentation之后,从教师的反馈中获得支架(scaffolding)和帮助(assistance),为下一次的presentation的改进提供mediation,为拓展ZPD提供有利条件,促进学生的口语水平的提高。Tomasello(1999:39)将这种现状比喻为"ratchet effect"(棘轮效应①),就好像人类在历史发展的进程中,对工具(如代步车辆)的改造一样,每次改进都会使工具设计的功能复杂,而人类习惯了使用复杂的工具,就不会继续使用原本粗糙的工具。也就是说学生经过教师反馈的调节,很可能会逐渐的改进任务的语言输出质量和复杂程度,进而提高口语水平,并进一步使语言知识内化,有利于口语水平的保持。

9.5 大学英语四、六级口语测试与SCT理论指导的小组口语水平评估的契合点

在语言教学和语言测试两者的关系中教学是第一性的,测试是为教学服务的。但是测试对教学有极强的"指挥棒"作用,科学的测试能够推动教学向着正确的方向发展。"只有当语言评估应用于息息相关的教学目标时",语言评估才有意义;反之,如果某一教学目标没有包括对是否达到这一目标进行检验的标准,则这一目标实际上只是一种空洞无物的目标(金艳,2000:56)。大学英语四、六级口语考试的实施在广大师生中引起了强烈反响,考试结果得到了参考师生的充分肯定,有力地推动了我国大学英语课程课堂教学的改革,使师生更加重视英语口语教学,提高学生实际运用英语的能力。考试结果说明,我国非英语专业大学生有些已经具有很高的英语口头交际能力,凡获得A等和B等证书的学生都可以流利地用地道的英语进行口头交际,达到相互沟通的目的(杨惠中,2000:3)。除此之外,我国大学生的整体外语水平有了很大的提高,但是语言交际能力,尤其是说、写的能力依然很差,突出表现在口语交流时,无话可说,或语无伦次,或只知其一不知其二(彭青龙,2000)。学生能够熟练运用英语口语在各自专业领域里参与国际交流,这对于我国进一步改革开放具有重要意义。大学英语四、六级口语考试实施以来,已经产生了广泛影响,受到了广大师生的欢迎,必将极大地推动大学英语课堂教学的改革,进

---

① 棘轮效应本身是一个比喻,所谓棘轮是指只能向一个方向滚动,而不能回转的齿轮,因为齿轮上安装了棘齿防止回转。而该效应是指在发展过程中如果达到了一种更高的层次,就不会在退回到原来的水平,就如科学工作者如果科研水平达到一个标准,获得认可之后就不会降格。

一步提高教学质量(杨惠中,2000:51)。

大学英语四、六级口语考试从考试的效度和信度来说,是十分成功的一个考试,它以最具真实性的面对面交流方式考核了学生的口语交际能力(杨惠中,2004)。因此在研究中作者采用了四级口语考试前测和后测的数据,希望从数据中挖掘出对大学英语口语教学有益的指导性和参考性数据。具体的考试形式如下表3.6所示:

表 3.6 CET-SET 的考试形式和对考试所表达的内容的要求

	考 试 形 式		考 生 输 出	
	交际方式	提示信息	语篇特征	语言功能
第一部分"热身"练习(5分钟)	• 考生自我介绍 • 考生回答主考提问	口头提问	自我介绍和回答问题	• 自我介绍(如谈论过去和现在的经历以及将来的计划); • 态度(如喜欢和不喜欢,偏爱,兴趣); • 发表意见和看法(如询问意见和看法,发表意见和看法,对意见和看法的反应)
第二部分个别发言和小组讨论(10分钟)	• 考生单独发言 • 考生与考生之间进行讨论	文字卡片提示;或画面提示(如图片、图表、照片等)	较长的发言:内容连贯,表达清楚,思想组织有逻辑性,语言准确、适切。 小组讨论:话语轮换,用适切的语言开始交谈和接应话题,协调意义等。	• 描述(如空间和时刻); • 态度(如同意和不同意,喜欢和不喜欢,希望,意愿,判断和决定等); • 提供信息,发表意见和看法(如通过比较和对比等); • 讨论(如提出论点,反驳论点,提出进一步论证等)
第三部分进一步提问(5分钟)	• 考生回答主考提问	口头提问	回答问题	• 态度(如同意和不同意,喜欢和不喜欢,希望,意愿,判断和决定等); • 提供信息,发表意见和看法(如通过比较和对比等)

摘自:金艳(2000:57)

虽然当前大学英语口语考试已经使用机考的形式,但是其设计理念与传统的口语面试型测试并无太大的差别,其主要测试模式是构建"教师"(电脑)与学生、学生与学生之间的直接交流,能够真实地反应口语能力状况,而且教师对考试现场能够进行有效的控制和干预,使学生有同样的时间和机会进行口语表述,教师也能够比较准确地确定学生实际的口语能力(杨琪,2012:16)。但是对于计算机辅助口语测试与面试型口语测试的信度和效度，近年来的相关研究表明仍存在争议(蔡基刚，2005；杨莉芳，2006；杨琪，2012；李玉平，2009)，有的学者支持计算机测试，有的学者则认为面试型测试信度和效度更高，但是都无法完全确定在中国本土哪一种测试更加有优势，而本书案例分析中由于实施实证实验的学校没有计算机口语测试系统，因此作者在口语测试方面还是采用传统真人教师考官面试形式。口语测试一共分三个部分，学生以三人一个小组面对2个考官[①]的形式参加考试。一个考官负责问问题，为主考官；另一个考官负责监督记录，为辅考官。考试步骤，共有三个部分，第一部分是3个学生分别作 mini presentation 自我介绍，第二部分学生每人会抽取一张提示卡片，准备一分钟后直接做卡片的描述或者陈述，三人分别做完之后，进行讨论。第三部分考官会根据第二个环节学生交流内容问每个考生一个问题。考试评分从语言准确性和范围、话语的长短和连贯性、语言灵活性和适切性三个方面进行评分，每个方面最高分5分，可以打0.5分。作者认为以上这种口语考试模式完全适合本书提出的"生态化"任务型口语教学后学生的口语水平测试，因为测试中不但可以测试学生独立的语言表达情况(第一部分、第二部分)，也可以测试出学生与组内成员之间的口语互动时候的语言表达情况(第三部分)。

综合以上研究各个内容的文献综述，作者在对本书中的大学英语学生进行调查的时候，除了需要对 SCT 框架下"生态化"任务型口语教学中，学生的口语水平进行测试之外，还需要根据活动理论、复杂理论、实践社群理论、调节理论和给养理论，对学生的英语学习历史、整体目标、学习活动具体目标、学习者身份、互动学习机会和英语学习资源进行深入调查，借以解读学习者的动机变化、LA 变化和能动性的变化，进一步了解学习环境中的 EA 被学生转化的情况的变化，全面的描述的"生态化"大学英语口语任务型教学的具体教学实效性。研究中各部分实证调查内容和参考理论如下图 3.5 所示(详见第四章)。

[①] 一位是具有四级口语考官证的老师，一位是作者本人。

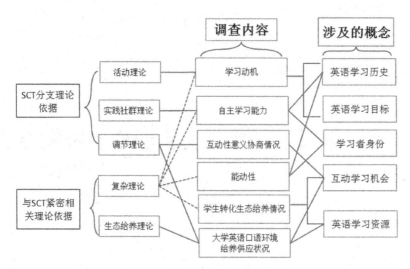

注：虚线代表是兼顾理论，实线代表直接相关理论或概念。

图3.5　本书各个研究内容及其所依据理论和涉及的概念概览图

　　本章主要对本书内容涉及的理论、定义以及相关研究进行梳理和综述：如社会文化理论的缘起、哲学根源、社会文化理论的前身格式塔与二元论的关系和学科归属等；接下来，作者对于本书紧密相关的社会文化理论框架下L2学习者的语言学习动机、能动性、LA和语言学习环境给养转化状况之间的相关研究进行了阐述；并对L2学习动机、能动性、LA和给养定义和已有的关于该四个方面的研究的理论基础以及本书在调查该四个方面所基于的理论等方面进行了深入的分析和论述。研究还对与本书涉及的社会文化理论框架下的"L1在L2学习中的作用"研究、"L2学习与小组任务的关系"研究、"意义协商对语言学习的促进作用"研究、"教师反馈对L2学习的促进作用"研究，以及"大学英语口语测试"与SCT指导的小组口语水平评估相关研究等进行了简要概述。该部分旨在为以下研究提供理论基础。

第四章　社会文化理论的研究方法与案例分析

Lantolf(2000:18)借用Vygotsky最紧密的合作伙伴之一Alexander Luria撰写的 *The Making of Mind: A Personal Account of Soviet Psychology* 一书中的观点将SCT的研究方法描述如下：

> 因为社会文化研究所遵循的研究理念是在不同的背景中研究人们参与生活中的日常活动时被调节的思维，而且在保持生活实际(life reality)的丰富性和复杂性的情况下展开研究，从生活实际中提取不同的组成部分(components)，目的是构建出现象本身的抽象模型。从这一角度来看，SCT对人类行动的解读是在理论指导下的谨慎地观察、描述和解读，而并不牺牲研究主体的多面复杂性(manifold richness，这一点与简化主义者——reductionism——所一直秉承的理念正相反)(Luria, 1979:174-8)。

在 *Modern Language Journal* 的一期特刊中，Firth & Wagener(2007)重新定义了SLA研究，提倡应该拓展SLA研究的理论、研究方法和认知论(epistemology)，构建一个更加具有社会互动敏感性的，更加支持本体论研究观点(emic stance)，而且遵循学习和语言的社会属性的研究方法(p.804)。他们认为SCT研究致力于从语言的多面复杂性上理解语言习得，并采用L2学习者的语言学习经历和学习者的学习经历回顾进行研究,毕竟学习者在不同的背景和发展情境下学习语言。

Vygotsky 认为所有的现象之间彼此相关,他认为人类活动是发生在文化背景之下的,而且受到语言和其他符号系统(symbolic system)的调节,同时他认为从历史发展的视角展开研究是理解现象的最佳办法。本书借用了 Vygotsky 理念的这些核心观点作为指导方向,通过对学习者在不同的社会文化背景下语言使用策略和活动的调查,研究 L2 学习的过程和经历。研究方法结合了质化和量化研究方法,包括质化的文本分析、周志、叙事文本、个案研究、课堂观察、纵身研究、访谈、学习历史研究、民族志和量化的问卷调查等。这些研究方法反映了 L1 和 L2 习得研究方法的广泛性。

正如 Firth & Wagner(2007)所注意到的,SCT 研究方法对 SLA 研究的主要贡献在于在 SLA 研究中考虑了社会文化环境的影响。Vygotsky 坚持认为所有的现象都可以被视为存在于社会的、文化的、自然的和历史的背景之中,而且提出了"*perezhivanie*"(生活的、情感的经历)概念描述个体与环境之间的关系,即广义上所指的社会关系。这一理论的关键在于个体感知(perceive)、借用(appropriate)、理解、内化(internalize)并从情感上对其与环境的互动经历做出反馈,实际上这也塑造了环境。

van Lier(2004)在环境对语言教学、学习和习得所发挥的核心作用方面的研究中开发了一种从生态视角研究语言学习和教学的范式,这种研究以 SCT 和人类活动相关的建构主义理论为基础,将学习视为无论在何时何地都是情境化的(contextualized)。因此,不仅语言学习本身很重要,地点、时间、周围的他人、目标和动机等同样重要(Lantolf, 2000:24-5)。Negueruela(2003)的研究标志了 SCT 理论框架下 L2 课堂为基础的研究方向的开始,Negueruela 从他自己的 L2 课堂上展开的研究使用了 SCT 模式调查了学生的语言学习、语言内化和关于语言学概念理解方面的交流,他采用了三种数据:(1)学生的课堂表现数据;(2)学生的口语表达文本数据;(3)和学生对语言学概念进行口头解释时产生的文本数据。他的研究发现在 SLA 中意义(meaning)比语言因素(linguistic units)有更重要的意义。

根据以上阐述，本书采用了 SCT 研究惯用的方法展开了实证研究，并从 SCT 视角对实证研究数据进行了深入剖析，详情如下。

实证研究结合了民族志研究方法（如在一个学期内，跟踪观察学生课内和课外学习的情况）、质性研究方法（如访谈、课堂观察、英语学习历史叙事文本等、周志、文本分析）、多案例个案研究法（multiple case studies，主要针对 focus students）、量化研究方法（如问卷和口语水平测试）等结合多种研究方法的三角论证范式（Denzin, 1978）对学生的大学英语学习状况进行整体的调查。民族志法主要对学生的课堂表现和课后任务完成情况进行跟踪，并对学生课内外英语学习环境的给养状况进行调查；质性研究方法主要对学生对英语学习的整体状况的叙述和学习历史的叙述进行调查；而多案例个案研究主要针对研究对象中的焦点学生（focus students）的英语学习情况展开跟踪调查（如能动性、动机、学习环境给养转化情况和 LA 等）；量化研究方法主要对学生的口语水平、能动性、学习动机、LA、学习环境给养转化等状况进行调查，而且问卷调查的问题设置根据对学生访谈文本和学习历史叙事文体分析提取主题，制定成为五级量表，并经过因子分析，目的是增加问卷的信度和效度。除此之外，作者还针对学生的口语水平实证研究的前、后测数据进行了对比分析，了解以 SCT 框架指导的生态化任务型教学模式的实施效果。下文将首先对 SCT 惯用的研究方法进行具体阐述。

1. 根据调查内容采用的理论框架和研究方法

对于这些不同的研究内容依据的是 SCT 框架下的相关研究惯例，以 SCT 框架下的不同分支理论对意义协商、学习动机、学习者自主、能动性、EA 转化情况五个方面进行调查，对于口语水平测试采用的方法则可以参考中国大学英语口语四、六级测试，并对分数进行量化分析的方法。（具体情况见下表 4.1）

表 4.1 调查内容、参考理论框架、具体调查内容和研究方法概览

调查内容	参考理论框架	具体案例研究内容	实证研究采用的三角论证方法	
			质化	量化
意义协商	调节理论	学生进行的什么样的与语言相关的意义协商	课堂观察、录像	N/A
学习动机	活动理论 兼顾复杂理论	英语学习历史、英语学习整体目标、英语学习具体目标、英语学习需求	学习历史叙事文本分析、访谈(分课内、课外学习状况调查)、周志、课堂观察、民族志(非参与性跟踪观察学生课内、课外学习情况、录像)、焦点学生个案跟踪调查	问卷(问卷问题从学习动机、LA、能动性、EA 被学生转化的情况四方面的调查访谈文本分析和学习历史叙事文本分析中提取主题设计而成,为 5 级量表形式,经过因子分析);学生口语水平测试(采用大学英语 CET4 级口语测试)
学习者自主	实践社群理论 兼顾复杂理论	英语学习历史、学习者构建的不同身份、学习目标、自主学习行为		
能动性	调节理论 生态给养理论	英语学习历史、学习者构建的不同身份、能动性的学习行为		
EA 转化情况	调节理论 生态给养理论 兼顾复杂理论	英语学习历史、英语学习目标、英语学习相关的社会互动机会、英语学习资源		

下文主要解释本书实证研究中的具体操作过程。

2. 实证案例

本书阐述的案例实证研究背景设在东北某大学大学英语背景下,由于该校的大学英语课程分布在大学一年级和二年级两个年级,为了对大学英语教学目前存在的问题进行更全面的调研,作者分别在一年级和二年级大学英语课内和课外展开了调查。研究分两个阶段:先导研究阶段和研究实施阶段。

2.1 先导研究

先导研究的主要目的是初步了解大学英语口语学习的状况,为后期的研究设计合理的问卷调查学生的大学英语学习动机、学习能动性、LA、学习环境的给养转化状况奠定基础。在先导研究中作者首先采用了访谈的形式,先对一年级(10名,男女各5名)和二年级(10名,男女各5名),共计任选20个学生进行一对一(为时1个小时左右/人)的半开放式访谈。访谈的问题根据学习动机、学习能动性、LA和学习环境给养转化的定义和理论框架设计,内容主要包括学生的英语学习历史(学习经历,包括大学期间的学习经历,小学、初中和高中期间的简要经历描述,根据以上论述,学习动机、LA和学习能动性都与学生的历史学习经历相关);英语学习的目标(根据上文论述,学习目标与能动性、动机、给养和自主都有紧密的联系因此对此必须进行调查,而且作者调查了学生目前的大学英语学习的目标、近期大学期间的学习目标和毕业之后远期的英语学习整体目标);学习英语对其意味着什么(与英语学习相关的理想,这与能动性、动机和自主学习都有关);主动采取何种行动学习英语(能动性,根据以上论述通过学生对英语学习的认识和能动性行为可以观测出学生的能动性,研究中作者包括了课内和课外);对自己的英语水平和能力的评价以及课内、课外如何学习英语等(根据LA的概念,其主要体现监督和管理自身学习的能力);使用何种英语学习资源参与何种英语学习社会互动活动,以及对大学英语的教学内容、教材和教学方法等内容的评价等(根据学习环境给养的定义,给养主要跟互动机会和学习资源使用情况相关)等。由于是半开放式的访谈(部分访谈问题详见附录"访谈问卷4"),在访谈中作者还会根据学生的回答进行进一步的探讨。根据这些访谈内容,作者初步了解了英语学习动机、学习能动性、LA、英语学习环境的给养转化状况。

然后对访谈文本进行分析,从中提取意义单位(meaning unit=MU, Denzin, 1978;秦丽莉&戴炜栋,2013b),去除感情色彩和评价性意义,制定成措辞尽量客观的陈述,以五级量表的形式呈现调查问卷("1"代表非常不同意—"5"代表非常同意)。问卷分两部分,第一部分是被试的个人信息;第二部分为四个维度:英语学习动机、学习能动性、学习自主能力、英语学习环境的给养转化状况。作者在先导研究中一共随机抽取了1200名学生,问卷由教师在上课前由自愿参加调查的学生填写,教师会对学生进行简短的培训,而且问卷填写过程中,教师一直在场,如有任何问题,教师会及时回答,尽量保证问卷填写的可靠性。之后对填写的问卷进行因子分析,根据因子分析数据(因子分析结果详见本章5.6部分)整合成最终用于研究实施阶段的问卷(问卷内容请参见附录)。

2.2 实证研究实施阶段

在进入研究实施阶段时,大学英语学生分别处于大学一年级下学期和大学二年级下学期阶段,一个学期共17周。采用不同年级的目的是为了找出作者所设计的"生态化"APBOPTG对不同口语水平的学生的影响[1],作者从一年级和二年级分别选择了两个班级,共四个班级展开调查。一年级分别命名为A1和A2;二年级分别命名为B1和B2;每班35-40人左右,共计152人;A1和A2班是同一个大学英语授课教师,B1和B2也是同一个大学英语授课教师,因为该校大部分的英语教师都在同一个学期内同时教授两个年级的课程。

2.2.1 学生英语学习历史调查

研究开始的第一周,作者首先请四个班级的4个焦点学生撰写500字左右的学习历史叙事文本,并对其进行文本分析,根据大学英语学习动机、能动性行为、LA和学习环境给养转化状况,提取意义单位(meaning unit)和主题,去除感情色彩和评论性词汇,尽量保持客观性,制定成访谈问题,之后分别从一年级任选2个同学;二年级任选2个同学[2],对它们每人进行为时1个小时左右的半开放式的访谈(访谈问卷请参见附件),目的是详细了解学生的学习历史经历形成的原因。之后,在每周的学习结束之后,要求4个焦点学生上交一周的英语学习经历周志(或称叙事文本),字数在300字左右。

---

[1] 研究开始的阶段我们假设一年级和二年级的口语水平不同。
[2] 这4名学生就是后面实证研究的4名焦点学生。

2.2.2 学生学习动机、能动性、LA 和转化学习给养状况调查

之后在第二周,将上文提到的经过先导研究制定好的问卷发放给四个班级的学生对学生的大学英语学习动机、能动性行为、LA 和学习环境给养状况进行前期测试(第2周)和后期测试(第16周),找出学生在以上四个方面的变化和与他们口语水平变化的关系。作者还对四个班级的学生进行整个学期的民族志法跟踪调查,调查方式包括采用上文提到的课堂观察,对焦点学生(四个班级中分别选择1个学生,共计4个学生)在课内、课外的表现情况,进行录像跟踪;同时在第2周和第16周分别对4个焦点学生进行了每次1个小时左右的访谈,了解学生的学习能动性、LA、学习动机和学习环境给养的转化状况;在教学任务实施过程中,作者将 A1 和 B1 班作为"生态化"任务班(即加入"生态化"APBOPTG 教学环节的班级),A2 和 B2 班作为自然班(即按照该校原有教学模式,没有加入"生态化"APBOPTG 教学环节的班级);四个班分别选择1个学生,共计4个学生作为跟踪调查的焦点学生(focus students),为了消除性别因素的干扰,4个学生全部是女性学生;4个学生每周撰写一篇300字左右的周志(汉语),描述一周以来的英语学习经历,一直到期末前的倒数第二周,因为该校最后一周是复习周,大学英语课全部停课;此外,作者还对四个班的学生进行了大学英语口语水平测试,分别在开学第1周和第15周进行了前测和后测,目的是检测"生态化"任务班和自然班学生英语口语水平的差异;为了了解学生对"生态化"APBOPTG 教学的感受,作者还对两个"生态化"任务班 A1 和 B1 班级的学生进行了关于大学英语口语课程评价的访谈调查,分别针对教师、课程设置、教学方法和内容、学生自身在任务完成过程的角色和表现的评价等问题展开。除此之外,在学期初和学期末的时候,作者还对两位大学英语授课教师 X 老师(A1 和 A2 班的授课教师)和 Y 老师(B1 和 B2 班的授课教师),进行了开放式的一对一访谈,时间在2个小时左右/人,目的是了解大学英语教师对目前大学英语口语教学的看法和评价,以及他们提出的大学英语教学改革建议。整个研究步骤、数据搜集过程请见下表4.2。(所有问卷调查和访谈问卷请详见附录)

表4.2 实证研究数据搜集程序一览表

研究实施时间	研究步骤	数据搜集过程	研究方法	研究对象	研究目的	研究范式
教学任务实施之前（即教学实施前一个学期）	先导研究阶段	在教学实施前一个学期的第1周与学生约好时间后在课下对学生进行一对一的访谈，1小时/人	半开放式访谈	一年级任选10人；二年级任选10人	制定初始问卷（preliminary questionnaire）	质化
		根据访谈文本分析，提取主题（或称意义单位，meaning unit=MU），去除感情色彩和主观判断的字眼，将主题内容制定成问卷，五级量表形式呈现。在上课前30分钟对学生进行简短培训后，让学生集中在课内填写，有教师在场指导，随时回答相关问题，尽量保证填写的效度和信度；然后进行因子分析，整合问卷生成最终实验阶段调查问卷。	问卷；SPSS因子分析、相关分析	一年级任选600人；二年级任选600人，共计1200人	制定整合后实验阶段使用问卷（experimental questionnaire）	量化
教学任务实施学期第1周	教学任务实施前英语学习历经历调查	X和Y教师学期初访谈，每人两小时左右	开放式访谈	X、Y教师	了解教师对大学英语教学现状的看法	质化
		要求四个班的学生课下用汉语每人撰写500字左右的学习历史叙事，纸质版上交。	学习历史叙事文本	4位焦点学生，分别来自一、二年级"生态化"任务班各1名和一、二年级自然班各1名	了解学生的学习历经历	质化

续表

研究实施时间	研究步骤	数据搜集过程	研究方法	研究对象	研究目的	研究范式
教学任务实施学期第2周（共17周/学期）	大学英语口语水平前期测试阶段	分别找大学英语四级口语考试考官1名,对四个研究班级的整体学生进行了CET4口语测试前测	测试	共计152名学生	了解学生初期英语口语水平	量化
教学任务实施学期第3周	问卷调查前期测试阶段	将经过先导研究制定的问卷在学生上课前30分钟,经过教师简短培训后,将问卷发放给四个班级的学生,进行集中填写。有教师在场,随时指导问卷填写,保证信度和效度。	问卷调查	共计152名学生	了解学生初期的能动性、学习动机、自主能力、学习环境给养转化状况	量化
教学任务实施学期第3周	前期访谈	课外与学生约好后进行1小时左右/人的一对一访谈	半开放式访谈	4个焦点学生		质化
教学任务实施学期第1—16周	每周学习历史经历调查	每周让4个焦点学生撰写300字左右的汉语周志,描述一周以来的英语学习经历	周志	4个焦点学生	了解学生在一个学期内每周的英语学习课内和课外的情况	质化
教学任务实施学期第1—16周	课堂观察阶段	作者以非参与人身份观察课堂,对每次课的课堂情况进行录像和田野笔记记录	录像	4个班的学生上课情况,重点关注4个焦点学生	了解大学英语教学情况、学生上课整体情况和学生在课堂上的表现情况	质化
教学任务实施学期第1—16周	课外观察	作者对"生态化"任务班学生课外准备学术专题小组口头汇报任务的情况进行非参与性观察。每当4个焦点学生所在小组进行小	录像	4个焦点学生	了解学生课外学习情况	质化

续表

研究实施时间	研究步骤	数据搜集过程	研究方法	研究对象	研究目的	研究范式
		组讨论会议的时候,都以录像的形式跟踪。如果遇到几个学生所在的小组讨论会议时间冲突的时候,就会委托一名学生对讨论会议的整体情况进行录像。观察员不参与任何讨论和指导。				
教学任务实施学期第14周	问卷调查后期测试阶段	使用先导研究制定的问卷,对四个班级的学生进行调查。问卷在上课前30分钟发放,经过教师简短培训后,进行集中填写。有教师在场,随时指导问卷填写,保证信度和效度。	问卷调查	共计152名学生	了解学生实验末期的学习能动性、学习动机、自主能力、学习环境给养转化状况,进行前后调查情况对比分析	量化
教学任务实施学期第14周	后期访谈	课外与学生约好后进行1小时左右/人的一对一访谈	半开放式访谈	4个焦点学生	对学生的学习历史叙事、周志内容和问卷中涉及的问题内容进一步通过访谈进行深度了解,进一步了解学生后期的能动性、学习动机、自主能力、学习环境给养转化状况	质化
教学任务实施学期第15周	大学英语口语水平后期测试阶段	分别找大学英语四级口语考试考官1名,对四个研究班级的整体学生进行了CET4口语测试后测	口语测试	共计152名学生	了解学生实验末期英语口语水平,进行前后测试对比	量化

续表

研究实施时间	研究步骤	数据搜集过程	研究方法	研究对象	研究目的	研究范式
教学任务实施学期第16周	教师对大学英语口语教学的看法和评价	在与教师预约后，对两名大学英语教师进行了一对一，2个小时/人的开放式访谈，并录音	开放式访谈	2名授课教师	了解教师对大学英语口语教学的看法和评价，他们认为所存在的问题，以及提出的解决方案	质化

3. 研究对象

从以上阐述中可以看出本书中的研究对象分成两个阶段：先导研究阶段和研究实施阶段。首先，先导研究涉及两部分被试群体，一部分是访谈被试，共计20名（10名大一学生；10名大二学生）；一部分是1200名问卷调查的被试（600名大一学生；600名大二学生）。一年级学生的年龄在18岁到20岁之间，平均年龄18.9岁；二年级学生在19至21岁之间，平均年龄为20.1岁。

之后，在研究实施阶段涉及四个任选班级：一年级2个班级，A1和A2，A1为"生态化"任务班（共40人，5名男生，35名女生，平均年龄19.1岁），A2为自然班（共43人，7名男生，34名女生，平均年龄18.9岁）；二年级2个班级，B1（共38人，3名男生，35名女生，平均年龄19.9岁）和B2（45人，6名男生，39名女生，平均年龄20.1岁）班，B1为"生态化"任务班，B2为自然班；除了对四个班级的整体情况进行调查之外，作者还从四个班级中分别任意选择了1位焦点学生进行跟踪调查，共计4位学生。4位学生的档案如下表4.3：

表4.3 焦点学生档案

姓名	年龄	年级、班级	专业	高中所在地区	性别	CET4成绩
A	18	一年级A1班	日语	某乡镇高中	女	N/A
B	19	一年级A2班	西班牙语	某城市高中	女	N/A
F	21	二年级B1班	俄语	某乡镇高中	女	428
H	20	二年级B2班	日语	某城市高中	女	568

由于该校教务处统一安排CET4和CET6考试，CET4被安排在大学二年级上学期，CET6被安排在大学二年级下学期，因此教学实施研究阶段一年级并没有CET4的成绩参照。从他们的档案可以看出学生来自不同的地区，有的来自乡镇，有的来自城市，而这些学生历史上所就读的高中英语教学水平都不尽相同，因此他们的英语水平和能力势必有差别，在大学英语背景下适应的能力不同，因此作者有意从来自的高中所在的地区上加以区分；另外作者有意选择女性学生为焦点学生，目的是减小性别差异因素上的干扰。

研究还涉及两名授课教师，X老师教授A1和A2班，Y老师教授B1和B2班，因为该校大学英语教师每学期教授两个同年级的学生，因此可以保证同年级的两个班级（"生态化"任务班和自然班）是同一个授课教师。在研究中作者还对两个老师分别进行了长达2个小时的访谈，了解教师对大学英语口语教学的看法，从教师的角度发现的大学英语口语教学存在的问题，以及他们所提出的改革方案。两位教师都是女性，X老师年龄在31岁，大学英语教龄4年，Y老师在32岁，大学英语教龄5年，两位教师的教育背景都是英语语言文学专业硕士学位毕业。

4. 教学设计

上文中作者提到过，在一年级A1班和二年级的B1班两个"生态化"任务班，分别进行了"生态化"APBOPTG的教学，而其他两个班1年级的A2班和二年级的B2班则按照该校传统方式继续实施教学，不做任何变动。A1和B1班在口语教学中加入了学术专题小组口头汇报任务，下文作者将对整个教学设计进行解释。

该校大学英语课只在一、二年级进行，主要授课对象是不同语种专业的以英语为第二外语的本科生；每周共4个学时（2学时读写；2学时听说）。本书只对听说课内容中的口语教学部分进行重点关注。

作者在一年级和二年级上学期阶段选择分别两个班级（一年级分别命名为A1和A2班；二年级分别命名为B1和B2班）。每班有35个学生，授课教师一样，读写课内容安排一样，以教材为主，偶尔老师会用5分钟介绍拓展内容，课上基本无互动；听说课，A1和B1班（"生态化"任务班）

听力内容分别与A2和B2（自然班）完全相同，但在口语方面A2和B2一个学期17周共有3次当堂完成的同桌搭对任务；A1和B1两个班在口语教学安排上，增加了APBOPTG（秦丽莉&戴炜栋2013a）的环节，3人一组（如果多出一人则以4人为一组），但本书重点关注的焦点学生都是3人一组小组中的成员之一；小组作业，以课后准备、课上汇报的形式进行；每组做15分钟左右的口头英语报告任务，每人讲5分钟，脱稿，可以使用PPT辅助；每组汇报后老师进行3分钟点评；每组一个学期共做3次汇报；每个小组的汇报主题根据学生的兴趣选择，一旦选择则三次汇报的内容都以此为主题，这样做的目的是希望学生能够找到自己感兴趣的话题去深入搜集材料，使学生更加投入，而且也可以促进学生在课下更多的进行意义的协商，如对演讲题目、演讲内容、演讲语言的提炼方面，Ellis（1994；1997）曾提出，增加意义协商有助于SLA的发展。这种包含学术专题任务的口语教学安排模式见图4.1：

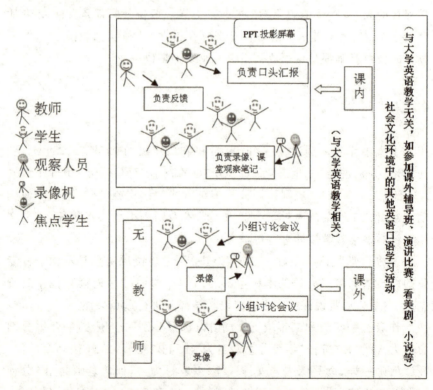

图4.1　A1和B1（"生态化"任务班）以"生态化"APBOPTG任务的口语教学模式图

这样安排教学的主要目的是增加学生课内和课外互动的机会,学生在课内汇报是必须使用英文,但是课外准备时,进行小组讨论的时候由于是课外,因此学生可以自由选择使用汉语或英语,这一点研究中没有特别要求,主要考虑到学生进行讨论时的意义协商(meaning negotiation)的准确性和可理解性。学生在讨论 PPT 文字(要求英文撰写)和汇报演讲稿(要求英文撰写)的内容时会使用英文,也会产生意义的协商,比如商定、讨论究竟选择哪个英文单词表达他们的意思等。学生的英语学习不可能只是局限在与大学英语教学相关方面的课内、课外活动,还包括社会文化背景中其他方面的学习活动。这也被包括在图示中。下面简要说明自然班 A2 和 B2 班的口语教学模式(见下图 4.2)。

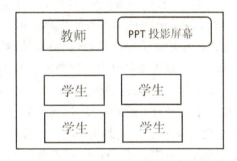

图 4.2　A2 和 B2(自然班)口语教学模式图

从以上两种教学模式中不难看出,"生态化"任务班 A1 和 B1 两个班级的教学模式将课内教学和课外练习相结合,明显是"以学生为中心",教师的角色是"专家",主要对学生的汇报进行反馈,指出学生的不足和优势,使学生能够正确地认识自己小组的作业完成质量。而常规的 A2 和 B2 两个班级则在口语教学中,明显是"教师为中心"的教学,教师只会偶尔在课内安排与同桌进行的搭对口语练习互动任务,当堂完成,这一项教学环节时间在 10~15 分钟左右,基本上只有 2~3 对学生会在座位上(而不是在讲台上)展示,教师在之后只进行简短的评语,如"OK, good, thank you, anyone else?"或者"thank you for your idea, that's great"等是教师与学生之间的典型互动,并没有对学生具体的表现和不足进行反馈和指导;偶尔还会提问学生让学生用英文回答问题;其实更多的时间是用于听力练习,由教师播放多媒体资料,学生听,然后回答老师的问题而已。基本不会留给学生任何促进学生下课之后相互互动的练习和任务,又因为该校的大学英语学生来自不同语种的院系班级,平时不是很熟悉,所以学生下课之后几乎没有交流,学习英语方面的互动更是寥寥无几,因此也没有有助于拓展课外学习的教学模式存在。

下文将对以上阐述中提到的不同的研究方法进行逐一说明。

5. SCT常用研究方法述介

5.1 学习历史叙事文本和周志文本分析

Vygotsky认为如果希望解读心理功能系统,必须理解活动的形成(例如活动的历史,1978)。Vygotsky认为所有的现象之间彼此相关,他认为人类活动是发生在文化背景之下的,所以从历史发展的视角展开研究是理解现象的最佳办法。从SCT视角对个人发展的研究主要从"围绕个体具体的历史背景开始着手(Leontiev, 1981; Wertsch, 1994),需要在个体和学习环境之间的实际互动过程中展开研究,进而了解在这一过程中发生的具体变化,发生变化的具体条件以及由变化产生的发展性结果。"(p.9)因此对L2学习状况的研究一定要从L2的学习历史经历开始着手。

近年来,个人叙事法越来越受到不同领域学者的关注。如文化心理学、人类学、教育学都指出了叙事性和人类意识之间的关系。因此,SLA领域也开始采用这一方法。如Pavlenko & Lantolf(2000)通过成功的双语学习者个体的回忆录对身份和能动性进行了研究,这促使作者重新审视L2语言学习者的定义。叙事(narrative)方法在外语研究中越来越受欢迎(Barkhuizen, 2011, 2013; Benson et al., 2012; Pavlenko, 2007; Yamaguchi, 2011等)。叙事性(narrativity)在构建人类的生活和身份中扮演重要的角色,通过叙述经历为我们的经历赋予意义,叙事文本在描述我们的经历的时候,包括了这些经历构建过程中所处的社会的、文化的和历史的背景。叙事文本被视为个人经历的故事(Denzin, 1989),主要调查学习经历对学习者的意义的和学习者在时间和空间上使用目的语的意义。学习经历的叙述包括课内的和课外的,Barkhuizen(2011)认为语言经历的叙事文本体现了学习者语言学习过程的动态的、社会文化特征,叙事中包括了学习者与FL学习相关的生活实践和从不同角度构建的外语学习者的身份,因此我们可以通过对外语学习的叙事文本了解外语学习者的主观性(subjectivity),找出与外语学习相关的积极因素。Pavlenko(2007)曾指出,叙事文本有多种类型,有口语的、书面的和视频数据。本书的数据是书面的和口语的同时采集。

进一步探索,巴赫金的对话理论(dialogic)视角能够支持作者将叙事文本和社会行为相关联的观点。在巴赫金看来,行为和对行为的解释是统一的,是事件和其意义的统一,它们之间的关系并不是先验的(priori),而是无论何时,总是需要构建的(Bakhtin, 1981)。Scollon(2001:1)也支持社会行动和话语(discourse)之间存在着复杂的相关性。本书中对学生英语学习历史的叙事文本(在学期初每位焦点学生要求撰写500字左右的文本叙述自己英语学习的经历)进行了搜集和分析,学习历史分以下几个阶段:大学之前(包括小学、初中和高中的英语学习经历)、大学一年级(分为上学期和下学期)、大学二年级上学期(不包括下学期的原因之一是本书的实施阶段就到这一学期为止)。除了撰写书面ELH(English learning history)叙事文本(500字左右)之外,焦点生每周上交一份300字左右的周志描述一周的ELH,内容包括时间上(过去/当前)和空间上(课内/课外)的不同经历。在教学任务实施阶段作者采用周志的形式调查,描述一周之内英语学习相关的经历。详情请见表4.4:

表4.4 学习历史叙事文本和周志文本数据搜集内容一览表

学习历史包含时间段 研究对象	小学	初中	高中	大学一年级上学期	大学一年级下学期	大学二年级上学期	学习历史叙事包含内容	周志包含内容
大学一年级学生	√	√	√	√	N/A	N/A	大学之前:(1)学生使用英语学习资源情况,如英语原版书籍、网络、杂志;(2)学生参与与英语学习相关的社会活动	大学一年级上学期,每周撰写300字左右的学习历史叙事周志,场景分为课内和课外两个方面。

续表

学习历史包含时间段 / 研究对象	小学	初中	高中	大学一年级上学期	大学一年级下学期	大学二年级上学期	学习历史叙事包含内容	周志包含内容
调查方法	英语学习历史叙事文本（500字左右/篇）			周志（300字左右/篇）	N/A	N/A	情况（如参加英语辅导班、英语演讲比赛、英语戏剧表演等、或与同学、教师、朋友等人的互动学习情况）；(3)与其他社会成员，如家长等人的互动情况；(4)学生对课堂教学内容的感受，如教材、教学方法等；(5)学生对自己过去英语水平的评价；(6)学生是否有出国经历（是：则描述出国的经历，和对自身的影响；否，则说明是否有愿望出国，原因是什么）	(1)学生使用英语学习资源情况，如英语原版书籍、网络、杂志；(2)学生参与与英语学习相关的社会活动情况（如英语辅导班、英语演讲比赛、英语戏剧表演等、与同学、教师、朋友等人的互动学习情况）；(3)与其他社会成员，如家长等人的互动情况；(4)学生对课堂教学内容的感受，如教材、教学方法等；(5)学生对目前自己英语水平的评价
调查内容	大学之前英语学习历史和经历			教学任务实施阶段	N/A	N/A		
大学二年级学生	√	√	√	√	√	√	分别说明大学之前，大学一年级上学期和下学期的情况，内容同上	大学二年级上学期，每周撰写300字左右的学习历史叙事周志，内容同上
调查方法	英语学习历史叙事文本（500字左右）				周志（300字左右/篇）			
调查内容	大学之前和一年级上下学期以及二年级上学期英语学习历史和经历				教学任务实施阶段，每周的学习经历			

5.2 民族志

民族志研究一直以来都作为分析语言学习者学习行为的重要研究方法,适合于研究教师与学生的互动,学生与其他社会成员的互动,学生的自我调节等其他量化测试无法调查的关于学习和社会互动方面的研究。在 SLA 领域,量化研究只能提供某一目的语的最终习得情况,但是无法详细的描述和解释学习过程。民族志研究的目标是描述性和解释性的说明人们在某个情境下做了什么,他们的互动结果是什么,以及他们对自己所做的事情的理解。民族志研究以整体的视角出发,认为行为或者互动的不同方面,在整体学习、教学和语言课堂中应该得到解释,将语言学习作为社会化的过程而不是习得过程进行研究。民族志方法已经被广泛地应用于以课堂为基础的 SLA 研究用以分析和搜集数据(van Lier, 1988)。它作为一种科学研究方法,谨慎对待事件的复杂性,而非如简化主义(reductionism)那样将习得现象尽量简化,假设一些内容不变展开研究。相反它致力于本着事实情况,探索现象的复杂性、动态性和不可预测性,因为学习个体不断地对周围其他个体的行为做出反应(Larsen-Freeman, 1997:143)。民族志研究关注某个特定的社区中自然发生、不断变化的情境中,参与日常活动成员的行为(包括语言行为),其目的是提供详细的描述(thick description),或以"描述—说明—解释"的模式说明该社区或者该社区成员生活的不同方面,即融合了本体的(emic)视角(或者说是与具体社会文化模式相关的解读,为该社区成员的经历赋予意义);也融合了异位(etic)视角(根据某个学术理论框架、概念和研究者的研究领域决定)。民族志法的详细描述通过不同的方式实现。首先,民族志法是一种整体观的视角(holistic),也就是说,语言行为被置于社会文化背景下展开调查,毕竟人们在社会文化背景中输出语言,而且这些语言行为通过学习者所归属的、与整个社会文化系统的关系解读。其次,民族志方法涉及对调查的社区长期的、综合性的田野调查(fieldwork),这要求作者融入该社区,与被调查者建立信任,不断的观察发生在该社区的现象,以便正确的解读。第三,民族志方法涉及三角论证式调查,即多重方法相结合的特征,通常可以通过不同的技术搜集数据:如非参与性课堂观察、田野笔记(如听课笔记)、录音、录像、访谈等。本书对学生的访谈采用了录音的形式搜集数据,而对学生课堂的表现,以及课外准备学术小组作业的状况采用了录像的形式搜集数据。在解读这些数据时,这种三角模式(Triangulation)搜集的数据,构成了对事件、行动和现象进行详细描述(thick description)的基础,构成了描述现象的不同层面,因而增加了研究的信度和效度。而对民族志法搜集的数据的分析,通常是通过文本分析展开,而非数字型数据的分析,其研究属于纵深性的(longitudinal)研究,本书就分别对一年级的两个班级和二年级的两个班级的学生进行了为期16周的民族志调查,即包括课堂内观察学生上课的情况,也包括课堂外跟踪学生准备小组作业的情况;并分别进行录像搜集数据(下文将对录像搜集数据在本书中发挥的作用进行详细描述)。传统的教学任务研究特点是将现象的一部分从现象的背景中剥离开来进行研究。但以课堂为基础的民族志研究无异于对人类其他现象的研究,也是一个复杂的系统,研究本身由其中不同的因素相互交叉构成,影响着并被其他因素所影响。采用民族志方法的学者们认为,学习应该是不断持续的在个人知识和集体知识之间打破界限、重新协商的过程,每个个体的学习都是一个复杂系统,在一定的社会文化背景下与他人的系统不断交换"能量、物质和信息",在这一过程中,既影响了自己,也影响了周围的环境。

因此,民族志研究主要关注SLA涉及社区的社会文化背景因素,根据这些因素如何影响SLA展开调查,目的并不是对某一现象、事件或者行动进行泛化式或者是概括式(generalization)的总结,而是对该社区成员个体的个性化、特殊属性进行描述。因此本书除了对整体大学英语学生口语学习情况进行调查之外,还对焦点学生进行了个案调查,对它们的英语学习行为加以描述和解读。但是为了补偿这种质化研究不足,作者也在研究中增加了量化研究的部分,详见下文。

5.2.1 录像

近年来越来越多的SLA学者,尤其是在SCT框架下进行相关研究,有的在课堂内展开,有的在课堂外自然状况下展开,或如本书一样,在两种情境下同时展开研究。通常采用质性研究方法和方式比较多,如民族志法。这种研究通常会采用录像和录音的形式在自然的背景下采集数据。那么关于录像方法在SLA的应用理论和方法问题下文将进行简要概述。

很多SLA研究通过民族志法研究时,需要对学习者的话语进行微观分析,或者是语言的输入,以及与目的语本族人进行交流的情况,或者学习者与教师之间的交流等。为了迎合社会文化背景下的SLA的过程研究,需要通过录像或者录音搜集这些数据。在民族志研究中采用录像的方法有很多优势,其中之一是数据的真实性和可靠性,研究中致力于寻求真实的情境和真实的活动。录像搜集的数据能够为我们提供情境化的真实数据,可以让我们了解活动参与人当时采取的行动和场景,以及这些活动本身的性质。而这些信息如果单靠田野笔记进行记录的话,势必会遗漏很多内容。录像数据的另一个优势在于其永久性(permanence),这使研究人员能够重复的播放,反复深入的分析。当然录像数据也有它自己的局限性,就是它无法记录被试没有表达的思想和情感,但是这些内容可以通过其他研究方式进行弥补,因此录像数据还可以在事后重复播放给被试者,然后作者根据数据的某一个部分对被试提问,获得对数据的真实解释。总之,在民族志研究范式下,录像方法采集的数据能够准确地记录当时场景下发生的活动和学习者采取的行动,以及学习者的语言输出和彼此之间的意义协商,符合本书内容。因此作者采用了录像的方式对学生的课内表现和课外学生准备小组作业的情况进行了录像数据的采集。

5.2.2 访谈

作者对大学英语学生进行了访谈,访谈形式是半开放式的,所谓半开放式访谈,即研究人员事先准备好访谈问题大纲,但是访谈过程中会根据受访者的回答,做进一步咨询,而不仅仅是按照访谈问题大纲进行。换言之,半开放式访谈结合了封闭式访谈(严格按照访谈问题访谈)和开放式访谈(没有任何问题导向的访谈)两种形式,即减少了封闭式访谈的局限性,又增加了开放式访谈的导向性。通常被学者们认为是一种信度和效度比较高的访谈形式。

Ratner(2002)认为半开放式的访谈相对更加适合深度调查复杂的人类心理问题,而且半开放式的访谈,可以按照调查者的引导问题进行访谈,同时也可以根据受试者的回答对某个导向问题进行进一步提问探索,这样对访谈有导向作用,又不至于过于局限于作者的问题内容,因此访谈内容相对的信度和效度比较高(秦丽莉&戴炜栋,2013b)。访谈问卷一共分为两部分:第一部分为访谈者信息调查;第二部分分别对英语学习者动机、学习者英语语学习经历、学习者自主学习、学习能动的行为(agentic actions)、英语学习环境的给养状况进行调查。访谈的问题主要根据学生的学习历史叙事文本中提取主题制作而成。比如,如果学生在叙事文本中提出"高中时候我的英语老师对我很关注还时常鼓励我,因此我特别喜欢学习英语,成绩也一直不错",那么在访谈中作者就会根据教师对学习的影响这一meaning unit(MU),改编成"您对高中时的英语老师有何评价?或请描述一下您的高中英语老师",不难发现,作者在访谈中去除了感情色彩的信息,尽量做到客观(Ratner, 2002)。每个同学的访谈大约1个小时,让受试者能够充分的谈自己的英语学习相关情况,访谈内容全部录音,并转写成文本作为研究分析数据。

对教师的访谈中作者则选择了开放式的访谈,主要原因是开放式的访谈,能够使教师充分表达自己的见解和看法,而不受作者问题的干扰。作者只提问比较笼统的问题,比如"您对大学英语口语教学的看法如何?"而不做任何评价,只是聆听教师的回答,然后根据教师的回答进行进一步引导性的提问,但是引导性的提问也没有任何评价性的内容,尽量做到无导向性的(undirectionality),如"您认为为什么会是这样?"等。并为访谈进行录音,之后进行访谈文本分析。

对访谈文本的分析,本书采用意义单位(MU)的形式。Ratner(2002)认为"在文本分析时,文本意义单位的选取必须能够保证受试者表达的心理想法的完整性,既不能把整体意义分成无意义的只言片语,也不能把某一意义单位与表达其他想法的意义单位混淆在一起"(p.169)。这种分析方法不同于传统的以单词、句子、段落为单位的文本分析,而是在分析数据的时候,只要受试者突显出对同一话题进行谈论(如:学习英语的主要动机是为了找到好的工作),而且没有转移话题,那么这一段话就被看作是一个意义单位。文本分析的意义单位,并不是事先设定好的,而是通过反复研究访谈文本加以分析得出,因此最大限度的保证数据分析的效度和信度。

5.2.3 非参与性课堂观察(non-participation classroom observation)

Good & Brophy(2000:337)认为"课堂观察的作用是描述课堂上发生的活动,主要目的是为教师详细描述教学实践中产生的实际问题,借以指导教学"。因此本书观察了口语课的教学全过程,对一年级的两个班和二年级的两个班的教学分别进行了16周的跟踪观察。课堂观察的主要内容包括学生在课堂上的表现(如参与互动的情况)、教学内容、教学方法、学生的口语作业表现情况等。希望通过观察课堂找出与大学英语学习动机、能动性、LA状况和环境EA被学生转化的情况相关的问题。

5.3 问卷调查

本书的问卷调查以likert-type五级量表的形式呈现。问卷设计按照Schaeffer & Dykema(2011)的模式,从分析访谈文本中产生问卷的问题。其主要模式框架是先对研究对象进行访谈,然后从访谈文本中提取主题或者MU,作为问卷的基本问题(通常以多项选择或者Likert-type的形式呈现)。本书为了提高问卷的信度和效度,还对问卷进行了先导测试,并进行了因子分析降维技术处理整合问题,确定最终实证调查采用的问卷。为了得到信度较高的问卷,在先导研究中,作者分别在教学任务实施之前一个学期,从大学一年级和二年级分别任意选择10个学生,共计20个学生进行访谈。访谈内容主要是四大维度,分别为:大学英语学习动机(请说说你为什么要学习英语?)、学习者能动性(大学英语学习对您来说意味着什么?您都采取什么行动学习英语,包括课内和课外)、学习环境给养状况(在大学英语学习方面,课内和课外您都使用了哪些学习资源、与哪些人进行互动以及参与了哪些与大学英语学习相关的社会活动?您对这些资源和互动机会有何评价)以及LA(您对自己的英语水平和能力有何评价,学习目标是什么?你会监督自己的英语学习吗?)。访谈的形式是半开放式的,然后根据学习者的回答进行深入的探讨。Ratner(2002)认为半开放式的访谈相对更加适合深度调查复杂的人类心理问题,不仅能按照调查者引导的问题进行访谈,还可根据受试者的回答对问题进一步提问探索,不至局限于研究问题的内容,因此信度和效度比较高。问卷的所有问题都以5级量表提示(1=非常不认同~5=非常认同)。根据访谈录音文本的MU分析,共计设计出139个问题。问卷整体分为两个部分,其中第一部分为个人信息,第二部分为五级量表测试部分。先导研究中,作者共计在一、二年级任意发放了1200份问卷,回收1008份问卷,去除无效问卷,共收集有效问卷919份(有效问卷回收率76.58%)然后对回收后的问卷数据进行因子分析。具体情况如下:

第一次因子分析得出KMO和Bartlett检验指数为.891,sig=.000<.05,说明问卷适合因子分析,在特征值为1的情况下,去除因子负荷值在0.5以下的项,共抽取20个因子,累计方差61.095%,属合理范围内。对问卷整合后,进行第二次因子分析,得出新的问卷KMO和Bartlett指数为.881,sig=.000<.05,说明整合后的问卷适合因子分析,共抽取19个因子,累计方差率为60.311%,在合理的范围内,可以应用于研究调查(详见表4.5和4.6)。

表4.5 问卷因子分析结果

KMO 和 Bartlett 的检验

取样足够度的 Kaiser-Meyer-Olkin 度量。		.881
Bartlett 的球形度检验	近似卡方	22112.636
	df	2485
	Sig.	.000

解释的总方差

成份	初始特征值			提取平方和载入			旋转平方和载入		
	合计	方差的%	累积%	合计	方差的%	累积%	合计	方差的%	累积%
1	9.950	14.014	14.014	9.950	14.014	14.014	5.235	7.374	7.374
2	6.293	8.864	22.878	6.293	8.864	22.878	3.114	4.385	11.759
3	3.923	5.525	28.403	3.923	5.525	28.403	3.019	4.253	16.011
4	2.430	3.422	31.826	2.430	3.422	31.826	2.960	4.170	20.181
5	1.963	2.765	34.591	1.963	2.765	34.591	2.733	3.848	24.029
6	1.774	2.498	37.089	1.774	2.498	37.089	2.733	3.847	27.876
7	1.721	2.424	39.513	1.721	2.424	39.513	2.645	3.726	31.602
8	1.579	2.224	41.737	1.579	2.224	41.737	2.450	3.451	35.053
9	1.514	2.132	43.869	1.514	2.132	43.869	2.075	2.922	37.975

续表

成份	初始特征值			提取平方和载入			旋转平方和载入		
	合计	方差的%	累积%	合计	方差的%	累积%	合计	方差的%	累积%
10	1.362	1.918	45.787	1.362	1.918	45.787	2.062	2.904	40.878
11	1.319	1.858	47.644	1.319	1.858	47.644	1.764	2.485	43.363
12	1.257	1.770	49.414	1.257	1.770	49.414	1.752	2.468	45.831
13	1.207	1.700	51.114	1.207	1.700	51.114	1.622	2.284	48.116
14	1.190	1.676	52.790	1.190	1.676	52.790	1.617	2.278	50.393
15	1.119	1.575	54.366	1.119	1.575	54.366	1.615	2.275	52.669
16	1.111	1.565	55.931	1.111	1.565	55.931	1.541	2.171	54.839
17	1.058	1.491	57.422	1.058	1.491	57.422	1.441	2.029	56.868
18	1.051	1.480	58.902	1.051	1.480	58.902	1.309	1.844	58.712
19	1.001	1.409	60.311	1.001	1.409	60.311	1.135	1.599	60.311
20	0.944	1.329	61.640						
21	0.941	1.325	62.965						
22	0.878	1.236	64.202						
23	0.867	1.222	65.423						
24	0.844	1.188	66.612						
25	0.828	1.167	67.778						
26	0.809	1.139	68.918						
27	0.766	1.079	69.997						
28	0.759	1.069	71.066						
29	0.743	1.047	72.113						
30	0.725	1.022	73.134						
31	0.699	0.985	74.119						
32	0.688	0.970	75.089						
33	0.672	0.947	76.036						
34	0.665	0.937	76.972						
35	0.653	0.920	77.892						
36	0.639	0.901	78.793						

续表

成份	初始特征值			提取平方和载入			旋转平方和载入		
	合计	方差的%	累积%	合计	方差的%	累积%	合计	方差的%	累积%
37	0.632	0.889	79.682						
38	0.617	0.869	80.551						
39	0.606	0.854	81.405						
40	0.589	0.829	82.234						
41	0.579	0.816	83.050						
42	0.566	0.798	83.848						
43	0.553	0.779	84.627						
44	0.526	0.741	85.367						
45	0.521	0.734	86.101						
46	0.514	0.723	86.824						
47	0.499	0.703	87.527						
48	0.484	0.681	88.209						
49	0.475	0.669	88.878						
50	0.468	0.660	89.538						
51	0.464	0.653	90.191						
52	0.454	0.639	90.830						
53	0.440	0.620	91.450						
54	0.434	0.612	92.062						
55	0.418	0.589	92.651						
56	0.410	0.578	93.229						
57	0.399	0.562	93.791						
58	0.381	0.537	94.328						
59	0.375	0.528	94.856						
60	0.356	0.502	95.358						
61	0.354	0.498	95.856						
62	0.346	0.487	96.343						
63	0.337	0.475	96.818						

续表

成份	初始特征值			提取平方和载入			旋转平方和载入		
	合计	方差的%	累积%	合计	方差的%	累积%	合计	方差的%	累积%
64	0.330	0.465	97.283						
65	0.310	0.437	97.720						
66	0.300	0.423	98.143						
67	0.297	0.418	98.561						
68	0.282	0.398	98.958						
69	0.269	0.378	99.337						
70	0.256	0.360	99.697						
71	0.215	0.303	100.000						

提取方法：主成份分析。

作者对19个因子进行了整理分析后，共整理出四个维度，分别为动机(21个问题)、能动性(24个问题)；其中课内学习能动性14个问题、课外10个问题、学习环境给养状况(14个问题)；其中课内调查9个问题，课外调查5个问题)和LA调查(8个问题)，共计67个问题。问卷的Cronbach's Alpha指数为.882，可信度较合理。因此作者认为本问卷适用于本书中的实验调查分析中。详见本书附录。

表4.6 可靠性统计结果

Cronbach's Alpha	基于标准化项的Cronbachs Alpha	项数
.882	.894	67

经过以上分析后作者将整合的问卷应用于实验调查中一年级的"生态化"任务班和自然班[①]以及二年级的"生态化"任务班和自然班，共计4个班级中，进行前、后测的分析。

---

① 研究中生态化的理念之一是"自然"，学生汇报的内容主题是学生自选的，因此我们没有对学生的任务内容、形式等变量进行严格的控制，也没有把"生态化"任务班和自然班作为参照班和实验班，而将他们作为"生态化"任务班和自然班(自然班，即没有加入"生态化"任务的班级，反之，即为"生态化"任务班)。

6. 实证案例分析采用的分析工具

6.1 对叙事文本的分析

Pavlenko(2007)、Barkhuizen(2011)认为可以采用从内容中提取主题的方式进行分析,这样可以对叙事的主题顺序、进展、转变和分析进行关注,从整体的视角解读文本。文本以整体的形式分析,从中提出主题和内容的中心,然后加以解释。Denzin(1978)也提出了类似的观点,在文本的分析的过程中,以 MU 为主,只要被试持续的对一个主题进行阐述,就将此视为一个 MU,在提取 MU(主题)进行文本分析时,MU 的选取必须保证表达受试者心理想法的完整性,既不能把整体意义分成无意义的只言片语,也不能把某一 MU 与表达其他意义的 MU 混淆在一起(Denzin, 1978;秦丽莉 & 戴炜栋, 2013b)。采用这种分析方法的好处在于,研究人员可以系统的梳理数据,从时间结构和认知方面对语言学习过程进行分析。数据分析中作者从同学的英语学习经历中,课内和课外的不同时间段、不同地点分析。在数据梳理过程中,作者将文本内容一共分几个层次:学习者主观的立场和英语学习过程的行为,其对不同环境因素赋予的意义,以及学习者在学习过程中浮现出的 FLL(foreign language learning)身份。最后作者将这些数据与学习者的能动性相关联,这些都是构建学习者 FLL 学习过程的关键点。

为了避免数据分析中加入作者主观的价值观,作者将最后数据分析后提取的主题内容,制作成访谈问卷,与被试对象进行交谈,但是交谈之前和交谈过程中学习者并不知道,这些问题是根据自己的撰写内容整理的。作者也尽量回避使用主观评论的方式提问,主要是对某一主题抛出简单的提问,然后听取学习者的看法和想法。如作者会问"您对英语学习有什么感受?"而不是"您讨厌英语学习,是吗?"显然后者的提问加入了作者根据文本分析主观判断的内容的词汇"讨厌",因此作者在研究中对此进行特殊回避(Schwant, 2000)。因此在对文本数据进行分析时作者尽量做到客观,增加数据的信度和效度。

6.2 问卷调查和口语测试分析工具

本书案例中的问卷的分析主要有两个方面：首先是对初始问卷的因子分析部分，作者主要采用SPSS19.0因子分析和相关分析技术对数据进行处理；之后，整合成最终研究问卷后，在研究阶段使用时作者还采用了独立样本t检验、配对样本t检验、方差分析技术，对比"生态化"任务班和自然班前测与后测不同变量的数据。对于口语测试成绩方面，作者采用的分析方法也是SPSS19.0的独立样本t检验、配对样本t检验和方差分析技术等。对于口语成绩与其他变量（如能动性、LA、动机、转化给养能力方面）之间的关系，作者主要采用的是SPSS19.0相关分析技术。具体数据分析方法请见表4.7：

表4.7 问卷调查数据分析过程一览表

研究阶段	研究内容	SPSS分析技术	目的
先导研究阶段	初始问卷	因子分析	处理后生成研究问卷
研究实施阶段	研究问卷	独立样本t检验、配对样本t检验、方差分析	分别对比一、二年级"生态化"任务班和自然班的数据前测和后测的数据
研究实施阶段	口试成绩	独立样本t检验、配对样本t检验、方差分析	分别对比一、二年级"生态化"任务班和自然班前测和后测的数据
数据分析解读	口语成绩和问卷中动机、能动性、LA和给养转化状况的得分	相关分析	找出学生学习动机、能动性、LA和给养转化状况与学生口语成绩的相关性

本章首先对实证调查内容进行了具体说明，并对不同研究内容分别采用的SCT研究方法做出了简要陈述；之后对"四维立体"研究的整体数据搜集过程、研究对象、教学任务设计、具体采用的研究方法（如学习历史陈述、周志、民族志、访谈、非参与性课堂观察、录像、调查问卷等）的定义，以及研究对象、研究背景和分析工具进行了详细的说明，论证了本书实证案例中采用具体研究方法的原因和合理性。

第五章　SCT视角下中国大学英语学习状况实证数据描述与解析

由于本书采纳的实证研究案例是典型的民族志研究，研究搜集数据涉及很多方面，因此作者将根据第一章第5小节提到的当前大学英语教学亟待解决的五个方面的问题，通过实证案例数据分别陈述大学英语教学和学习情况、学生在课内外进行的意义协商情况、一二年级"生态化"任务班和自然班在口试前测和后测的成绩、学生在问卷调查中获得的动机、能动性、自主能力和给养状况得分数据进行对比分析；然后从质化研究角度具体描述学生的学习动机、能动性、LA和从学习环境中转化给养状况的变化，以及这些状况发生变化的深层原因。

1. 大学英语口语环境给养现状

为了了解大学英语口语环境给养状况如何，实证研究主要采用了民族志、课堂观察、学生访谈、教师访谈、教学大纲分析、学生学习历史和周志文本分析相结合的三角论证方式进行整理。调查结果如下：

作者从开学第1周至第15周，对四个班级课堂上课情况进行了观察。在叙述课堂观察数据之前，需要描述一下该学校大学英语课程具体安排情况。该校大学英语课只在一、二年级进行，主要授课对象是不同语种专业的以英语为第二外语的本科生；每周共4个学时(2学时读写;2学时听说)。本书只对听说课内容中的口语教学部分进行重点关注，即作者只观察听说课部分,读写部分由于研究容量问题,暂不做陈述,将在未来的研究中加以关注。此外为了减少教师方面的变量,一年级"生态化"任务班和自然班是同一位教师 X;二年级"生态化"任务班和自然班也是同一位教师 Y。下文将对课堂观察笔记摘要按照班级进行简单陈述。

(1) 一、二年级自然班课堂观察教学情况结果与讨论

根据课堂观察和录像数据,一、二年级的自然班中是传统的听说课程教学,虽然名为"听说课",其实主要是教师用教材配套的光碟,借用多媒体播放,学生在课堂上当堂做听力练习,然后老师提问学生说明答案,偶尔会问学生为什么选择该答案,但是每次提问时,学生与教师之间用英语的交流时间基本在 1 分钟以下。课堂观察笔记记录和课堂观察录像记录情况如下:

  1 老师:What is the answer to question 4 please? Anyone? ……(环视四周,等待 3 秒)No one? ……(等待 3 秒后,教师翻开点名册)OK, Miss ***①, please?

  2 Miss ***:B(***学生从座位上喊出)

  3 老师:B? Good, thank you. Could you tell us why?

  4 Miss ***:(学生起立) eh……(翻看原题答案,试图翻看书后的听力原文,停顿 5 秒后), I think because just now I heard "tsunami".

  5 老师:Great, thank you. Sit down, please. Can anyone tell me the detailed reasons?(全班学生低头不语)

  6 老师:OK, now I give you 5 minutes to talk about it with your desk mate. Please, go.

  注:根据录像这段交流一共耗时 38.96 秒

(第二周一年级自然班口语课课堂观察录像)

接下来学生开始彼此交流,但是据观察员和课堂录像的记录,学生大部分的时间在用汉语交流,而且从离摄像机比较近的两个学生的声音辨析来看,学生讨论的并不是老师要求做的内容,而是课外活动的内容。

---

① 学生真实姓名被隐去,***表示是一名女同学,该同学是随机选择的,不是本书后文提到的 4 个主要焦点学生之一。

还有的学生则直接把教材翻到听力原文的部分,看了答案之后等待老师说时间停止,找人回答。接下来……

  1 老师:OK, time is up. Now can anyone answer why it is B?(等待3秒)

  学生继续保持沉默不语,老师走回讲桌看点名册。

  2 老师:OK, Mr. ****①, please.

  3 Mr. ****:(看着听力原文低头朗读)"The tsunami makes people homeless."

  4 老师:OK, thank you. Please, next time, answer in your own words.

  5 Mr. ****:嗯。(笑,随后坐下)

  注:根据录像这段交流一共耗时21.09秒

  (第二周一年级自然班口语课课堂观察录像)

二年级自然班课堂上课情况图片采集资料

(因肖像权问题对照片进行了模糊化处理)

图5.1 自然班上课资料照片

---

① 学生真实姓名被隐去,****表示是一名男同学,该同学也是随机选择的,不是本书后文提到的4个主要焦点学生之一。

从学生和教师的交流中可以明显看出,学生们处于非常消极的状态,而老师在努力地带动学生参与到她设定的口语练习中(即根据听力内容回答和讨论相关内容),但学生基本都是被动地参加。

同样在二年级自然班的课堂观察笔记中作者也找到了类似的情况,这里不再赘述,但是二年级自然班学生的课堂听课效果和参与学生活动的情况更差。由于观察的时期是在学生二年级上学期进行的,学生在二年级上学期主要准备参加六级考试,而且学生不准备参加口语测试,因此失去了参加口语考试这一主要带动学习大学英语学习动机的因素[①],英语口语学习的积极性更低,因此课堂上睡觉和玩手机的人比较多。教师虽然对此有所注意,但是只是按照教学大纲要求,进行正常的教学(基本"无视"下面学生的情况),并没有进行其他教学环节的设计。

所以对于自然班来说,从课堂观察情况来看,作者发现有必要对教学环节进行全新的设计,才能真正调动学生参与英语口语练习的互动活动,但是如果不能对教学大纲进行调整,并作出具体的要求,似乎教师也不会刻意地注意教学设计的问题,只是全心全意地把应该完成的教学任务完成即可,就算是发生了如上文描述的情况,教师也不会去寻求解决办法,因为大纲中并没有要求每个学生课内一定要完成什么具体的口语任务才会给打什么分数,也没有要求教师一定要展开多长时间,能够调动学生参与口语互动活动的环节,因此在一、二年级的自然班,作者所见到的教师虽然似乎是积极地教学,却消极地对待教学环节有效性的问题,而学生则基本上是消极地配合参与课内的口语互动活动,因为教师并没有对学生进行具体的要求。这种教学的严重后果就是"听说课"最后变成了"听力课",根据后期一、二年级自然班的课堂观察录像,作者发现后面的课程基本上就是听力课程,口语部分几乎是没有。

对于这一问题,作者也对一年级的 X 教师和二年级的 Y 教师进行了访谈。X 教师提到:

> 其实我在上自然班的课时,特别希望能够调动学生的积极性,但是学生们的反应非常不配合,我也没办法。这些学生都是 No test, no learning. 我们老师基本也是 No requirement, no teaching 的。

[①] 具体情况请参见本章关于大学英语学习动机的结果和讨论。

没有办法,其他的老师可能也都差不多"

注:X教师访谈(研究实施阶段第三周)

而Y教师是这样回答的:

> 我可以明显看出"生态化"任务班的学生积极的做口语练习,但是自然班的就没有那么积极的,两个班对比非常明显,我觉得还是把要求做到位比较好。一开学就告诉学生有口语练习任务而且打分,学生基本会配合,因为要算入期末总成绩。但是自然班学生就不觉得有什么,因为口语只在期末口语考试中的要求体现出来,其他平时没有任何要求,所以他们只要来上课就好。我觉得写在教学大纲里面,做好具体的要求,这样学生就有积极性,教师也不会苦恼学生不配合的问题,这样口语课也就能够生动起来。

注:Y教师访谈(研究实施阶段第三周)

所以可以了解到,教师其实对口语教学的现状比较担忧,也意识到了口语教学中存在的普遍问题,但是苦于没有"政策"(大纲)要求,因此也"无从下手",或者说教师也觉得"没必要自找麻烦"。显然,教师和学生都需要具体的大纲要求"鼓励"他们进行相关的教学和学习。

(2) 大学英语教学大纲分析结果与讨论

在一、二年级的"生态化"任务班中一、二年级"生态化"任务班从开学伊始教师即告知学生会在教学中加入口语强化训练内容,即三人小组作业部分,而且研究人员将这部分内容写入一二年级"生态化"任务班的教学大纲中,自然班的教学大纲各部分考核指标和"生态化"任务班教学大纲各部分考核指标对比如下表5.1。

表5.1 一、二年级自然班与"生态化"任务班教学大纲期末成绩考核指标对比

一、二年级自然班	作文10%	平时单词小考10%	课堂表现10%(主要看出席率)	期末口语考试10%	期末试卷成绩60%
一、二年级"生态化"任务班	作文5%	平时的单词小考5%	课堂出席率5%	口语小组作业成绩25%	期末试卷成绩60%

从表中的对比可以看出，口语成绩的要求更加细化了，而且比例上升了15%，总计25%，这无疑会对学生的积极性有很大的刺激作用。开学伊始教师便告知一、二年级"生态化"任务班学期内新的考核要求，学生得知之后虽然觉得有压力，但是由于是口语强化练习，比较符合学生的具体需求，因此学生基本表示欢迎。老师布置的小组学术专题汇报任务的主题也是由学生根据教材上各个章节的内容选择喜欢的主题，对该主题进行一个学期三次的汇报，使学生能够就某一话题形成学术性口语汇报的能力①，另外将教材内不同单元的内容作为选题内容，主要也是结合作者将课内和课外英语学习相结合的初衷，这样学生在读写课上学到的课文语言内容，如单词和知识等，也可以应用到汇报中。学生们虽然觉得有挑战，但是表示都会努力参与训练。本书中阐述的实证研究中的三轮任务，首先是根据学生的兴趣选择汇报内容，如有的学生选择以读书为主题，选择汇报《简·爱》这本书为题目，那么学生第一次的任务说的是《简·爱》的人物和故事梗概介绍；第二次则可能说明这本书为什么会成为经久不衰的名著等更深层次的解读；而到了第三次该组学生则可能会汇报《简·爱》与同类书籍之间的对比评价。这样安排的目的是希望学生能够不断的使用英语对所研究的主题相关内容进行意义协商（meaning negotiation），借以促进学生与学生、学生与教师、学生与社会文化背景中的文化产物等方面的相互调节和互动，促进语言学习。

（3）一二年级"生态化"任务班和自然班课内外民族志跟踪观察调查互动协商情况结果对比分析与讨论

a. 课内外互动情况

一年级"生态化"任务班全班有32个学生，共分成11个组，其中有一个组有2名学生；二年级"生态化"任务班有33名学生，也分成11个组。去掉16、17周分别是复习周和考试周，作者共计观察了15周的口语课堂教学状况，并做了观察笔记。每次口语课上进行口头汇报的小组有3—5个，每组汇报之后教师都会直接用5分钟的时间进行反馈，目的是使学生在后面的两轮学术专题汇报中有所提高，这样也有助于课内、课外学

---

① 这种教学方式的好处作者已经在文献综述"学术专题小组口头汇报的内涵"部分进行论述，这里不再赘述。

习"生态化"的循环,即课内汇报,课外修正,并进一步通过网路等资源挖掘课题相关知识,整理组织内容,然后再碰面讨论,再回去修正,继续探讨该话题。这种生态循环的态势就会在任务和教师的反馈刺激下构成。

作者对具体"生态化"任务班学生课内和课外参加互动协商的真实情况进行了跟踪调查[①]。

图5.2　一年级"生态化"任务班课内学习情况[②]

从图5.2中不难看出,"生态化"任务班在口语课内的上课情况,无论是汇报的学生的英语表达,还是下面学生听课的注意力方面,以及学生和学生之间的互动(如学生提问题,汇报者回答的时候),以及教师提供的反

---

① 根据研究观察员的记录,一二年级"生态化"任务班的课堂观察情况比较类似,这里只对一年级"生态化"任务型教学情况进行详细描述。
② 由于肖像权问题,图片进行了模糊化处理,但基本可以明显看出课堂气氛相对活跃,互动情况良好。

馈方面,都使口语课堂"活"了起来,不再"死气沉沉",整个状态非常积极。而教师也从调动学生学习的负担中"解脱",转而成了指导学生提高英语口语水平的"专家"和"顾问",总之在"生态化"任务班中,大学英语整体的"生态给养"(EA)被学生转化成积极给养的情况良好。

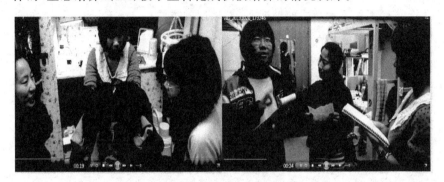

图5.3 一年级"生态化"任务班课外学习状况[①]

　　由于任务的刺激,促使学生在课外与组员之间有了更多的互动,图片中的小组组员就进行了多次的碰面,商讨如何能够从内容上获得同学们的喜欢,使下面的同学能够感兴趣,集中精力听他们做汇报,刺激同学向他们提问题,同时,他们也商榷从逻辑上如何能让老师满意,以求得到更好的反馈。从访谈中了解到,学生在小组碰面之前做了大量的沟通、分工明确,搜索准备了很多的材料,并进行整理,把材料和想法带到小组见面会上与同学协商,共同合作完成小组任务。而且基本上同学每次准备小组作业的时候都会经过确立主题、确立汇报内容、分头搜集材料、见面协商梳理、分头制作PPT和英语讲稿、预备演习模拟汇报等环节,最后将课后准备的内容带到课堂上。因此在这一过程中,"学生与学生"之间进行了多次的、多方面的意义协商,虽然讨论过程中交叉使用中文和英文,但是这种任务给他们创造了很多的机会进行意义协商,进行互动,所以作者认为如量化研究显示,一、二年级"生态化"任务班的口语水平与一、二年级自然班相比,后测水平有明显提高,也说明了这种社会互动性比较高的,将课内和课外相结合的教学模式,对提高学生的口语水平有利。

　　那么既然"生态化"APBOPTG任务促进了学生们在课内和课外参与

---

① 肖像权问题,图片进行了模糊化处理,但是基本可以看出学生们在课外的宿舍内准备小组任务时进行的互动讨论协商情况。

不同的社会互动活动,进而促进学生进行有意义协商,那么学生究竟进行了什么样的意义协商呢?

b. 课内外进行有意义的意义协商情况

本部分主要阐述在"生态化"口语任务的刺激下,学生在课内和课外进行的有意义的意义协商情况,主要采用的方法是文本分析。课内、外参与互动性口语活动中的意义协商调查结果与讨论如下:

① 协商任务内容、结构和要求

(一年级"生态化"任务班焦点学生A所在组,第一轮做presentation准备时与其组员L和M[①]的第一次小组见面会讨论录像转写文本节选。她们组的presentation题目是《日本文化》)

1A[②]:我有点儿担心,怎么做这口语汇报啊?我以前都没做过,这也太难了!(叹气)

2L:我也觉得是……

3M:那也得做啊,到目前为止我对日本文化的了解都是皮毛,虽然我是日语系的,可能我们需要查很多内容。

4A&L:(点头)嗯……

5M:其实文化包括的内容很多,我们得确定一下都说那些方面,然后再去找。

6A:对,日本文化差不多就是茶道、和服、剑道、樱花、富士山什么的吧!?

7L:那我们就都介绍介绍?

8M:那太没有逻辑和新意了,老师今天说了要介绍的"有逻辑、有条理、有新意"!

9A:天哪,我觉得我说汉语都费劲……(L&M点头,三个人笑)

10L:啊?这些英文怎么说?我都不知道……(边说边拿出手机,找到电子词典应用)赶紧查查,你刚才都说什么了?

11A:茶道、和服、剑道……

12L:等会儿,等会儿,一个个查,茶道是tea cere…ceremony,哎,

---

① L和M是本文焦点学生之一A的组员,但是并非是后文其他研究内容调查的焦点学生之一。

② "A"代表本研究中的焦点学生之一。

这个词怎么读?(拿着手机让 M 看)

13M:ce-re-mo-ny...

14L:哦,还有,和服,今天上课讲了,教材上是 Kimono,对吧?(其他两个同学点头)

15M:嗯,对

16L:还有剑道……查查(继续使用手机词典软件)

17A:好像是 Ken 什么的,

18L:有了,是 Kendo。天哪这么多单词,咱们还是说今天课内讲的 Kimono 吧。

19M:行,你说呢 A?

20A:行,要不咱们上网查查,看看都能查到什么,然后再商量?

21M:不行那太没效率了,和服好像分好多种,我们不如查查和服的种类什么的吧。

22A & L:嗯,好。

23M:要不你们查查和服的种类,我去查查和服的穿法什么的吧。你俩要不也分分工? L,你查查日本人什么时候穿和服,A 你查查都有什么种类,然后我查查和服怎么穿吧? 要查英文的啊?

24A&L:好,好。(各自离开)

在第1行 A 焦点学生表达了她的担忧,担心她无法完成这个任务,这可能跟学生平时很少有机会说英文有关,不一定是学生的水平差,但是可能是学生有心理障碍。后面的第10行,A 同学还表现出了词汇量不足的问题。但是 L 学生用的词典(见第10、12、16行)帮助,说明了任务中学生自然而然地会寻求作者前文提到的文化产物的调节(或称物质调节),在字典的帮助下他们弄清楚了几个与日本文化有关的词汇,如茶道。而 M 同学对整个任务安排的过程中也起到了重要的引导作用,比如第3行她对 A 和 L 的鼓励,第5、8行对任务的要求和内容的把握,而第13行对词汇 ceremony 的读音纠正,或许可以发现 M 学生的词汇水平稍好一些;而当18行,L 提出只说 Kimono 的时候她也非常赞同,而21行和23行直接将任务安排下去,可以看出这个小组中的主要核心人物是 M,她对 A 和 L 同学起到了很大的他人调节的作用(调节理论中,三种调节方式的一种——

other regulation，具体请参见本书第二章理论框架部分关于"调节理论"的定义）。所以作者认为这种小组合作的任务能够带动动机和能动性不是很强的学生在水平较高的组员（"专家"）的影响下，参与到互动活动中。而且能够在词汇上给予他们相应的帮助，同时这种任务还能够促进学生们使用网络资源（如借用手机、在线字典等，即事物调节），搜索更多的有助于英语学习的信息和文本内容，供学生使用。

② 协商任务内容逻辑安排和组织

（一年级"生态化"任务班焦点学生A所在组，第一轮做presentation准备时与其组员L和M的第二次小组见面会讨论录像转写文本节选。该组的presentation题目是《日本文化》）

这次A同学带来笔记本电脑，作者在之后访谈的时候了解到三人见面之前沟通过，觉得拿着电脑比较方便，因为网上查到的资料都是电子的，存在优盘上。

1A：我查了很多的材料，网上材料还是挺丰富的，给你们看看。（三个人一起看电脑屏幕）这里有一个ppt，直接就说的是Kimoto Types我觉得挺好的，信息都整理好了，里面的单词我都查了，像这个Tomosode意思是"流袖"，Vibration sleeve"振袖"，这里写的是男性和女性的和服的不同什么的。如果可以的话，我就把这个背下来，你们看行吗？

2M：我觉得可以的，老师的意思是让我们说英文就可以，不一定非得是原创的吧？L你查的是不是什么时候穿和服？好找吗？

3L：还好，我查到了，在优盘里，但是没查到ppt格式的，是文本的，我直接在wikipedia上面找到的，我还没整理。

（A&M快速地在电脑屏幕上浏览了一下L找到的信息）

4M：好像有点儿多，而且其中很多单词啊，你看这个单词你认识吗？（一起指着屏幕上一个表示什么年龄的男性穿什么样的和服图片指示的tomoeri【和服外领】的单词）

5L：嗯，是很多，但是可以精简一下，我们一共需要做多长时间？大概多少字能讲完？我回去整理一下吧。

6A：太多了就怕背不完，老师好像说了不能读稿，可以偶尔看一下，不然会扣分的。

7M:对,我觉得15分钟,每人5分钟,5分钟大概就是讲5个幻灯片吧,老师那天好像说了是A4纸,两页就差不多了,再多就超时了。但是我觉得你得把这些单词查好了,别你自己都没看懂怎么讲。

8L:我回去改改。你的那部分"怎么穿和服"找了吗?

9M:我也是在wikipedia上面找到的,非常简短的几行字,你们看看,但是说得很清楚。(M用优盘将文字给其他两位同学看)

10A:这也太短了吧!

11L:嗯,内容有点儿少,能讲5分钟吗?

12M:我想加入图片说明,然后在网上我下载了一个视频,还是英文的,你们看看。

(播放视频,三人一起欣赏)

13A&L:挺好……挺好……

14A:我好像有点儿听不懂,你们都能听懂吗?这个视频有没有文本啊?要是同学们都听不懂怎么办?

15M:这个没问题,我到时候给他们讲解一下。我能听懂,我到时候把文本写下来。

16A&L:你真厉害。

17M:笑……我还有一个想法,我们去租一个和服,让一个同学上台上穿,我一边用英文讲解,你们一边帮她穿,这样生动,肯定能得高分,你们同意吗?

18A:这个想法好,但是我就是担心我听不懂你的意思,这个穿法好像挺复杂的吧,你确定我和L能学会帮别人穿吗?

19M:这个问题我倒是没想到,但是我觉得问题不大,我回去学学,教你们啊。

20A&L:好。

21M:那今天就这样?我们回去各自做ppt,要简洁啊,不要搞得全屏都是文字,还要整理自己负责的那部分的文稿,下次我们就合在一起,然后练习一下演讲。A,我觉得你可以直接背了;L,你回去精简一下,别太多了啊,背起来不容易,我的部分你们不用担心,下次我们见面的时候就演示练习一下啊。

22A&L:好。

　　从上面这段学生第二次碰面的文本中作者可以看出,学生在课后做了大量的工作,他们从网上找到了很多的材料,而且从三人的交谈中可以看出,这些材料学生以前是没有看过的,说明这次他们自身的调节(self-regulation)也在发挥着作用,而且事物调节(object regulation,事物可以指任何文化产物,如网络等)也发挥着重要的作用。也可以理解为学生充分利用了身边的语言学习资源,并把握了每次的互动机会,这无疑会有益于学生转化更多的积极给养。总之,三个学生各自都找到了比较合适的材料。从第1行可以看出A同学通过网络学习到了很多的单词内容,以前一直担忧自己是否能够完成这个汇报,但找到了合适的材料后,觉得似乎轻松了一些,因为这个材料她可以直接用于汇报。从第4、5行可以看出L找到的材料超出了自身的语言水平,单词比较多,而且是关于和服结构的部分,里面有很多的术语。其他两位同学的意见中(见第7、8行)也可以看出内容的复杂度。但是L表示会回去精简,这项精简的工作,本身就是要把复杂的知识进行吸收、消化、整理、输出,因而涉及一些知识在一定程度上的内化(internalization),所以也会对学生的语言学习有很大的帮助。这不仅仅是发生在词汇上,也会发生在语言使用的灵活性和适切性上等。而M同学的口语能力比较高,从第13行和第16行看她觉得虽然找到的文字比较少,但是可以结合视频讲解的情况看,该生的语言能力相对其他两位学生比较好,而且很自信。第14行A同学表示自己没怎么听懂,而第15行M学生说可以边听边把文本写下来,就进一步证明她的语言能力要好于A。这样这个小组中就出现了"专家"成员,也是SCT的分支最近发展区(ZPD)理论内涵所鼓励的在学习者与"专家"的交流和会话中,能够拓展ZPD的范围,帮助学习者超出自己原有的潜力水平,在"专家"的引导和带动下,达到更高的水平,当然也就有助于学生的语言学习。而且M继续发挥着主导的作用,比如在第13行,给予了A同学找到的内容积极的肯定,也结合了老师给任务的要求,所以在整体的把握上比较强,而且在第17、19、21行,还提出了有助于任务完成的比较新颖的想法——采用和服作为道具,帮助提升任务完成的效果,还会用自己的语言讲解,让另外两个同学在汇报当堂配合完成演示,虽然这个任务的安排还没有最后确定,但是这表明了M同学能够自己主动带动其他两位同学,同时给自己一个新的挑战,提高自己英语口语水平的现象,说明该生的自我调节能力比较强,而她自己给予A同学和L同学的other regulation作用也发挥得"淋漓尽致"。另外,M在见面最后把下次的分工安排好,也是她主导能力发挥的重要表现(见21行)。

③ 协商L2语法和词汇的意义

(一年级"生态化"任务班焦点学生A所在组,第一轮做presentation准备时与其组员L和M的第三次小组见面会讨论录像转写文本节选,该组的presentation题目是《日本文化》)

(前文省略)

1 L:我的文本已经整理好了,费了好长时间,还真是不好说,那么多单词,我的ppt主要是演示图,我把演示图里面的单词都用汉语标注了,这个老师能不能让用汉语的?

2 M:我觉得可以吧,这样比较好理解,反正整体是英文的,我们又没有大面积用汉语,你觉得呢A?(转向A同学)

3 A:我觉得也行。

4 L:这个不太好背,我今天先照着读,串串词行吗?

5 M:好,我今天也是ppt和文本都弄好了,还没试着讲讲呢,要不我们试试吧。谁开头?对了,我们还没有串开头和结尾的词呢,怎么办?

6 L:我们一共三个部分"和服的种类"、"什么时候穿和服"和"如何穿和服",可能"什么时候穿和服"从逻辑上应该在前面吧,就是我的,然后是种类,然后是怎么穿。你们觉得呢?

7 A:还好不是我开头,我不会编,你们两个一个开头一个结尾吧,好吧,我就说我自己的那部分吧。

8 M:好吧,那L,你先说一下开头。

9 L:让我想想……(沉思一会儿后)(几个学生是在宿舍里面碰的面)那我是站着说好吧?(大家一起笑,L有些害羞)*OK, Good morning, everyone. Today, we are going to talk about the Japanese culture and we talk about Kimono.*(停顿后,坐下)

（A和M相视一笑）

10 M&A:完了?(笑)

11 L:完了(笑)

12 M:太简单了吧,还得加点儿,都讲什么,我看国外的都有一页Outline什么的要不然我们也加一个吧,先说说。然后你回去加一页ppt,上面就写Outline,然后1、2、3部分

13 L:好。那我再想想怎么说……（想了一会）好了……（起身站立）Good morning, everyone. Today we are going to talk about the Japanese culture, and we talk about Kimono. First, I will talk about when to wear Kimono, and my group member A is talk about types of Kimono and M is talk about how to wear Komono. Finally, we have a Kimono and we will invite one of you to help us show how to wear.

14 M:OK,好像有语法错误,"group member A is talk about"还有"M is talk about"什么的。

15 L:哈哈,太紧张了

16 A:我也紧张,我从上高中还做过演讲呢,还是在全班面前,这几天天天想这事儿。

17 M:呵呵,没事儿,我也紧张。那……A你把你准备的说说?

18 A:好。（起身站起来,手里拿着讲稿）

（因为是A同学网上直接搜集的,内容语法基本没有问题,但是却出现了单词读音错误,但是M同学指出了几个,这其中出现了语言方面的协商）

"…People wear different Kimono in spe…specific and time to show pru…pru（打开讲稿看了一下音标）prudence. The knitting, dying and embroi…embrio（又看了一下讲稿的音标）embroidery of Kimono and its complex rules in dressing solemnly make the Kimono an art of work…"

19 M:咱再练练吧,我觉得你读错的好像都是很好的词,*specific*我听懂了,另外一个pru什么的是哪个单词来着?

20 A:*prudence*,我查是谨慎的意思。

21 M:对,还有一个单词是不是刺绣的意思,是*embroidery*吧,

你刚刚读错了。

22 A:对对,就是这个词,我回去再练练。

23 M:轮到我了吧。(起身)

(由于M同学整体语言面貌比较好,A&M同学基本没有评价,故省略该部分)

24 L:你还有一个结尾,还要总结不是吗?

25 A:不是还要邀请一个同学上来帮我们演示穿和服吗?这个怎么办?

26 M:这个下次见面我把和服租来然后教你们之后再说。

(以下部分省略)

以上部分,学生们对任务的逻辑安排进行了协商第5—8行的对话交流体现了这一点,组员之间有了共同的想法,即把三人的任务按照逻辑条理输出,以期较合理完成任务,而不是把三个人的任务孤立开,让整个任务脱离合作性,说明三位组员之间有了共同的理解(Rommetveit, 1974)。van Lier(1996)认为这种情况即为不同个体之间发生的主体间性(inter-subjectivity[①]),三个组员之间都共同有了一个任务(关于Kimono的文化介绍),有了同一目标(更好的讲解,争取得到老师的认可,拿到好一些的成绩)。因此三个人齐心合力,工作效率相对比较高。当然,这里面还包括符号调节(semiotic mediation如语言调节)的情况。如第14—21行中,M同学对A同学的语法问题"is talk",以及一些生词的读音问题,如"spe-cific"和"embroidery"进行了更正。更加有趣的是,有一个单词"pru-dence",M同学也不知道(见第18、19行)因此A告诉了她这个单词的意思。这说明了这种组员之间的符号调节(或者说语言调节),不仅能够帮助水平较低的学生注意到语言规则问题,根据情境,也有可能会使水平较

[①] 为了解释主体间性(intersubjectivity),Wertsch(1974)提出了情境定义(situation defini-tion)、主体间性Rommetveit(1974,1979)和语义调节三个概念。情境定义是指参与者的任务定义了情境,同样的情境被不同的参与者定义不同,因此参与者之间需要协商构建主体间性的状态,这种状态是在组员之间意识到共同的交际前提和共同的目标的时候。然而主体间性有不同的层面,参与者必须进一步构建一个共同的情境定义,这就需要利用符号调节(semiotic media-tion),尤其是语言。正如van Lier(1996)所说,达到了主体间性的状态就是参与者之间有了共同的任务或者活动,并对这项任务有了共同的目标,并且相互引起对方的注意力,朝着同一个发展方向去完成这个任务或者活动。

高的学生获得意外的收获。因此在这种合作任务中，作者发现，在任务合作促进ZPD的拓展和提升过程中，不仅是对组员之间水平较低的学生有帮助，也会因为完成任务本身存在的合作性的特征，以及学生对任务内容的知识面了解不够全面的原因，使水平相对较高的学生也能够提高语言水平。这里体现出的是，有一些词汇水平较高的学生也不一定都会，因此说明这种学术性任务也会在任务完成的过程中，有助于提高水平较高的学生的语言水平，不可否认的是学术性任务本身即在内容和研究深度上存在着挑战性和难度，因为它不是一个简单的任务，是15分钟的学术性汇报，毕竟需要搜集和整理大量的学术任务主题相关的信息才能完成，而这些主题的知识组员事现都不完全了解。

④ 协商词汇的选择和语言的适切性

（一年级"生态化"任务班焦点学生A所在组，第一轮做presentation准备时与其组员L和M的第四次小组见面会讨论录像转写文本节选，该组的presentation题目是《日本文化》）

在第四次小组见面会的时候，他们不仅进行了上面的演示练习，还对ppt的文本制作等内容进行了讨论，他们之间的对话如下：

（M坐在电脑前浏览三个同学合在一起的ppt初稿文本，停留在一个ppt幻灯页面上，三人对此进行了协商）

  1M：这里你用了"Kimono is beautiful, colorful and flower"，也许我们应该把"flower"改改，前面都是形容词，这个词也有形容词吧，查查手机词典。

（L拿出了手机查）

  2L：查到了有一个"floral"，"像花似的"的意思。

  3A：那就改改吧，还是词性一致点儿好。

（M继续看ppt文本）

  4M：prudence这个词好吗？会不会不容易理解？

（几轮协商之后）

  5M：要不咱换换吧，我觉得carefulness这个词可能大家更容易理解吧。

这段典型的例子体现了学生在完成任务的过程中，具体来说是完成

ppt文本的制作时,不仅出现了对词汇形式的协商,如从名词"flower"换成了形容词"floral",而且在词汇适切性的选择上还进行了协商,如从"prudence"换成了"carefulness"。需要注意的是,学生的这种合作性对话主要是以汉语进行的,也就是学生的L1进行的,换句话说,学生在合作完成书面文本的过程中,使用L1来解决L2学习中遇到的问题,这种交叉使用L1和L2进行意义协商促进L2学习的案例Anton & Dicamilla(1998)也曾提出过,但是他们是针对日语学生学习英语的状况进行的研究。此外,在上文的合作对话节选中,作者还发现了学生会经常借用手机上电子的双语字典查单词辅助完成任务。这再次说明学生在完成任务的过程中不断使用不同的学习资源,并利用互动机会帮助完成任务,这体现出了学生的学习环境中积极给养[①]不断丰富的现象,也是本书中该种任务教学模式的教学目的所在,即构建积极给养丰富的英语口语学习环境。另外,在学生决定使用"carefulness"而不是"prudence"的时候,说明他们不仅注意的是语法的准确性(accuracy),还注意了语言的适切性(appropriateness)问题(Celce-Murcia & Larsen-Freeman, 1999; Larsen-Freeman, 1991)。

类似上文的词汇选择和语言适切性的协商在小组见面会上多次出现,这说明了学生高度意识到听众(audience)对他们的英语(L2)口语汇报的理解能力。观众的理解力和学生想要表现的语言能力水平出现了冲突的时候,三个组员进行了相应的意义协商,使他们合作调整了词汇,并共享同样的目标,即要使用恰当语言又要让听众听懂,进而更好合作完成任务,获得听众和老师的认可(Mohan, 1986),值得关注还有学生的这些协商都是用汉语(L1)进行的。

⑤ 注意输出语言的语义和语法错误以及措辞方面的合作与协商

(一年级"生态化"任务班焦点学生A所在组,第一轮做presentation准备时与其组员L和M的第五次小组见面会讨论录像转写文本节选,该组的presentation题目是《日本文化》。这次见面主要是演示练习他们准备好的汇报,下面是演示练习过程中对话的转写文本节选)

1L: Good morning, everyone. Today our group is going to talk

[①] 积极给养发挥作用的前提即为学生识别感知、利用学习资源或互动机会(详见文献综述部分给养的定义)。

about Japanese Culture. We are glad to having this oppor...

2A: Opportunity.

3L：对，opportunity。We are glad to having this opportunity to tell you what we find.

4M：等等，应该是"We are glad to have this opportunity"，glad to do something。

5L：哦，对，太紧张了。（三个人笑）

6L：We are grateful that our teacher gave us a lot of advice when we prepare for this presentation.

7M：when we prepared，应该是过去时。（笑）

8L：完了，完了，怎么办，我怎么这么多语法错误？

9A：再练练就好了，慢慢来……

10M：那个grateful好像有些太正式了，咱不然说成 we appreciate the help from our teacher when we prepared for this presentation?

11L：等会儿，我写下来啊。（将M的话"we appreciate the help from our teacher when we prepared for this presentation?"记录在打印的讲稿上面）

（下文省略）

从上文的节选中，不难看出L同学在整个开场白中的语言中出现了多次的语言使用上的问题。如第一行，opportunity一次读音，被A同学帮忙改正；之后第3行出现了 to having 的语法错误，虽然在第一行也出现过，但是似乎三个人都没注意，之后在第二次第三行再次出现的时候由M同学注意到，然后进行了修正；之后M同学在第10行还对grateful换成appreciate的措辞问题进行了协商。这些都说明，语言学习者在输出语言的时候，可能无法全面关注语言输出的质量，很可能出现"顾此失彼"的情况，学者们普遍认为人类的注意力（attentional capabilities）是有限的，他们在使用自己的注意力资源（attentional resources），选择注意方向时，还要借助他人的注意力资源来对其他事物进行"注意"（Skehan, 1996, p.45）。换句话说，由于人类信息处理能力的局限，对个体来说在L2的学习过程中，使用L2时很难做到同时关注形式和意义（Skehan, 2009）。van Lier

(1996)同样认为"注意力的资源是有限的,不能做到同时关注不同的目标"(秦丽莉&戴炜栋,2013a)。显然,小组合作的任务,可以通过"合作注意"的方式,帮助学生关注自身语言输出的质量,有助于学生在练习中不断改进,但是L同学在第8行也出现了焦虑的情况,似乎比较担心自己的语法,但是在A的鼓励下继续进行,所以小组合作学习似乎对语言学习者减少语言学习焦虑(anxiety)问题也有帮助。最后第11行,L同学将M同学建议的presentation开头话语记录下来,也是L同学借助文化工具(笔和纸)调节思维发展,有助于将语言知识内化成为思维内部(intramental)的知识。

在观察中,作者不仅发现了以"生态化"学术小组口头汇报任务展开的大学英语口语教学促进学生在课下准备过程中进行了多次的、语言上多个层面的协商(如语音、词汇、句法、语法搭配等),还发现学生相互合作,彼此注意语言的输出质量,如语法、措辞等错误的协助修正等,这无疑会改善学生课外语言学习环境积极给养的丰富程度,进而提高学生口语学习的效率和质量。那么学生在课堂内都获得了什么样积极的给养,进行了什么样有助于口语学习的互动性意义协商呢?

⑥ 小组成员与听众之间的互动协商

(课堂上三个成员组成的小组口头汇报任务正在进行中,屏幕上出现了详细描述和服不同部分英语术语指示图,M同学正在为解释关于how to wear Kimono的内容做铺垫,解释Kimono不同部分的称呼,W同学举手示意提问)

1 W:(举手示意)

2 M:Yes?

3 W: There are too many new words in your explanation. I can't understand. Can you show it to us how to wear?

4 M: Sure! Of course. Then I will ask one of you to be the model. Anyone would like to be our model?(环视教室,这时G同学走向讲台,自愿做模特,全体学生鼓掌,教室充满开心的笑声,G同学将Kimono试穿上,组内其他两位成员A和L同学手里拿着Kimono的荷包和腰带等着M同学解释,准备配合帮助G同学穿好和服,屏幕上展示了一个分步骤穿和服的几个图片)

同时ppt还将下面文字的一部分用汉语标注,例如:

First, In addition to the kimono itself, you must have a koshi himo belt(紧腰细带), a datejime(宽腰带), an obi makura belt(荷包), and white tabi socks(白色分趾袜子).

之后的presentation是这样进行的:

5 M:Ok. First, In addition to the kimono itself, you must have a koshi himo belt, a datejime, an obi makura belt, and white tabi socks. As you're getting dressed, put on the white tabi socks first. It is difficult to bend down after dressing fully in a kimono, so you should get the socks out of the way while you can.(笑,下面听众笑声)

6 M:First, you should put on your Kimono and fold left over right and tie the koshi-himo.

(两位组员似乎有些疑惑,A同学低声问M)

7 A:Koshi什么?

8 M:Koshi-himo。

9 A:嗯?

(似乎由于这部分不是A同学准备,所以他似乎不了解koshi-himo是什么,看了一眼幻灯屏幕的图片和汉语标注才知道)

10 A:啊!……

(A和L开始帮助G同学把koshi-himo系上)

11 M:Then, you need to tie the date-jime around your waist.

(A & L再次疑惑)

12 L:Sorry, what is date-jime?

13 M:Please look at the third picture in the ppt.

(下面观众笑)

14 L:Sorry, OK.

(经过反复的确认生词和看ppt图片,配合M同学的英文解释,最后A同学和L同学终于帮助G同学穿上了Kimono,下文略)

图5.4　学生课内口头汇报录像截图

在以上课堂内presentation汇报的节选中作者能够得出两个发现：首先小组的组员之间进行了口语交流；其次在presentation过程中观众与组员之间有合作的意义协商。

在组员的口语交流方面，由于presentation涉及的关于Kimono的部分专用词语记忆起来比较难，因此负责配合演示如何穿Kimono的两个同学在M同学作为speaker进行口头指示的时候总是会出现疑惑，这时他们就会与speaker之间产生交流，如7、8、9、10行和11、12、13行的交流情况；其次观众与组员之间也会产生意义协商，如当观众无法理解的时候与组员之间的协商内容1—4行，要求组员进行进一步的解释和演示。

因此不论是组员之间以及组员与观众产生的他人调节，其实都能够促进知识的学习和内化，学生们还借用了文化产物ppt技术制作的图片以及L1语言调节(ppt上面的汉字)等方式进行了物质调节。在进行调节的过程中还伴有意义的协商，比如对某个单词，如Koshi-himo没明白（因为没记住等原因），还可以通过语言交流和ppt图片和L1指示的共同调节作用得到帮助，理解单词的真实意义。此外，presentation过程中来自观众的提问和互动也同样能够促进语言的学习，如上文节选中，如果speaker一味地用很多专用词汇解释如何穿Kimono而没有在观众的要求下进行演示和互动，就可能造成很多观众学生不理解，与其他两个配合的组员也不能完全地理解这部分的知识。但是由于他们进行了相应的意义协商，这种形式的口语交际对口语水平的促进作用在Duff(1995)和Morita

(2000)中曾经提到过,他们认为学生的口头汇报是由观众和汇报人共同构建的,观众的贡献很重要,本书也支持他们的这一观点。

⑦ 小组成员与教师反馈之间的互动协商

在这组小组成员汇报结束之后,教师为这组成员进行了反馈,以下是反馈内容节选。

1 Teacher: I would like to confirm with student A, yes?

(A同学点头示意,老师在黑板上写了一个单词"prudence")

2 Teacher: How do you pronounce this word?

(指着黑板上的这个字)

3 A: Pru-, pru-den-ce.

4 Teacher: Ok, thanks.

(示意A同学坐下)

5 Teacher: Does anyone know what it means?

(下面的同学纷纷拿出手机查阅电子字典)

6 Teacher: Ok, if no one knows the meaning immediately and you need to look it up in your mobile dictionary, that means this word is difficult to understand for listening and maybe next time you should use "carefulness", because that is easier to be caught up with during your presentation.

(A同学点头表示同意,然后站起来说了下面一段话)

7A: Actually, M asked me to use "carefulness" when we prepared for the presentation, but just now I was too nervous and I forgot.

8 Teacher: Ok, that's good. Thank you, sit down please.

9 Teacher: Your group did a great job by using the pictures and Chinese words in your ppt slides. I think other groups should learn. Since that makes the understanding of the difficult cultural knowledge easier during the presentation. However, if you could practice more on how to dress a Kimono, or provide a video clip on it, it will make the presentation even better. Also, apart from women's Kimono, there is men's Kimono too. So maybe next time you could invite a handsome

boy in this classroom for the presentation.

（全班哄堂大笑）（以下省略）

虽然只是简短的反馈，但是这段反馈体现了老师的几个作用：首先意义协商方面，对于某个单词的使用，如 prudence 和 carefulness 这两个词的选择上（见4、5、6行），教师通过问全班 prudence 的意思，证明了 speaker 想表达的意思和观众能理解的意思上存在 information Gap（Ellis，1997）。说明了为什么要在 presentation 的过程中选择合适的词汇，顾及观众的理解能力，选择意义相同但是比较好理解的单词比较好；另外老师还提到了 men's Kimono 的问题（见9行），指出 Kimono 文化的多样性，希望学生能够进一步调查，因此教师作为"专家"提供的反馈还起到了为学生提供拓展信息的作用；此外，教师还加入了幽默的成分调节了课堂气氛，见第9行最后部分，这个从全班的笑声中得到验证。Eggins & Slade（1997）曾经提出，良好的课堂气氛同样能够促进学生之间的互动和交际的增多，从而促进口语的互动活动的继续进行。而且教师反馈作为调节工具，也可以使学生在今后的 presentation 任务中有所改进，促进口语学习。Tomasello（1999:39）将这种现状比喻为"ratchet effect"（棘轮效应），就好像人类在历史发展的进程中，对工具（如代步车辆）的改造一样，每次改进都会使工具功能的设计更复杂，也就是说学生经过教师反馈的调节，也可能会逐渐的改进任务的语言输出质量和复杂程度，进而提高口语水平。

在该部分的数据分析和讨论中，作者展示了学生在课内和课外进行的真实的口语互动活动。在不同的互动过程中，学生为了能够完成任务，分别出现了支架（scaffolding）的情况，如在发生单词读错或者用错的时候，就会互相支架，互相帮助；还出现了自我调节，如学生在讨论的过程中使用笔记记录需要加强和修改内容的地方；以及他人调节，这种调节在互动任务中体现的比较明显，如合作将 presentation 的内容安排、逻辑和步骤等组织妥当，梳理 presentation 的内容，包括词汇使用的意义协商等方面；还体现了物质调节，如手机、电子词典、ppt 的使用，以及汉语（L1）在学生交际过程中构建意义时所发挥的重要作用。此外，作者还发现了在课内 presentation 中，学生从观众以及从教师的反馈中获得的关于语言使用和presentation内容与形式的安排等方面的协商,正如van Lier(1996)所指出的,在口语参与(vocal participation)中,即口语交际活动中,学生输出的文本和事件本身之间的关联促进口语互动活动的参与人保持会话的状态,继续讨论话题,从而产生进一步的交际,促进口语的练习和学习,同时也说明学生的口头汇报,并不仅仅是小组项目任务的结果,还是任务完成过程中,涉及的不同社会文化背景中的其他成员之间合作进行的意义协商与意义构建的结果。换句话说,"生态化"APBOPTG本身构成的口语互动实践本身,在学生之间、学生与观众之间、学生和教师之间形成了一个"口语交际的社区",构成了虚拟的"二语的"英语学习环境,使学生不论是在课内还是课外都有机会用英语进行交际,进而促进口语水平的提高,口语提高的程度在下文量化研究中也得到了证明。

2. 学生口语水平的变化

本书此处主要通过实证数据说明"生态化"口语任务型教学对不同水平大学英语学生的口语水平的影响。由于该部分的数据以量化口语测试的形式搜集,因此主要以SPSS数据进行阐述说明。

作者将数据分析分为以下几个步骤:

(1)分析一、二年级"生态化"任务班和自然班口语测试前测水平,找出彼此之间是否存在差异

因为作者前期假设一、二年级的口语水平不同,在两个年级实施教学任务,因此首先作者需要证明此假设是否成立。经过SPSS 19.0方差分析多重比较研究得出的数据如下表5.2:

表5.2　一、二年级"生态化"任务班和自然班前测成绩方差分析

描述统计

口语前测成绩

	N	均值	标准差	标准误	均值的95% 置信区间		极小值	极大值
					下限	上限		
一年级"生态化"任务班	23	9.5000	1.24316	.25922	8.9624	10.0376	7.50	11.50

续表

	N	均值	标准差	标准误	均值的95%置信区间 下限	均值的95%置信区间 上限	极小值	极大值
一年级自然班	27	10.3519	1.44658	.27839	9.7796	10.9241	6.50	13.00
二年级"生态化"任务班	17	11.2647	1.04758	.25408	10.7261	11.8033	9.00	13.00
二年级自然班	27	11.8704	.62929	.12111	11.6214	12.1193	10.50	13.00
总数	94	10.7447	1.44755	.14930	10.4482	11.0412	6.50	13.00

多重比较

因变量:口语前测成绩

	(I) 1=一年级"生态化"任务班;2=一年级自然班;3=二年级"生态化"任务班;4=二年级自然班	(J) 1=一年级"生态化"任务班;2=一年级自然班;3=二年级"生态化"任务班;4=二年级自然班	均值差(I-J)	标准误	显著性	95%置信区间 下限	95%置信区间 上限
LSD	一年级"生态化"任务班	一年级自然班	-.85185*	.32251	.010	-1.4926	-.2111
		二年级"生态化"任务班	-1.76471*	.36353	.000	-2.4869	-1.0425
		二年级自然班	-2.37037*	.32251	.000	-3.0111	-1.7297
	一年级自然班	一年级"生态化"任务班	.85185*	.32251	.010	.2111	1.4926
		二年级"生态化"任务班	-.91285*	.35190	.011	-1.6120	-.2137
		二年级自然班	-1.51852*	.30934	.000	-2.1331	-.9040
	二年级"生态化"任务班	一年级"生态化"任务班	1.76471*	.36353	.000	1.0425	2.4869
		一年级自然班	.91285*	.35190	.011	.2137	1.6120
		二年级自然班	-.60566	.35190	.089	-1.3048	.0934
	二年级自然班	一年级"生态化"任务班	2.37037*	.32251	.000	1.7297	3.0111
		一年级自然班	1.51852*	.30934	.000	.9040	2.1331
		二年级"生态化"任务班	.60566	.35190	.089	-.0934	1.3048

*.均值差的显著性水平为0.05。

从描述统计数据和多重比较数据发现一年级"生态化"任务班均值（9.5）与二年级"生态化"任务班均值（11.2647）的差异显著（sig=.000<0.05），一年级"生态化"任务班与二年级自然班均值（11.8704）差异显著（sig=.000<0.05）；一年级自然班均值（10.3519）与二年级"生态化"任务班均值差异显著（sig=0.011<0.05），一年级自然班均值与二年级"自然班"任务班均值差异也显著（sig=.000<0.05），而且二年级两个班级的前测口语水平没有显著差异（sig=0.089），虽然一年级的两个班级之间有显著差异，但是一年级"生态化"任务班的成绩比自然班的成绩低。因此作者可以确定两个年级之间的差异显著，而且一年级口语水平比二年级口语水平低，两个年级的口语成绩处于不同水平。说明实证研究中作者计划找出不同水平的学生受"生态化"APBOPTG的影响的研究设计中，以年级划分是合理的。

(2) 找出一、二年级"生态化"任务班和自然班口语成绩后测的变化

参照后测和前测的数据,可以看出一年级"生态化"任务班的口试成绩均值从 9.5 增加到了 11.4737,而一年级自然班的成绩从 11.2647 增加到 12.0208,但两个班级的均值差从前测的 0.85185,下降到了后测的 0.54715,虽然两者的显著差异还存在 sig=0.001<0.05(见表 5.3 和 5.4),但是可以得出在生态化任务型教学的干扰下,一年级"生态化"任务班的成绩虽然在学期初比自然班的成绩明显低很多,但是到了学期末提高的较高,前测和后测的成绩根据独立样本 T 检验表明前测后测成绩有显著差异 sig=0.000<0.05,说明成绩提高比较明显。也说明"生态化"任务班的口语成绩提高效率比一年级自然班成绩提高的效率要高但是可能由于时间比较短,只有一个学期的时间,成绩提高水平上还没有完全达到更高的水平,与自然班的差距还是比较明显的。

再来看二年级"生态化"任务班和自然班的成绩后测对比结果(见表 5.5),"生态化"任务班的成绩均值从 11.2647 提高到了 12.2941,而自然班的成绩从 11.8704 提高到了 11.9038,两个班级的均值差从前测的 0.60566,下降到了后测的 0.39027,而且两个班前测的成绩没有显著差异 sig=0.089,但是后测成绩却存在显著差异 sig=0.014<0.05,而二年级自然班的口语成绩在一个学期之内似乎没有太大的差异,独立样本 T 检验表明二年级自然班的前测和后测成绩没有明显区别(sig=0.789,见下表 5.6)。

以上结果表明在"生态化"口语任务型教学的干扰下,对二年级较高水平的学生的影响比较明显(前测后测成绩均值差-1.02941),而且前测后测独立样本 T 检验[①]表明差异明显(sig=0.000<0.05,见下表),而对一年级水平相对较低的学生的影响也比较明显(前测后测成绩均值差-2.15789),前测后测的独立样本 T 检验表明差异也很明显(sig=0.001<0.05,见表 5.4)。而一年级自然班前测和后测成绩都比较高,说明该班级整体水平比较高,然而二年级自然班前测和后测的独立样本 T 检验几乎没有任何差别(见表 5.5 和 5.6),sig=0.911>0.05,而"生态化"任务班却有明显的提高,说明"生态化"APBOPTG 的干扰有效果,使学生口语水平提

[①] 关于一二年级"生态化"任务班和自然班口语前测和后测成绩对比,作者尝试用配对样本 T 检验,但是结果发现配对样本相关系数和显著差异值表明不适合配对样本 T 检验,故改用独立样本 T 检验对比。

高的效率更高,而且对于水平低的学生,即一年级学生水平相对低的学生来说,提高的相对二年级水平较高的学生效率似乎高一些,这或许是因为一年级学生的学习动机、能动性比较容易调动,容易受到教学干扰的影响。那么这种任务型教学究竟是对学生的动机、能动性、自主能力产生了影响,还是对整个环境的EA被学生转化的情况产生了影响,导致学生的口语成绩发生了变化呢?接下来作者需要做进一步的分析。

表5.3 一、二年级自然班和"生态化"任务班后测口语成绩对比方差分析

描述

口语成绩后测

	N	均值	标准差	标准误	均值的95%置信区间		极小值	极大值
					下限	上限		
一年级"生态化"任务班	19	11.4737	.45563	.10453	11.2541	11.6933	10.50	12.50
一年级自然班	24	12.0208	.54132	.11050	11.7923	12.2494	11.00	13.00
二年级"生态化"任务班	17	12.2941	.25365	.06152	12.1637	12.4245	12.00	12.50
二年级自然班	26	11.9038	.60032	.11773	11.6614	12.1463	10.50	13.00
总数	86	11.9186	.56287	.06070	11.7979	12.0393	10.50	13.00

多重比较

因变量:口语成绩后测

	(I) 分组	(J) 分组	均值差(I-J)	标准误	显著性	95%置信区间	
						下限	上限
LSD	一年级"生态化"任务班	一年级自然班	-.54715*	.15360	.001	-.8527	-.2416
		二年级"生态化"任务班	-.82043*	.16699	.000	-1.1526	-.4882
		二年级自然班	-.43016*	.15097	.006	-.7305	-.1298
	一年级自然班	一年级"生态化"任务班	.54715*	.15360	.001	.2416	.8527
		二年级"生态化"任务班	-.27328	.15856	.089	-.5887	.0421
		二年级自然班	.11699	.14159	.411	-.1647	.3987
	二年级"生态化"任务班	一年级"生态化"任务班	.82043*	.16699	.000	.4882	1.1526
		一年级自然班	.27328	.15856	.089	-.0421	.5887
		二年级自然班	.39027*	.15601	.014	.0799	.7006
	二年级自然班	一年级"生态化"任务班	.43016*	.15097	.006	.1298	.7305
		一年级自然班	-.11699	.14159	.411	-.3987	.1647
		二年级"生态化"任务班	-.39027*	.15601	.014	-.7006	-.0799

*.均值差的显著性水平为0.05。

表5.4 一年级"生态化"任务班前测后测口语成绩对比

组统计量

	分组	N	均值	标准差	均值的标准误
一年级"生态化"任务班前测后测成绩	前测	19	9.3158	1.24956	.28667
	后测	19	11.4737	.45563	.10453

独立样本检验

		方差方程的Levene检验		均值方程的t检验					差分的95%置信区间	
		F	Sig.	t	df	Sig(双侧)	均值差值	标准误差值	下限	上限
一年级"生态化"任务班前测后测口语成绩	假设方差相等	14.917	.000	-7.072	36	.000	-2.15789	.30513	-2.77673	-1.53906
	假设方差不等			-7.072	22.703	.000	-2.15789	.30513	-2.78957	-1.52622

表5.5　二年级"生态化"任务班前测后测口语成绩对比

组统计量

	分组变量	N	均值	标准差	均值的标准误
二年级"生态化"任务班前测后测对比	二年级"生态化"任务班前测	17	11.2647	1.04758	.25408
	二年级"生态化"任务班后测	17	12.2941	.25365	.06152

独立样本检验

		方差方程的Levene检验		均值方程的t检验					差分的95%置信区间	
		F	Sig.	T	df	Sig(双侧)	均值差值	标准误差值	下限	上限
二年级"生态化"任务班前测后测口语成绩	假设方差相等	13.229	.001	-3.938	32	.000	-1.02941	.26142	-1.56190	-.49692
	假设方差不等			-3.938	17.870	.000	-1.02941	.26142	-1.57892	-.47991

表 5.6　二年级自然班前测后测口语成绩独立样本 T 检验

组统计量

	分组	N	均值	标准差	均值的标准误
二年级自然班前测后测口语成绩	二年级自然班前测	26	11.8846	.63730	.12499
	二年级自然班后测	26	11.9038	.60032	.11773

独立样本检验

		方差方程的 Levene 检验		均值方程的 t 检验						
		F	Sig.	T	df	Sig (双侧)	均值差值	标准误差值	差分的95%置信区间	
									下限	上限
二年级自然班前测后测成绩	假设方差相等	.075	.786	-.112	50	.911	-.01923	.17170	-.36411	-.32565
	假设方差不等			-.112	49.822	.911	-.01923	.17170	-.36414	-.32568

(3)"生态化"APBOPTG 对学生的口语——语言准确性和范围、话语长短和连贯性、语言灵活性和适切性(即口语测试的三个标准)方面是否有影响？影响程度如何？

从下图 5.5 中可以看出，"生态化"APBOPTG 对一年级"生态化"任务班的学生的口语语言准确性和范围除了对 A4、A7、A11、A19 没有影响之外，对其他同学基本都有正面的影响，帮助学生在该方面有所提高，有的如 A8 同学则有了大幅度的提高，从 2.0 提高到了 4.0。此外，其中一位 A5 学生，似乎在语言准确性和范围方面发生了严重的能力减退，在后期的访谈调查中作者对这名同学进行了单独的访谈，发现主要原因是该生在口语测试中由于抽到的提示卡内容是她比较陌生的话题，因此发生了"极度紧张"的状况，导致"大脑空白"，无法正常发挥自己的水平。

而对话语长短和连贯性方面，除了对 A4、A5、A19 同学没有影响之外，对其他同学都产生了积极的影响，促进了学生在该方面水平的提高。有的学生甚至有大幅度的提高从 2.5 提高到了 4.0 的水平。

在语言灵活性和适切性方面则相对前两个指标影响幅度比较小,有A4、A5、A11、A12、A14、A16、A19、A20、A21同学基本没有影响,这也说明最后一个"语言灵活性和适切性"指标是三个指标中最难提高的部分。参照大学英语四六级口语考试标准,作者发现语言准确性和范围这一指标,主要考察学生的词汇应用能力;话语长短和连贯性则主要考察学生的语篇连贯性能力;而语言灵活性和适切性则主要考察学生的灵活使用语言参与交际的能力(详见前文的表1.1)。显然从后测指标上来看,学生的语篇连贯性能力和灵活使用语言参与交际的能力偏高,而词汇的应用能力稍差,或是因为学生的词汇使用准确度稍差的原因造成的(见图5.5)。

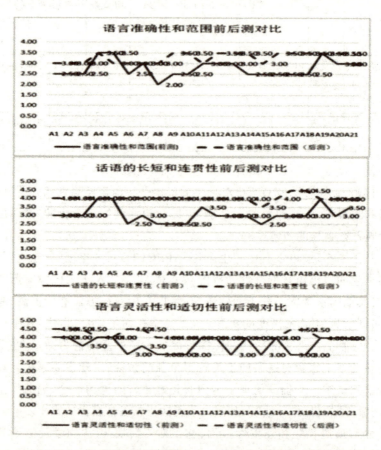

图5.5 一年级"生态化"任务班在口语测试三个指标上的变化

而对于口语水平均值相对比较高的二年级"生态化"任务班同学来说,"生态化"APBOPTG在三个方面产生的整体影响幅度偏小,这与二年级学生在前测的时候成绩本身就相对比较高有直接的关系。需要重点提出的是,对于B9、B10和B16、B17四位同学来说,后测的成绩在话语长短和连贯性以及语言适切性和灵活性方面有负面的影响,导致四位同学在这两方面的成绩下降,但是在后期访谈中作者没有发现四位同学有考试临场发挥不好的情况。因此后期作者观看了这几名学生在课内和课外表现情况的录像,发现这跟学生在课内和课外参与小组学习和讨论的情况不积极有关。这四名学生几乎每次都会照着讲稿读汇报的内容,而且汇报的内容是小组内其他成员准备撰写而成,而且课外他们参加小组面对面的讨论时候,基本上也是"保持沉默",但是他们参与组的其他成员的成绩却相对提高比较明显。

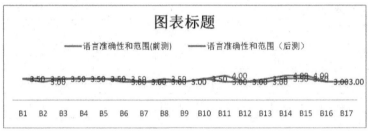

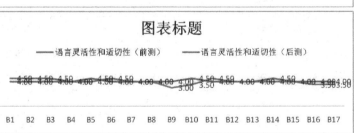

图5.6 二年级"生态化"任务班在口语测试三个指标上的变化

3. 学生英语学习动机、能动性、LA 和学生转化给养状况变化

本部分主要阐述学生的英语学习动机、能动性、LA 和学生转化的给养状况如何？以及'生态化'口语任务型教学对学生的英语学习动机、能动性、LA 和学生转化的给养状况是否有影响？

对于该问题的研究作者主要通过量化研究进行论证，对一、二年级的学生在动机、能动性、LA 和学习给养转化状况的前测和后测的水平得分进行对比分析。结果如下：

表 5.7　一、二年级"生态化"任务班和自然班的前测和后测均值对比分析

班级分组变量		前测后测分组变化	均值	前测-后测均值差	标准 偏差	N
动机	一年级"生态化"任务班	前测	3.3876		.57391	21
		后测	4.1214	0.7338	.57175	21
	一年级自然班	前测	3.8841		.63159	22
		后测	3.3159	-0.5682	.41644	22
	二年级"生态化"任务班	前测	3.2618		.43140	17
		后测	3.9624	0.7006	.42535	17
	二年级自然班	前测	3.6962		.55225	26
		后测	4.0212	0.3250	.57553	26
能动性	一年级"生态化"任务班	前测	3.2486		.25638	21
		后测	3.7414	0.4928	.38706	21
	一年级自然班	前测	3.2350		.38122	22
		后测	3.4550	0.2200	.26586	22
	二年级"生态化"任务班	前测	2.6353		.37929	17
		后测	3.2218	0.5865	.35177	17
	二年级自然班	前测	3.2200		.46884	26
		后测	3.3546	0.1346	.65258	26

续表

班级分组变量		前测后测分组变化	均值	前测-后测均值差	标准 偏差	N
LA	一年级"生态化"任务班	前测	3.6300		.36583	21
		后测	3.7686	0.1386	.63597	21
	一年级自然班	前测	2.9868		.41192	22
		后测	3.1423	0.1555	.31294	22
	二年级"生态化"任务班	前测	3.5947		.80479	17
		后测	3.7512	0.1565	.35817	17
	二年级自然班	前测	2.9796		.53481	26
		后测	3.0485	0.0689	.36272	26
给养	一年级"生态化"任务班	前测	3.5586		.57606	21
		后测	4.2852	0.7266	.58582	21
	一年级自然班	前测	3.6395		.65432	22
		后测	3.9586	0.3191	.64959	22
	二年级"生态化"任务班	前测	3.4624		.72183	17
		后测	4.2306	0.7682	.39603	17
	二年级自然班	前测	3.5792		.79974	26
		后测	3.5846	0.0054	.79511	26

从表中的结果不难看出，一、二年级"生态化"任务班在"生态化"口语任务实施前后的四个指标上的变化比自然班的变化要更好，如在动机方面一年级"生态化"任务班前后均值差是(0.7338)。而令人担忧的是一年级自然班动机竟然出现了负值，说明该校的大学英语教学急需调整，而作者所设计的"生态化"口语任务不失为一个比较好的办法。二年级在动机方面的变化上"生态化"任务班也比自然班要好。在能动性和学习环境给养转化两个维度方面的变化类似。其中给养转化的变化在一、二年级"生态化"任务班的变化情况最明显，有了明显的改善，尤其是二年级"生态化"任务班的情况。但是在LA的变化方面，一、二年级"生态化"任务班的LA并没有因为任务的干扰而产生较大的变化，变化幅度与一、二年级自然班差别不大，前后测试的差别也不大，或许因为时间较短，只有一

个期的干扰,因此 LA 未能形成新的变化,也说明前文定义中提到的 LA 是学生自我管理、监督和评估学习能力(请参见本书第二章理论框架部分关于 LA 的定义),而来自"外力"的干扰对其影响并不大。

4.口语成绩与英语学习动机、能动性、LA 和学生转化给养状况的相关性

本部分主要说明在'生态化'口语任务型教学实施前后,学生的口语成绩水平变化与学生的学习动机、能动性、LA 和学习环境 EA 被学生转化的情况的变化是否有相关性?为了回答这个问题作者进行了以下分析步骤:

(1)一、二年级口语成绩与学习动机、能动性、LA 和学习环境给养转化状况的相关性。

a. 首先是一年级"生态化"任务班口语成绩与学生的学习动机、能动性、LA 和学习环境给养转化状况的相关性

从下表5.8可以看出一年级"生态化"任务班的口语成绩与"生态化"任务班英语学习环境中的给养状况的相关性最高,在0.01水平(双侧)上显著相关系数为(0.000 < 0.05),相关系数为0.925,为高度相关。这说明"生态化"APBOPTG 构成的口语学习环境中的积极给养比较丰富,对学生口语学习有促进作用,这一点从口语成绩与动机、能动性的相关性中也可以得到证明,口语成绩与动机的相关性在0.01的水平(双侧)上,显著相关系数为0.009<0.05,相关系数为0.579,为中度相关;而口语成绩与能动性的相关性在0.01的水平(双侧)上,显著相关系数为0.007 < 0.05,相关系数为0.599,也属中度相关;但数据显示口语成绩与学生 LA 的相关性相对较低,在0.05水平(双侧)上,显著相关系数为0.028,相关系数为0.504,虽然也属中度相关,但是比其他指标略低,或许是因为学生的 LA 不能在短期内有太大的提高和改变决定的。但是动机、能动性和学习环境的给养状况似乎与口语成绩的提高有着紧密的联系。

表5.8 一年级"生态化"任务班后测各指标相关性对比分析

描述性统计量

	均值	标准差	N
一年级"生态化"任务班后测口语成绩	11.4737	.45563	19
一年级"生态化"任务班后测动机	4.2184	.48080	19
一年级"生态化"任务班后测能动性	3.8216	.26786	19
一年级"生态化"任务班后测LA	3.8305	.63502	19
一年级"生态化"任务班后测给养转化情况	4.4400	.25243	19

相关性

		一年级"生态化"任务班口语后测	一年级"生态化"任务班动机后测	一年级"生态化"任务班能动性后测	一年级"生态化"任务班自主学习能力后测	一年级"生态化"任务班给养状况后测
一年级"生态化"任务班口语后测	Pearson 相关性	1	.579**	.599**	.504*	.925**
	显著性（双侧）		.009	.007	.028	.000
	N	19	19	19	19	19
一年级"生态化"任务班动机后测	Pearson 相关性	.579**	1	.686**	.337	.481*
	显著性（双侧）	.009		.001	.159	.037
	N	19	19	19	19	19
一年级"生态化"任务班能动性后测	Pearson 相关性	.599**	.686**	1	.142	.584**
	显著性（双侧）	.007	.001		.563	.009
	N	19	19	19	19	19
一年级"生态化"任务班自主学习能力后测	Pearson 相关性	.504*	.337	.142	1	.431
	显著性（双侧）	.028	.159	.563		.065
	N	19	19	19	19	19
一年级"生态化"任务班给养状况后测	Pearson 相关性	.925**	.481*	.584**	.431	1
	显著性（双侧）	.000	.037	.009	.065	
	N	19	19	19	19	19

**. 在 .01 水平（双侧）上显著相关。
*. 在 0.05 水平（双侧）上显著相关。

注：一年级"生态化"任务班的人数是28人，但是同时参加口语测试和问卷调查动机、能动性、自主能力和学习环境给养调查问卷的人数只有19人，所以采纳数据人数为19人。

b. 一年级"生态化"任务班和自然班的能动性、动机、LA和学习环境的给养状况是否有显著的差异？

表5.9 一年级"生态化"任务班和自然班后测指标对比分析

组统计量

班级分组		N	均值	标准差	均值的标准误
动机	一年级"生态化"任务班	19	4.2184	.48080	.11030
	一年级自然班	24	3.3063	.42562	.08688
能动性	一年级"生态化"任务班	19	3.8216	.26786	.06145
	一年级自然班	24	3.4154	.31768	.06485

续表

班级分组		N	均值	标准差	均值的标准误
LA	一年级"生态化"任务班	19	3.8305	.63502	.14568
	一年级自然班	24	3.1454	.30389	.06203
给养状况	一年级"生态化"任务班	19	4.4400	.25243	.05791
	一年级自然班	24	3.8633	.72824	.14865

独立样本检验

		方差方程的 Levene 检验		均值方程的 t 检验					差分的 95% 置信区间	
		F	Sig.	t	df	Sig.(双侧)	均值差值	标准误差值	下限	上限
动机	假设方差相等	2.905	.096	6.591	41	.000	.91217	.13839	.63268	1.19167
	假设方差不相等			6.496	36.321	.000	.91217	.14041	.62749	1.19685
能动性	假设方差相等	.069	.794	4.456	41	.000	.40616	.09115	.22207	.59025
	假设方差不相等			4.546	40.807	.000	.40616	.08934	.22572	.58661
自主学习能力	假设方差相等	7.943	.007	4.664	41	.000	.68511	.14690	.38844	.98178
	假设方差不相等			4.327	24.488	.000	.68511	.15834	.35866	1.01156
给养状况	假设方差相等	11.549	.002	3.292	41	.002	.57667	.17519	.22286	.93047
	假设方差不相等			3.615	29.839	.001	.57667	.15953	.25069	.90264

从表5.9独立样本T检验结果来看两个班的英语学习动机对比F相伴概率为sig=0.096>0.05，说明不能拒绝方差相等的假设，看假设方差相等T检验结果显示T统计量的相伴概率为0.000<0.05，说明两个班的英语学习动机有显著差异；在能动性方面，作者发现两个班的动机对比F相伴概率为sig=0.794，不能拒绝方差相等的假设，看假设方差相等T检验结果显示T统计量的相伴概率为0.000<0.05，说明两个班的英语学习能动性也有显著差异；同样在LA方面两个班对比F相伴概率为0.007<0.05，看假设方差不相等T检验结果的T统计量相伴概率为0.000<0.05，也说明两个班级的LA存在显著差异；同理可证"生态化"任务班英语学习环境给养转化状况也与自然班存在显著差异，从T检验结果的T统计量相伴概率sig=0.001<0.05上可以得到证明。

这些数据表明一年级"生态化"任务班整个学生英语口语学习内在因素促动情况要好于自然班，虽然从上面统计结果了解到后测自然班的口语成绩依然好于"生态化"任务班，但是由于"生态化"任务班在学期初的前测成绩要远远低于自然班的成绩，而两个班级的均值差从前测的0.85185，下降到了后测的0.54715（见上文5.2和5.3方差分析表），说明"生态化"任务班提高的效率比自然班要高，而且从动机、能动性、LA和学习环境的EA被学生转化的情况可以看出，这些指标都比一年级自然班的要高，说明一年级"生态化"任务班整体的学习情况比较好。所以作者认为虽然整个学期下来,一年级"生态化"任务班的口语成绩依然没有一年级自然班的成绩好,但是需要注意的是,一年级"生态化"任务班的口语成绩在学期初前测的时候成绩是明显低于自然班的,而且两个班存在显著差异(这一点在上文的表 5.2 有显示)。但是如果学习动机、能动性、LA 和学习环境的 EA 被学生转化的情况能够继续保持,假以时日,学生的成绩会进一步提高,本次试验由于时间的关系,只进行了一个学期[①],但是未来作者将对此进行进一步研究,加长研究时间。

c. 二年级"生态化"任务班后测口语成绩与动机、能动性、LA 和 EA 被学生转化的状况之间的关系如何?

从下表 5.10 可以看出二年级"生态化"任务班同学的口语成绩与学习环境的给养转化状况的相关性最高,在 0.01 水平(双侧)上,相关系数为 0.938,属高度相关;口语成绩与能动性的相关性在 0.01 水平(双侧)上,相关系数为 0.905,同样与动机的相关系数为 0.830,也属高度相关;但口语成绩与 LA 的相关系数稍低,在 0.01 水平(双侧)上,相关系数为 0.757,属中度相关。这说明二年级学生的 LA 是比较难以提升的指标,这也许是中国学生普遍存在的问题。而似乎通过提高学生的学习动机和能动性来促进学生口语能力的提升不失为一个有效的办法。

表 5.10　二年级"生态化"任务班后测各指标相关性对比分析

描述性统计量

	均值	标准差	N
二年级"生态化"任务班后测动机	3.9624	.42535	17
二年级"生态化"任务班后测能动性	3.2218	.35177	17
二年级"生态化"任务班后测 LA	3.7512	.35817	17
二年级"生态化"任务班后测给养状况	4.2306	.39603	17
二年级"生态化"任务班后测口试成绩	11.5294	.81912	17

[①] 实际上该校的大学英语课每学期都是自由选课,所以很难做到两个学期的班级中有完全一样的学生,所以其实在该校是很难做到长时间的跟踪,这一点也是本研究中存在的局限之一。

相关性

		二年级"生态化"任务班后测动机	二年级"生态化"任务班后测能动性	二年级"生态化"任务班后测自主学习能力	二年级"生态化"任务班后测给养状况	二年级"生态化"任务班后测口试成绩
二年级"生态化"任务班后测动机	Pearson 相关性 显著性（双侧） N	1 17	.950** .000 17	.944** .000 17	.768** .000 17	.830** .000 17
二年级"生态化"任务班后测能动性	Pearson 相关性 显著性（双侧） N	.950** .000 17	1 17	.949** .000 17	.793** .000 17	.905** .000 17
二年级"生态化"任务班后测自主学习能力	Pearson 相关性 显著性（双侧） N	.944** .000 17	.949** .000 17	1 17	.635** .006 17	.757** .000 17
二年级"生态化"任务班后测给养状况	Pearson 相关性 显著性（双侧） N	.768** .000 17	.793** .000 17	.635** .006 17	1 17	.938** .000 17
二年级"生态化"任务班后测口试成绩	Pearson 相关性 显著性（双侧） N	.830** .000 17	.905** .000 17	.757** .000 17	.938** .000 17	1 17

**. 在 .01 水平（双侧）上显著相关。

接下来需要了解二年级"生态化"任务班的动机、能动性、LA 和给养状况是否比二年级自然班的情况要好。从下表 5.11 独立样本 T 检验可以明显看出，在各项指标上二年级"生态化"任务班都与自然班有明显差异，sig 均小于 0.05，所以可以说明"生态化"APBOPTG 在二年级的干扰效果明显。二年级"生态化"任务班的学习情况整体要好于自然班。

表 5.11　二年级"生态化"任务班和自然班后测指标对比分析

组统计量

	班级分组	N	均值	标准差	均值的标准误
动机	二年级"生态化"任务班	17	3.9624	.42535	.10316
	二年级自然班	26	3.4558	.50780	.09959
能动性	二年级"生态化"任务班	17	3.2218	.35177	.08532
	二年级自然班	26	2.8035	.61384	.12038
LA	二年级"生态化"任务班	17	3.7512	.35817	.08687
	二年级自然班	26	2.9488	.60313	.11828
给养	二年级"生态化"任务班	17	4.2306	.39603	.09605
	二年级自然班	26	3.0485	.36272	.07114

独立样本检验

		方差方程的 Levene 检验		均值方程的 t 检验					差分的 95% 置信区间	
		F	Sig.	t	df	Sig.(双侧)	均值差值	标准误差值	下限	上限
动机	假设方差相等	1.077	.305	3.403	41	.002	.50658	.14888	.20591	.80725
	假设方差不相等			3.533	38.383	.001	.50658	.14339	.21640	.79676
能动性	假设方差相等	2.683	.109	2.543	41	.015	.41830	.16447	.08615	.75045
	假设方差不相等			2.835	40.468	.007	.41830	.14755	.12020	.71641
自主学习能力	假设方差相等	.553	.461	4.933	41	.000	.80233	.16263	.47389	1.13077
	假设方差不相等			5.467	40.728	.000	.80233	.14676	.50589	1.09877
给养	假设方差相等	.826	.369	10.078	41	.000	1.18213	.11730	.94524	1.41902
	假设方差不相等			9.890	32.170	.000	1.18213	.11953	.93871	1.42554

注：二年级"生态化"任务班的人数在34人但是同时参加口语测试和问卷调查动机、能动性、自主能力和学习环境给养转化情况调查问卷的人数只有17人，所以采纳数据人数为17人。

研究中作者还发现了另一个问题：

d. "生态化"APBOPTG构建的环境中学生的学习动机、能动性、LA和学习环境的给养转化状况四个因素之间的相关性情况

首先来看二年级"生态化"任务班的情况，二年级"生态化"任务班的相关性数据表明，四个指标中，动机与能动性的相关性最高（见上表5.10），在0.01水平（双侧）上，sig=0.000<0.05，相关系数0.950，属于高度相关；LA与动机的相关性系数次之，为0.944，也属于高相关范畴，同时能动性和LA之间的相关性也属于高度相关情况，相关系数在0.01水平（双侧）上为0.949，相关性高度紧密；而学习环境给养状况与动机，学习给养与能动性之间的相关系数为0.768和0.793，都属于中度相关，其中的原因或许是，以生态化任务型教学干扰的英语学习环境，虽然为学生提供了丰富给养，但是给养的感知和使用毕竟来自于学生的内在动机和能动性，因此这两者的相关性比较高，而两者与外在的给养状况的相关性就没有那么高。给养与LA的相关系数最低，为0.635，也属于中度相关，或许因为，学生的LA受到转化给养状况的影响，但是并不是短时间能够迅速提高的能力。

再来看一年级四个指标上的相关度情况。一年级"生态化"任务班学生的学习动机与能动性的相关度最高（见上图5.8），在0.01水平（双侧）上，为0.686，属于中度相关，而动机与LA之间的相关性则几乎没有，sig=0.159>0.05，相关性没有意义，这或许因为学生在大学以前习惯了由教师引导的学习，到了大学自主能力比较差的原因，但自主能力差，并不影响学生的学习动机，因此两者不相关也是合理的范畴。这一点从LA与其

他三个指标的相关性指数都不存在意义这一点可以证明,如 LA 与能动性,sig=0.563>0.05;LA 与学习环境给养状况的相关性 sig=0.065>0.05,没有意义。但是英语学习给养状况与能动性之间的相关指数为 0.01 水平(双侧)上,0.584,属于中度相关;给养状况与动机的相关水平稍低为 0.05 水平(双侧)上,0.481,属于低度相关。这或许因为,大一的学生对学习环境的互动机会和学习资源的使用状况不是很好,对给养的识别、感知情况不够明显,对动机的影响不是很强。

综上所述,从量化数据基本上可以回答本书第 4 个研究问题中的内容,即:

① "生态化"APBOPTG 实施前后大学英语学生的口语水平如何?学生的英语学习动机、能动性、LA 和英语学习环境的给养状况如何?

对这个问题的回答是:

作者从量化数据中可以得出在生态化任务型教学的影响下,一年级"生态化"任务班和二年级"生态化"任务班的学习整体情况偏好,主要体现在一年级"生态化"任务班和二年级"生态化"任务班学生的口语测试水平前后测对比,都表明他们比两个年级自然班的要好,而且学习动机、能动性、LA 和英语学习环境的给养状况都分别比两个年级自然班的情况要好,这基本可以说明"生态化"APBOPTG 的效果比较好。

② "生态化"APBOPTG 教学对不同水平大学英语学生的口语成绩是否有影响?影响程度如何?对学生口语测试三方面是否有影响,程度如何?

对这个问题的回答是:

"生态化"APBOPTG 的干扰对于一年级学生水平相对低的学生来说,提高的相对二年级水平较高的学生效率似乎高一些。其原因是二年级的学生成绩提高幅度没有一年级学生成绩提高幅度大,但这也与二年级学生口语成绩前测本身就比较高有关系,因此造成后测的成绩虽然有提高,但是幅度没有一年级"生态化"任务班学生提高幅度大。这也同时说明了一点非常重要的问题,那就是大学英语四级考试的测试成绩分数段划分似乎少了一些,只有 1—5 分的差别,如果能做到更多的层次分级,或许使口语成绩的准确度和区分度能够更明显一些。但这一问题与本书的目的和研究问题不相关,因此不做进一步阐述。

对一年级的学生来说,以上任务对他们的语言准确度和范围,以及话语长短和连贯性方面影响的幅度比较大,而对于语言的适切性和灵活性方面影响的幅度比较小。对于二年级"生态化"任务班来说,"生态化"任务对三个方面的影响都小,也许因为二年级学生中六级考试已结束,存在学习倦怠的问题,影响了测试效果的准确性。

③ 在"生态化"APBOPTG教学实施前后,学生的学习动机、能动性、LA以及大学英语学习环境中的"EA"状况有何改变,四者与学生口语成绩水平变化有何关系?

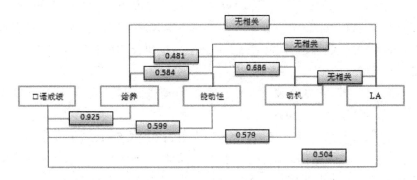

图5.7 一年级"生态化"任务班调查指标彼此之间的相关性

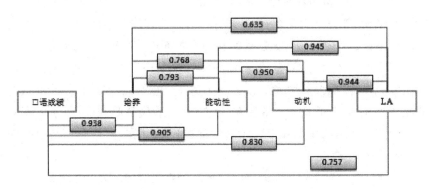

图5.8 二年级"生态化"任务班调查指标彼此之间的相关性

从上图5.7和图5.8所示量化数据证明了对于一年级的学生来说,一年级"生态化"任务班的口语成绩与英语学习环境中的给养转化状况的相关性为高度相关。这说明"生态化"APBOPTG构成的口语学习环境中的积极给养比较丰富,为学生口语学习有促进作用,这一点从口语成绩与动机、能动性的相关性中也可以得到证明。口语成绩与动机的相关性为中度相关，而能动性口语成绩的相关性也属中度相关；但数据显示口语成绩与学生 LA 的相关性相对较低，虽然也属中度相关，但是比其他指标略低，或许是因为学生的 LA 不能在短期有太大的提高和改变决定的。但是动机、能动性和学习环境的给养转化状况似乎与口语成绩的提高有着相对紧密的联系。

而对于二年级"生态化"任务班的学生来说，口语成绩与学习环境的给养转化状况的相关性最高，属高度相关，与能动性的相关性也属高度相关，但与 LA 的相关系数稍低，属中度相关。这说明二年级学生的 LA 也是比较难以提升的指标，这也许是中国学生普遍存在的问题。而似乎通过提高学生的学习动机和能动性促进学生口语能力的提升，不失为一个有效的办法。

除此之外，作者还发现了学生的学习动机、能动性、LA 和学习环境给养转化状况之间的关系。

首先来看二年级"生态化"任务班的情况（见图5.8），二年级"生态化"任务班的相关性数据表明，四个指标中，动机与能动性的相关性最高，属于高度相关；LA 与动机的相关性系数次之，也属于高相关范畴；同时能动性和 LA 之间的相关性也属于相关性高度紧密的情况；而学习环境给养状况与动机，学习给养与能动性之间的相关性都属于中度相关。其中的原因或许是，以"生态化"任务型教学干扰的英语学习环境，虽然为学生提供了丰富的给养，但是给养的感知、解读和使用毕竟来自于学生的内在的动机和能动性，因此后两者的相关性比较高，而后两者与外在的给养状况的相关性就没有那么高。给养与 LA 的相关系数最低，但也属于中度相关，或许因为，学生的 LA 受到给养状况的影响存在，但是并不是短时间能够迅速提高的能力。

再来看一年级"生态化"任务班四个指标上的相关度情况（见图5.7）。一年级"生态化"任务班学生的学习动机与能动性的相关度最高，属于中度相关，而动机与 LA 之间的相关性则几乎没有，这或许因为学生在大学以前习惯了由教师引导的学习，到了大学自主能力比较差的原因，但自主能力差，并不影响学生的学习动机，因此两者不相关也是合理的范畴。这一点从 LA 与其他三个指标的相关性指数都不存在意义这一点可以证明,如 LA 与能动性、LA 与学习环境给养转化状况的相关性都没有意义。但是英语学习给养状况与能动性之间的相关性属于中度相关;给养状况与动机的相关水平稍低,属于低度相关,这或许因为,大一的学生对学习环境的互动机会和学习资源的使用状况不是很好,对给养的识别、感知情况不够明显,对动机的影响不是很直接,但是从一年级"生态化"任务班和自然班之间在后测数据四个指标上的数据对比(见表5.9),前者都比后者要好,说明一年级"生态化"任务班的学生在 APBOPTG 任务的促动下,英语学习的内驱动力要好于自然班。虽然内驱动力因素彼此之间的相关性并不是很明显。

因此两个年级口语水平似乎都与自主能力相关性相对比较低,而其他三个指标动机、能动性和给养转化状况与自主能力的相关性也较低;<u>但是口语成绩在两个年级的"生态化"任务班中都与给养转化情况高度相关</u>(见图5.7、5.8),因此可以从量化数据中得出,如果希望能有效地提高学生的口语水平,似乎需要教师在大学英语学习生态环境中多多创造能够供应更多积极给养的互动机会和资源,同时多方面刺激学生学习动机和能动性能力的提高,使学生从外在环境中能随时获得给养,并能够刺激学生提高内在的学习动机和能动性。这些都是能够有效提高学生语言水平的有效策略。

然而,量化数据只能告诉我们研究的结果,数据背后的深层原因却无法准确地描述,因此本书还进行了相关的质性数据搜集,借以完善这方面的不足。下文将进一步通过质化数据进行梳理、分析和解读。

5. 学生的学习动机、能动性、LA 和学习环境的给养转化状况变化的原因

质性研究的目的是从量化研究结果的基础上找出学生学习动机、能动性、LA 和大学英语学习环境中转化的给养状况发生变化背后的原因,剖析其发生变化的社会文化背景因素,借以进一步证明"生态化"AP-BOPTG 策略实施的有效性。

该部分主要阐述'生态化'口语任务教学实施前后,学生的学习动

机、能动性、LA和学习环境的给养转化状况发生了什么样的变化,背后的原因是什么?

作者通过以下四个方面对这一问题进行深入剖析。

"生态化"APBOPTG实施前后

(1)大学英语学生的学习动机发生变化的原因是什么?

(2)大学英语学生的学习能动性发生变化的原因是什么?

(3)大学英语学生的学习LA发生变化的原因是什么?

(4)学生转化的给养转化状况发生变化的原因是什么?

5.1 英语学习动机的变化与原因

对于学生的英语学习动机状况作者主要采用的是Dornyei的自我系统和动机的定义框架进行分析。数据从访谈中找出。访谈文本采用意义单位(MU)分析。Ratner(2002:169)认为"文本分析时,MU的选取必须保证表达受试者心理想法的完整性,既不能把整体意义分成无意义的只言片语,也不能把某一MU与表达其他意义的MU混淆在一起"(秦丽莉&戴炜栋,2015)。只要受试者突显出对同一话题进行谈论而没有转移话题,就被看作是一个MU。经过提取MU和课堂观察结果作者发现了以下的情况。

(1)"生态化"APBOPTG实施之前大学英语学生的动机状况

首先作者调查了"生态化"APBOPTG实施之前大学英语学生的动机状况,目的是对动机形成的原因有深入的了解,以便于挖掘目前学生在动机上存在的问题,找出补救措施。

研究中作者主要依照秦丽莉&戴炜栋(2013b)的研究方法和程序展开。但是由于本书主要与学生动机自我系统中的当前OTS(ought-to-self=OTS)相关,即学生大学一年级(Grade 1=G1)和大学二年级(Grade 2=G2)的时段相关,因此本书中虽然也对过去OTS、未来OTS和IS(理想自我=ideal self=IS)进行了调查,但是由于与本书内容关联性不高,只做简要描述。

根据调查作者发现下图的动机自我系统模型基本符合该校的四位焦点学生的动机发展动态图5.9。

第五章 SCT视角下中国大学英语学习状况实证数据描述与解析 | 191

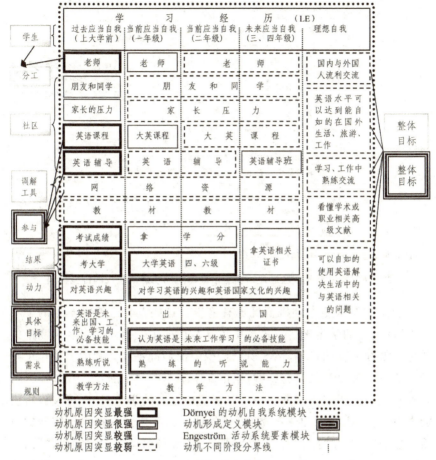

改编自秦丽莉&戴炜栋(2013b)

图5.9 活动理论框架下大学英语学习动机自我系统模型

从图5.9中可以看出,在大学前过去自我的影响因素中,老师、英语课、英语辅导班、教学法、考试成绩、考大学等因素占主要因素。但是到了大学,情况却完全不同。学生基本失去了高中在促进英语学习起关键作用的所有重要因素的推动。对学生学习动机起最大的驱动作用的主要是图5.10中"当前OTS"阶段的几个因素板块,即研究实施阶段对大学英语学习动机的影响因素模块。

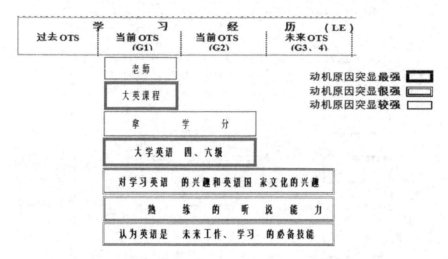

注：OTS=应当自我；G1=一年级；G2=二年级

图5.10　本书教学实验阶段对实验阶段学生动机影响较大的因素模块

但是四个学生的动机情况也有差异。这些差异主要受学生的学习历史影响，比如学生来自乡镇高中还是城市高中。例如来自乡镇高中的学生对教师的依赖性比较大，所以访谈中他们都提到老师的重要作用对自己的英语学习有很大的影响，城市高中毕业的学生的LA则相对较好，教师对他们的影响比较低。而且乡镇高中毕业的学生对"熟练掌握听说能力"的这一个需求更强一些，可能是他们的听说能力相对比较低的原因。然而在"拿学分"、"对英语学习的兴趣和英语国家文化的兴趣"以及"认为英语是未来工作、学习的必备技能"方面，不论是乡镇高中还是城市高中，不论一年级还是二年级的学生，对这方面的看法都基本相同。最值得注意的是作者发现，"大学英语课程"和"大学英语四六级考试"在该校的学生中是对学习动机影响最大的两个因素。尤其是二年级学生在作者调查和实验实行的学期正好处于六级考试备考、参加考试的学期，所以他们的学习更希望能多出一些时间准备六级考试，对口语任务的准备，如果不是教师在教学大纲和成绩上的要求，他们可能不会用心去做（其隐含的原因是：英语成绩在大学之前曾经是促进英语学习的重要因素），因为他们并不打算去参加大学英语六级考试的口语考试，所以口语如何似乎对他们来说不是很重要。虽然他们在图中理想自我方面，还是对英语有很多的期待,也意识到未来英语对自己的工作、学习和生活有很大帮助,但是由于不是近期急切的需求,因此,对于二年级的学生这个动机影响因素不强。但是对于一年级的学生来说,由于是开学第一个学期,大学英语四级考试被安排在一年级下学期,而作者实施研究阶段处于一年级上学期阶段。因此他们在提高口语能力方面需求比较高。因此这就决定大学英语教师如何合理的安排教学要求,让一年级和二年级的学生在四个学期内都能够积极地参与到提高口语的活动中。

(2) "生态化"APBOPTG实施过程中学习动机变化

在实行了一个学期的"生态化"APBOPTG模式的学术专题小组口头汇报的任务后,作者发现四个学生的学习动机发生了相应的变化。尤其是学生们的后期访谈中,都被问及一个问题"如果没有这个小组任务的要求,您是否会主动去找机会练习口语?"。四个学生的回答基本都是"不会",也就是说如果没有小组任务在教学大纲安排中被纳入成绩考核的因素,学生似乎是不会自主去进行这种练习,而且学生都反映是时间比较紧,来自专业方面的压力比较大。此外,二年级的学生还反应,有时候也想练,但是却无从下手,也就是说学生是需要引导的,因为学生对自主学习的方法和策略上有困惑。但是在接下来的访谈中作者还问道学生,"对教师安排的学术专题小组口头汇报任务的看法如何?""在完成任务过程中的感受如何?"这两个问题。对于任务的看法,乡镇高中的学生认为比较难,完成起来比较吃力,但是坚持跟着组员练习,对自己的口语的提高非常有帮助,所以觉得是在学期中期的时候才开始喜欢上任务,或者心理上接受这种锻炼方法,真正投入进去,逐渐从被其他组员安排如何配合,到能够主动参与到任务的安排上的角色。而对于来自城市的学生的来说,完成任务也是一个挑战,完成起来还是需要投入比较大的精力,但是整体并不是难的无法应付,而且整体来说来自城市的学生最大的感受是觉得任务比较有趣,如果时间充足还是希望能做得更好一些。但是在年级差异上,一年级的学生的看法是任务虽然难,但是由于对自己的口语有帮助,比较愿意参与;而二年级的学生对任务的看法则是任务比较消耗时间,忙于准备六级考试,开始是不情愿去做的,但是老师有要求,成绩上还有体现,所以不得不参加,但是做了一段时间之后觉得真的很有趣,所以他们是逐渐地真正投入到任务驱动的口语练习社区中,加入口语互动活动的。

　　从以上对学生动机的调查中,不难发现"生态化"APBOPTG显然是带动学生进行口语练习的有效"助推器"和驱动力。那么根据动机的定义构成,仅仅有需求(如提高口语能力)和活动的整体目标(如达到流利的口语交流能力)是不够的,如果希望构成带动学生英语学习的动机,还要有适当的动力(如任务)、具体的学习行为目标(如获得好的期末口语成绩)和积极地参与社会活动才能够形成真正的促动英语学习的动机(见图5.11)。而本书的任务型教学,显然在增加动机形成的动力和参与社会活动方面发挥了重要作用,不论学生起初是抵触与否,学生都在整个学习的过程中,为了完成要求并拿到比较好的成绩,而付出了自己的精力,而且逐渐地适应了完成任务的压力和要求。也就是学生从最开始的"无时间"或者"无方法"进行口语练习的状态,逐渐进入了"挤时间""按要求",参与任务驱动的口语学习的社会互动活动上,进而形成了学习的积极动机,教师在教学中也达到了促进学生英语口语学习的目的。而学生的口语成绩和动机的相关性作者在前文的量化研究中也进行了论证,相关性都比较紧密,这里不做进一步的讨论。而且从动机的前测和后测成绩上看,两个年级"生态化"任务班学生的动机平均分都比自然班增加的相对较大。因此基本可以得出,"生态化"APBOPTG对学生的动机有积极的驱动作用,能够带动学生的口语学习,在具体实施过程中通过具体成绩考核的手段,刺激了学生的需求,明确了学生学习的具体行为目标,这两个动机形成的source促进动机发展的具体进程,而且在动机形成的过程中,经过"生态化"APBOPTG的干扰,加强了学生具体参与到了社会活动的强度(见下图5.11动机形成概念图,图框中的长方体方框代表"生态化"APBOPTG干扰到的元素),从下图中"需求""具体行为目标"和"参与社会互动"上注入了新的内容,又在同伴和教师的互动中为"动力"元素注入了"助推剂",因此促进了动机的提高。但是教师在任务实施过程中需要关注学生对任务的看法和实施过程中的感受,积极鼓励学生参与并完成任务,保证任务小组成员的积极参与,避免抵触心理和不配合的状态。

改编自秦丽莉&戴炜栋(2013b)

图5.11　Motivation定义概念图分段解析

5.2　学习者自主能力的变化与原因

依据实践社群理论(这里分为直接社群和想象社群)兼顾混沌/复杂理论,作者通过访谈录音文本的反复分析,发现4位同学的LA(learner's autonomy=LA)情况通过学习者身份的构建体现得很明显,2个"生态化"任务班的学生身份构建的更加丰富、积极,而自然班的2个学生整个学期基本没有变化。而且LA和学习者身份两者的关系具有混沌/复杂性的特征(Larsen-Freeman, 1997),根据文献综述部分的论述,学习者的LA与直接社群中构建的身份(DCI=direct communities identities)和想象社群中构建的身份(ICI=imagination communities identities)都相关,但是由于ICI直接观察比较困难,因此,作者只从DCI方面说明学生的LA变化情况和原因。

二年级"生态化"任务班焦点学生(F同学)
(1)"生态化"APBOPTG实施之前
DCI情况(DCI=direct community identities):该生是一名二年级的俄语专业学生的身份,同时她也是一名**外语爱好者**[①],非常喜欢学习英文。在高中她曾是一名英语**佼佼者**,考试成绩非常好,但大学里起初她却成为**口语较差的学生**,因为来自乡镇高中,口语和听说能力都差,有挫败感,不自信。在课内较少积极参与互动活动,但能做到认真听讲,却不能完全融入课堂这一口语练习的社群,也没能够积极地利用学习资源的语言给养。虽然她课后也能做到积极完成作业、背单词等等。但是仅此而已,虽

[①] 本小节中黑体加下划线标注的是学生的不同身份。

然她知道自己需要积极地去锻炼口语,但是总是没有勇气参与到课内或者课外自己能找到的口语练习活动中。

(2) 实验实施过程中自主学习情况变化

到了本学期的实验实施阶段,该生对"生态化"APBOPTG教学安排的学术专题小组口头汇报任务非常喜欢,课外筹备的时候她还积极地去搜集材料,包括使用手机、网络、图书馆的英语图书、杂志等等,甚至会在需要的时候给自己的微信朋友圈发一下自己的疑问,求助朋友、家长、同学等。集中各种资源,是一个非常好的<u>信息收集者</u>;在小组讨论中,她也会积极地配合组员,进行互动意义协商的与其他组员一起修改用词、内容、语法等方面的问题,与组员一起组织较好的演讲稿,进行更多的有意义的协商,是<u>小组任务的积极配合者</u>。因此,在APBOPTG任务的刺激下,她渐渐的完全融入课内、课外的口语互动学习社区中,找到了更多的有利于口语学习的给养,并转化成了更多的积极给养,自主学习情况也越来越好。后来甚至发展到主动找机会<u>与外国人交朋友</u>,增加锻炼口语机会。

这说明在小组任务的刺激下该生的学习者身份在原来的基础上有了新的拓展和发挥,自主学习情况也有了利好的发展,而且在提高自己的过程中还起到了为其他组员提供"支架"支持的作用。

一年级"生态化"任务班焦点学生(A同学)

(1) 实验设施之前

DCI:该生是<u>日语专业的学生</u>,虽然知道英语很重要,但并不热衷英语,因此更能代表大多数大学英语学生的特征。对课内的内容,A同学都能够积极完成作业,并在课堂内积极参与互动活动。所以课内是一名<u>好学生</u>。业余时间在校园内英语相关的活动中,她是一个积极<u>观众</u>,每当有比赛都会观摩,但是始终没有勇气参加。也曾想过<u>找外国人做朋友</u>提高英语,但没有积极主动地去找机会。

(2) 实验实施过程中

该生在任务实施过程中基本能够配合组员做小组任务的准备,但始终处于"<u>配角</u>"的角色,不会去主导任务的进程和安排,或者决定任务的内容。大多数的情况下该生主要是听另外两个组员的安排,然后去准备。

更准确地说大部分的情况下该生是被动地为了完成小组任务而去学习英语，而不是主动的。

这说明作者设计的小组口语任务成为该生英语学习的驱动力，如果没有任务可能该生会继续"消极"地学习英语。也可以得出，自主学习其实也可以分为两种——<u>被动自主学习和主动自主学习</u>，两种虽然都能够使学生自主地去学习，但是两者最大的区别是，后者能够对自己的学习进行有效的评估，并能够找到合理的策略提高学习效率。APBOPTG任务对于学生LA最大的帮助就是能够使学生"被动"的实施自主学习的行为，但是却不能做到对学习活动进行管理和监督。作者设计的任务最大的帮助就是能通过"外力"对被动自主学习类型的学生学习情况进行监督和管理，促进学生课后主动地进行英语口语练习。

另外两个同学来自一、二年级自然班。

<u>二年级自然班焦点学生（H同学）</u>

该生是日语专业的学生，她认为英语只是拿学分的工具。觉得大学英语课的内容缺乏语法知识等"硬"性内容，因此该生虽然听课，做作业，配合老师回答问题，但该生课内相对是<u>消极的学生</u>。课后也很少通过其他途径学习英语。经过了解，她在高中英语一直是<u>佼佼者</u>，而且还是<u>英文原版小说爱好者</u>，但大学后再也没读。虽然有专业课的压力，但她主要是觉得英语学习没有压力和兴奋点。她特别提出不喜欢英语老师，跟高中老师那种对自己的关注"天壤之别"，所以英语学习动机消退，"英语对我来说，情感上有积极性，但行动上没有"。她觉得英语课只需及格，大学英语四、六级通过即可。

<u>一年级自然班焦点学生（B同学）</u>

对将来的打算是能够流利的使用英语进行交流，认为英语非常重要，课堂上她会抓住一切机会说英语，是个<u>积极锻炼口语的学生</u>。但是老师却在课堂上花费大量的时间用扬声器领着学生做听力练习题，她觉得特别浪费时间。所以练习口语时间和机会都很少。直接导致她经常在下面玩手机，发短信的小动作，成了<u>"不认真"上课的学生</u>。但是有趣的是，该生下了课之后还会去图书馆看英文资料，也会去网上浏览英文网站，但只是<u>"有兴趣、没有计划"的英语学习者</u>。

如上文陈述，4位同学的身份和自主学习情况相差甚远。作者发现以下规律：

① 实践社群理论(communitiy of practice=COP)框架下的身份与LA

二年级"生态化"任务型口语教学班中的F同学在APBOPTG任务的刺激下，不论是在课内/外，都是一个LID(learner's identities)各种变形(variant)的主动构建者。她课内积极参与互动活动，课外加入了不同的直接社群，为自己寻找更多的语言给养使用英语，所以该生后来对学习的控制和管理情况越来越好；一年级"生态化"任务型口语教学班中的A同学虽然成绩良好，学习也能按照课内的要求完成，但是课后却没能主动加入其他有利于英语学习的社群，构建更多的身份锻炼英文。之后在任务教学的驱动下，能够在课外积极参与英语的学习，虽然是一个<u>"被动"的自主学习者</u>，但整体LA情况似乎计划性和策略性并不强，因此LA能力略差；自然班的两位同学的情况比较让人担忧，学习英语课内/外的自主性不够充足，虽然B同学(一年级自然班)所构建的DCI中，有积极的身份在，但是由于只是兴趣使然，根据实践社群理论，她只能是<u>英语学习社区中的边缘人员</u>，还没有机会真正"合法"的参与到英语学习的互动活动中，锻炼口语，这时候就需要教师发挥引导作用，设计合理的任务，为学生创造机会。而二年级自然班的H同学无论是课内的学习身份，还是课外的学习身份，几乎没有加入任何社群或构建任何英语学习的身份创造机会学习。英语学习只有按时上课、完成作业、拿到学分等情况，身份的多样性不足，所以作者认为她们两个的英语LA能力相对较弱，不足以促进语言学习，提高语言水平。

综上所述，实践社群身份构建的多样性对大学英语LA能力的积极影响。Gibson(1979)提出给养是环境给予的、提供的或者配备的，因为给养由环境中生活的人的感知而产生(秦丽莉&戴炜栋，2015a)。换句话说，如果人不能感知进而利用，就无从获得给养，或者不能够感知、识别、转化足够的积极给养。4位同学虽处于同样的大学英语学习环境，但是由于构建的实践社群身份情况不同，获得的语言锻炼机会不同，从环境中获得的给养(语言学习机会)也不同，自主学习情况也相去甚远。van Lier (2008)提出，直接社群身份是语言学习者在社会中构建的可能关系之间的相互作用，给养是否能够被语言学习者感知利用，取决于学习者与社会文化之间的互动与协商。获得的给养越多，语言学习情况就越好(秦丽莉

&戴炜栋,2015)。因此作者认为LID的多样性(尤其是对语言学习有利的LID的多样性)对LA能力有积极的促进作用。

② 复杂理论框架下身份的历史性、复杂性和动态性与LA

从4个同学的身份构建的情况中,LID系统的复杂性和动态性特征显而易见。学习者们的身份发展状况是完全不一样的,这与学习者的学习历史的相关性比较大。如有的同学,本来是英语的佼佼者,但是当到了大学之后发现自己的英语在同学之间只是平平,但这并没有挫败她,反而更加激励她加倍努力。这一点在她积极组织小组作业讨论,主导任务的安排和进展中又一次得到验证;而有的同学由于对大学英语老师的"感觉不对",或者是因为老师的压力和关注不够,对英语失去了兴趣和动力,没能积极努力学习。本来作为"英语小说爱好者"的身份也在减弱。这些都说明了LID系统类似于复杂系统的特征:非线性、动态性和对环境变化的敏感性,作者无法从学习者之前的身份和行为,来判断其当前的身份和行动。犹如"蝴蝶效应",有的学习者的"挫败感"使她愈战愈勇,并没有"消沉",而是主动地参与各种口语活动;而有的学习者"失去好的英语老师"则让她从高中时的好学生,变成了现在的较差生,已有"英语小说爱好者"的身份由于环境的变化,对学习者的积极影响发生变化,甚至消失。这些都证明LID系统的历史性、复杂性和动态性,其对LA的影响也是非线性的,无统一定式。LA随着LID系统的多样性和复杂性而基本形成正相关的态势,由于无法准确确定每一个身份的影响程度,所以体现出了复杂性。同时一些LID对LA影响较强,对英语学习有积极促进作用,如有的同学英语比赛失败者身份,反而激励她努力提高口语;而有些LID则对LA能力影响较弱,甚至对英语学习有抑制作用,不利于英语学习,比如有的同学虽然也喜欢英语,但是并没有构建更多的身份从社会文化环境中获得更多给养;而有些LID,如有的同学的"英语小说爱好者"的身份,则有可能从强到弱,也完全有可能消失。但从4人访谈内容发现,整体上若能保证实践社群身份的多样性和积极性,就可以保持好的LA能力,提高英语水平。因此教师需要关注学生的身份构建情况,尽量帮助学生构建有利于英语学习的身份,尽量为学生设计更多合理的任务,促进学生身份构建的多样化、积极化。

5.3 能动性的变化与原因

第一章中已经提到能动性可以通过对学生的能动性行为的观察和学习者身份的构建情况展开调查。因此作者主要通过学生的学习历史陈述、学习经历周志和学生访谈获得数据。对三种来源的叙事文本分析,采用从文本提取主题、中心思想或意义单位的形式进行(Pavlenko, 2007; Barkhuizen, 2013;秦丽莉&戴炜栋, 2013b;秦丽莉, 2015)。按照时间(过去/当前)、空间(课内/课外)分析。主要从英语口语学习活动中分析能动性的行为(agentic actions=AA)和学习者身份(learner's identity=LID)的相关内容(请参见本书第二章理论框架部分关于能动性和身份的定义),分析两者的关系,找出学生能动性的变化及原因(秦丽莉, 2015)。在陈述中作者主要对1位焦点学生(二年级"生态化"任务班F同学)的能动性变化进行陈述①,其他3位焦点学生的情况,简略陈述。

作者发现F同学(二年级"生态化"任务班)英语高考成绩优秀,但由于所就读的乡镇高中的语言教学设备条件几乎没有,所以她整个高中都没有听说课,这让她在大学阶段的英语学习非常困难。以下是她的ELH(English learning history)叙事文本节选部分,数据表明了她的能动性和身份的动态特征。(下文五号字部分表示该生英语学习经历叙事文本节选,具体时段在该节选段后方的括号内标注)。

> 高中时英语考试成绩好就行,听说能力无所谓。结果到大学,上第一节英语课时我才突然发现什么都听不懂,整堂课老师都说英文,根本听不懂。老师问问题我也说不出来,我也没法跟同学做口语练习,我当时特别困惑。(一年级上学期)

Miller(2003)曾撰文提出,外语学习者需要在目的语社区中使自己的话能被听见和关注,进而建构有权力的身份,这会对语言的学习有积极的促进作用。但显然F同学在高中没有条件上听说课的经历,使她很难融入到大学英语学习的社区中,超越自己,真正成为大学英语学习社区中

---

① 由于学习历史陈述涉及到整个学期的学习过程,所以4个焦点学生的学习历史陈述如果同时加入本文,篇幅过长,因此只对其中1位焦点学生的学习历史做详细描述,其他三位则做简要概述。

的一员。她明显抵制英语使用者这一身份,这使她基本上回避所有需要使用英语(听和说)的社区活动。

  一年级下学期时我遇到了一个很好的老乡同桌,她的英语比我好很多,人也很好,很耐心。后来她总是鼓励我,让我开口说英语,在她的帮助下我开始进行口语练习。后来一点一点的,我开始尝试在全班面前说几句英语,当然是有提前准备好的情况下。其实我的英语的基本功还不错,只是口语和听力的能力比较弱。我当时觉得,如果我继续努力锻炼,一定会提高的。那时我无论如何都尽量配合同桌,跟她一起完成口语作业。(一年级下学期)

上文该生的学习经历叙事,表明她渐渐地从抵制英语使用者的身份,转变成了英语口语活动的积极参与者,这显然是有效的自我调节行为。她的身份和能动性行为的变化还包括他人调节(同桌),这增加了她学习英语的动力,也促使她从周围的社会文化环境中获取了语言学习(尤其是口语学习的)给养,即口语学习的互动机会(秦丽莉&戴炜栋,2013a;秦丽莉,2015)。

(下文是该生在大二上学期周志中的叙事文本节选和作者的解读)

  跟小组里面的其他成员合作准备口头报告作业时,让我更加有信心学习英语。过去下课之后我从来都不会学习英语,但为了完成小组作业,为了参与小组讨论,我课后需要找很多英文资料。我们的英语老师对我也很好,老师鼓励我,我觉得得好好学习英语才对得起她。(第2周)

  每周一篇周志确实挺花费时间的,但我也觉得反思一下这周在英语学习方面都做了什么,怎么做的,为什么做,也很好啊。(第3周)

  我很感谢英语老师,她总是鼓励我,还给了我很多的建议,帮助我找一些英语材料。我觉得必须好好学习英语,不辜负老师对我的期望。(第4周)

前文叙事文本数据中得知,在一年级上学期,该生对学习英语几乎没有信心,然而显然在后来的学习中,她又重新寻找到了英语学习的动力和目标,并且从周围的社会文化环境中得到了更多的给养和调节,比如该生对自己的学习现状的认识与反思(自我调节),与组内其他成员一起进行小组讨论(他人调节),以及老师的鼓励和帮助对她的英语学习动力的积极促进作用(他人调节)等。这些都体现出外语学习者参与口语互动活动的重要性,这使她积极参与口语学习,成了她日常生活的一部分(如习惯了写周志反思英语学习)(秦丽莉,2015),这也体现了 Karlsson & Kjisik(2011)提出的外语学习者超出课堂进行语言学习,进而提高语言能力的观点。

> 这周我去图书馆查阅了很多英文原版小说,主要是为了准备小组作业里面的名著选读方面的口头汇报任务。在查阅这些小说的时候,我发现很多句子很好,要是能摘抄一些句子背诵,可能会对阅读和写作有帮助。(第5周)
> 我开始尝试主动跟同桌说英语,我尽量使用课文中学习到的单词,这种感觉不错,"学以致用"吧。(第6周)

不难看出,英语学习虽然起初对该生很难,然而在她积极的努力下,加上老师、同桌和组员的帮助,以及与他们的积极配合,她的学习者身份也从开始的抵制和回避英语使用者(尤其在听说方面),逐渐转变成了积极的英语学习者的身份,其中她的能动性行为,如与老乡同桌成为朋友、图书馆查找资料、积极参与小组讨论等,都发挥了非常重要的构建学习者身份的作用(秦丽莉,2015)。

下文将从该生不断参与更多的口语活动方面陈述能动性和学习者身份之间的关系,随着时间和空间的变化浮现出的动态变化特征。

> 本周一英语老师让我们在课堂上随堂准备英语对话,我真的什么也说不出来,我的口语太差了,我还得继续加油才行。(第7周)
> 这周英语老师在课内让我做一个描述图片的口语练习任务,我本来在下面跟同桌都练习的好好的,但老师让我们两个站起来给全班演示时,我紧张的不行,大脑一片空白,说的语无伦次的,太尴尬了,非常伤心。(第8周)

以上两周的周志叙事文本,都说明了该生对自己口语能力的不自信,还没彻底超越口语能力弱的学习者身份的束缚和障碍。但是有趣的是,她后来找到了自信,而且英语学习的能动性不断加强,并重新构建了自己的学习者身份。

> 这周我在课堂上主动回答了英语老师提出的问题,用英语哦,我觉得只要自己不紧张,放松心态,英语说得还不错的,其实在全班面前说英语并不是那么可怕,那么难吧。(第10周)
>
> 不管怎么说,做英语报告对我来说都是一个挑战,要是有时间准备还好;如果是即兴发挥,确实对我来说很难。继续加油!(第11周)
>
> 英语老师本周给我们讲了一些跨文化知识,很有意思。课后我还上网找了一些跨文化方面的内容,读起来蛮有意思的,有很多都不知道,看来只会外语真的不够,跨文化知识应该跟英语一样,都很重要。(第13周)

这两周的叙事文本表明,该生构建了更加积极的学习者身份,其中学习者本人的能动性发挥了至关重要的作用。这些英语学习者身份起初只限于构建于课内背景中(她从在课堂里面不敢发言,转变成为敢于主动用英语发言的学生),后来她的身份构建,又在能动性的作用下延伸到了课外背景中,比如她在课外去图书馆查阅资料,从网上查找跨文化知识阅读等。此外,她还采取了其他积极的能动性行为。

> 这周我在食堂吃饭时,认识了一个叫Elaine的法国留学生,我们还聊天了,用英语。我本来以为留学生英语都很好,但事实好像不是这样的。我发现Elaine的英语也不是很好,这让我信心倍增,我觉得跟她经常聊天也能提高我的口语能力。(第14周)
>
> 这个周末Elaine邀请我跟她一起参加留学生举办的聚会,参加聚会的留学生来自不同的国家,有韩国的、俄罗斯的、日本的等。大家的交流基本都用英语,我也第一次认识到留学生的英语发音都不标准,这反而让我更有信心说英语。但不得不承认,留学生们的词汇量真的好大,如果能经常跟他们聊天应该对我的口语有帮助吧。(第16周)

从上文叙事文本的陈述和解读中,作者发现F同学的能动性和学习者身份之间的关系发生了明显的变化,主要特征是,学生自身不断加强的能动性,促进她采用了越来越多的能动性行为,构建了更多积极的学习者身份。

以上陈述说明该生的能动性在时间上(过去/当前)和空间上(课内/课外)都浮现出动态特征,在不同背景下,能动性促进或者限制着她跟周围英语学习社区中的不同成员进行有意义的协商,促进她更多的感知、解读和采取能动性行为,使用周围环境提供的互动学习机会(转化积极给养的必要条件)。这个过程通过社会文化调节得以实现,如通过他人调节(组员、同桌、老师的鼓励)和物质调节(网络)等(Lantolf & Thorne, 2006)。通过协商,F同学的语言学习行动在不同背景下成功实施(秦丽莉, 2015)。

以上结果还表明,F同学能动性的发挥伴随着不同的、新的、积极的学习者身份的浮现。Lave & Wenger(1991)和Wenger(1998)都曾经提出学习者成为某个语言学习社区的合法成员需要构建身份。显然,该生在开始的时候一直躲避、消极地学习英语,甚至对在课堂里使用英语感到尴尬和束手无策,因此起初时她只是大学英语学习这个社区的边缘人员,但是后来她却能够发挥能动性,采取积极的能动性行为,真正的加入到课内、外学习活动中,成为大学英语社区的合法成员,并在社区内构建了更多的学习者身份。她在"高中没有听说课的经历"一直是她融入大学英语社区的最大障碍,但之后她发挥了能动性,将口语学习从课内延伸到了课外,她甚至还加入了留学生的多元文化社区,也就是说该生还扩大了周围的英语学习社区,即她参与了更多的有意义的口语学习活动。这说明在大学英语环境下,促进学习者能动性的发挥,能够帮助学习者构建不同英语学习的身份,对英语学习非常重要。

作者认为通过对英语学习历史叙事文本的分析,发现了能动性的不同形式,其中包括抵制性的和积极性的,而且在能动性发挥的过程中,也包括了相应的身份构建。能动性与身份之间的关系是非线性的,原因是能动性可能是积极的、也可能是抵制性的,而身份的浮现也是随机的,即受学习者主观意识控制,也受周围的社会文化客观环境影响。研究中的F同学积极地、艰难地渡过了语言学习的抵制期,但是这种情况或许对于其他同学来说,就不会按照相同的能动性和身份之间的关系发展轨迹进行,而且该生本身的学习者身份和能动性在时间上和空间上也伴随着随机性的、动态性的变化,如她有时对语言学习感到失望、没有信心,而有时又充满希望、增加了信心。她的学习者身份通过能动性与周围的社会文化环境相互协调,同时社会文化环境(如物质资源和人与人的关系)也作为能动性和身份之间的调节动力发挥着至关重要的作用,使身份借助能动性发挥着重要作用,也使能动性的发挥伴随着身份的构建。如果语言学习环境对学习者能动性的发挥有利,学生就很可能在语言学习社区中启动新的、多重的语言学习者身份构建(IC)过程。因此,作者认为学习者的能动性在学习者与不同的学习环境进行互动时,是身份构建的前提,这从实证上支持了 Huang(2011)和 Yamaguchi(2011)研究的结论,但与 Holland et al.(1998:40)的观点相反(秦丽莉,2015)。

总之,作者从以上分析得出大学英语教育背景下学生的能动性和身份之间的关系,发现了能动性的发挥是学习者和社会文化背景之间的动态的、协商的过程(Mercer,2011),也是一种潜在的能力,在个人认知和社会互动的相互作用下发挥作用,根据个体的不同,行动的时间和空间的不同以不同形式发挥作用(秦丽莉,2015)。能动性更多的是一种来自学生自身的内动力,主观性比较强,通过作者的"生态化"APBOPTG,只能在一定程度上促进身份构建,促进学生与周围的社会成员,如教师、同学、朋友等人的互动协商中获得给养,进而拓展英语学习者的身份构建。因此作者认为教师在教学中应该设计更多的互动性任务,促进学生构建英语学习身份,不至于使学生消极放弃。

其他3位学生中,一年级"生态化"任务班的学生也通过任务的实施,得到积极的促动,使他采取了更多的积极的能动性行为在课后学习英语。但是自然班的2位学生的能动性则完全依赖于学生自身,即使是学生本身能动性比较强的,也只是坚持按照教师的要求完成作业,然后自己寻找其他的学习机会,但是由于校园内英语类互动比较少,学生能找到的英语学习给养比较稀少。因此作者建议教师更多地设计如本书所提的"生态化"任务型教学促进课内与课外学习的互动协商,促动学生实施更多的英语学习能动性行为。

5.4 英语学习环境给养转化状况的变化与原因

对于这部分内容,研究者采用了英语学习历史(English Learning History=ELH)陈述、课堂观察、半开放式访谈多种方法相结合的三角论证方法(Denzin, 1978)进行调查(秦丽莉&戴炜栋,2015)。在本书第三章的文献综述中作者已经了解到给养与大学英语学习目标紧密相关,而给养主要从学习资源的使用和学习互动机会的利用情况进行观测。经过数据的分析作者发现以下内容:

二年级"生态化"任务班焦点学生(F同学)

该生来自乡镇高中,因此英语口语相对较差。在"生态化"任务教学实施之前她的学习目标虽然是"尽量提高口语",但是除了课内认真学习、课后认真做作业之外,课外也仅限于看美剧、听新闻、参加英语演讲比赛、英语角、社团活动、与留学生交朋友聊天等。除此之外,没有利用其它的学习资源,也找不到什么互动的学习机会。但是"生态化"任务实施之后,该生在课内和课外获得的积极给养比较多,消极给养只体现在"听力没有语音室,设备简陋,上课效果不理想方面"。值得注意的是该生是来自乡镇高中的,因此口语水平相对较差,但在作者设计的"生态化"口语任务的刺激下,不仅会经常地与其他组员一起讨论、制作演示文稿、写口头汇报的讲稿,还会去找时间演练;利用互动机会(与组员的互动)和各种学习资源(网络、手机、图书馆等)。因此作者认为"生态化"任务教学对有积极性但是没有有效方法提高英语水平的学生的英语学习引导性比较好,能指导学生在课内和课外使用更多的学习资源并构建更多的互动机会,利用英语学习资源帮助学生学习英文。甚至会主动交外国留学生朋友,寻找机会练习口语。

一年级"生态化"任务班焦点学生(A同学)

从她的学习历史陈述发现该生来自于乡镇高中,原来的教学设备差,造成她英语的听说都较差,因此全英文的大学英语课对她来说比较难,这导致她设定的大学英语学习目标是"及格就可以"。因此她从环境中感知并解读的学习资源只有教材、老师的拓展内容和听力课音频和视频内容,在课外她没能利用任何学习资源;而且在互动学习机会上,她的性格内向,因此除了跟同桌就课堂内容进行讨论之外,基本不会求助于朋友和老师。观察员的课堂观察结果也表明她通过行动转化的积极给养很少,只有少数时间与同桌讨论不懂的内容;访谈中她也表示课外她除了背单词和写作文之外不会进行其他的英语学习行动;在消极给养方面,问题比较严重,不仅很少会使用网络查阅英文资源,而且基本不会与老师、同学和朋友交流。

但是在任务实施之后,该生的学习情况有了很大的改观,学习目标也转而成为"加强口语"学习。为了完成小组汇报的口头任务,她积极地利用各种学习资源,如图书馆的英文材料、网络、杂志等,作为小组讨论和其他小组成员制作演讲稿和ppt文本用。虽然听力和口语都不是特别好,但是她积极地参与小组讨论的rehearsal、小组讨论等互动性活动,逐渐地找到了英语学习的"感觉",努力配合其他组员完成任务,转化了更多的积极给养。

二年级自然班焦点学生(H同学)

她的学习历史陈述文本显示她毕业于某个城市的高中,教学条件优越,而且高中阶段的英语成绩拔尖。但是在大学,她不仅觉得教材乏味,而且口语互动活动太少,对大英课程总是没有兴奋点。因此她大学英语的学习目标非常不积极,觉得"英语课就是消磨时间"的一门课,因此课内她感知、解读的学习资源仅限于教材和听力视频、音频的内容,课外没有感知、解读任何的学习资源,也就是课后她不学习英语,四级她考了568分,因此认为英语"吃老底儿"也能通过期末考试和六级,不想花更多的时间学习英语。而在互动学习机会上,除了课内老师要求进行口语对话,课外不会找同学进行口语练习。所以说她的学习目标导致她课内课外的积极给养几乎没有,反而消极的给养明显。根据课堂观察,她上课的时候看微信的情况比较多。访谈中她还强调听力课的设备简陋,只凭扬声器练习听力效果实在太差,所以基本可以说该生对大学英语课的体会是非常消极的,如果教师不及时地进行关注和导向,对学生英语水平的提高势必会非常不利,而且很有可能会造成学生英语水平的下降,因为看起来该生的情况令人担忧,她几乎是不学习英语的。

一年级自然班焦点学生(B同学)

该生也来自城市高中,但是与二年级自然班的焦点学生不同的是,该生的学习目标比较积极,历史陈述中提到,"来外语学校的目的就是要提高口语和听力",这一目标使她在大学英语学习环境中感知、解读的学习资源和互动学习机会非常多。根据访谈和课堂的观察,该生在课堂内会积极的抓住所有的机会锻炼口语和发言,但是整体大学英语课的口语课的时间确实很短,基本只有半个小时,因为听力和口语课是同一次课上,教师为了完成教学任务大部分的时间(1个小时左右)在使用比较简陋的听力设备(扬声器)给大家播放教材附带的光盘,然后按照练习提问学生。不难看出,学生们对这种课程的安排并不满意。该生就在访谈中提到"其实我们回去用自己的电脑和耳机练习效果更好,上课就应该多练习口语"。显然教师的信念和学生的信念之间发生了脱节。这种教学安排,势必减少了学生在课内获得更多的积极给养的机会。在课后该生虽然会去图书馆找一些英文的资料阅读,但是她提出"我喜欢看英文的东西,但是老师没有什么要求,有时候专业课压力大的时候就找理由放弃了"。所以作者认为,其实该生是有积极性,也愿意花时间学习英语的,问题在于教师的教学安排没能给出正确的英语学习的引导。因此"生态化"APBOPTG教学或许对该生会有很大的帮助。

实际观察中作者在一、二年级"生态化"任务班的课内和课外观察中也发现了学生英语学习"生态化"循环模式的存在。由于在前文文献综述部分作者已经论述到给养与学习目标相关,特定的目标决定了一整套特定的给养(包括积极的和消极的),而且给养是指学生对学习资源[①]和互动学习机会[②]的利用,因此作者下文就结合焦点学生的周志内容和对焦点学生的访谈,对他们的学习目标以及课内和课外学习资源使用情况、互动学习机会情况、以及学生将两者转化成的积极给养和消极给养状况进行了整理,以便更深层次地了解学生的课内外互动情况。结果如下表5.12。

---

① 表格中记录的只是学生真实使用的学习资源,学生课内外没有使用的学习资源我们不做统计,因为给养的定义本身就提出,给养发挥作用的条件是首先环境提供的能够被生物本身识别并利用的资源和互动机会,才会真正构成给养,无论是积极的还是消极的(请参见本文第二章理论框架部分,给养的)。

② 这里描述的学生的学习机会也是学生切实参加的互动或者在访谈和周志中提到的互动活动,没有参与的和未被学生提及的不进行统计。

表5.12　学习目标、学习资源(LR)、互动学习机会(ILO)
和课内外给养转化状况描述简介①

焦点学生	学习目标	学习资源	互动学习机会	给养分类		环境分类
				积极给养	消极给养	
B 一年级自然班	英语水平比较差，只要能努力达到及格水平就够	老师提供的课内拓展内容、课内口语教材	与同桌就课内内容和作业进行交流；课内口语练习	同桌的帮助（很少）	不能完全听懂老师全英文授课内容；听不懂拓展内容；座位在最后一排；听力差、口语差；觉得专业课压力大，消极对待英语学习，觉得没精力	课内给养
		课内教材单词	无	认真背单词	很少与老师和同伴交流；专业课压力大；每次找课外资料听都受打击，因而放弃	课外给养
H 二年级自然班	了解自己有能力通过四、六级考试和期末考试，大学英语课只是消磨时间	老师提供的课内拓展内容；课内口语教材	课内很少的口语练习	偶尔会在老师点名的时候参与口语练习	玩手机、认为课内语音设备差，不爱在老师指导下跟读光盘录音练口语；认为锻炼口语机会少；认为教学内容枯燥	课内给养
		课内教材单词	无	无	离市中心太远，无法参加辅导班；校内网络条件不好，因此很少使用网络查英语资料和信息；第二课堂活动机会太少；几乎不背单词；几乎不做作业	课外给养

	一二年级自然班

---

① 该部分的内容数据来源是在对焦点学生课堂表现观察的基础上，通过在学期末的访谈中和焦点学生的周志深入了解学生的学习表现原因，并结合课堂观察录像、访谈和周志三种文本数据总结而成。

续表

焦点学生	学习目标	学习资源	互动学习机会	给养分类 积极给养	给养分类 消极给养	环境分类
A 一年级"生态化"任务班	热爱英语，学习好课内内容之外尽量提高口语和听力	课内教材内容、老师对小组口头汇报的点评、课内老师拓展内容	课内与组员进行口头汇报时的互动练习；听众提问题时回答问题时用英语交流	喜欢英语老师；认真听课内口语练习内容；认真做小组作业口头报告；积极听取老师点评；认真听课内口语课内容	觉得音频设备不好，影响由听力练习之后衔接的口语课环节的安排，所以觉得这个环节基本是浪费时间	课内给养
		口语作业、图书馆英语读物、网络资源、背单词	小组作业口头汇报与组员之间的互动（如写英文讲稿和制作PPT时）；假期与外国友人交流；参加达沃斯翻译志愿者活动	积极准备口语小组作业；查阅网络资源；查阅图书馆英语读物；认真做英文讲稿和PPT；认真完成读写作业	认为第二课堂活动少，没机会展现自己的英语演讲和口语能力	课外给养
F 二年级"生态化"任务班	学习好课内内容，虽然听力和口语差，但尽自己努力提高听力和口语	课内读写内容、老师对小组口语汇报的点评	课内小组作业口头汇报与组员之间的互动	课内积极寻求同桌帮助；认真听英语老师的讲解；认真完成课内口语练习	听力差加上口语差，而且压力大，所以想参加口语练习，但是觉得力不从心	课内给养
		读写作业、背单词、背小组作业组员准备好的英文讲稿	准备小组作业时与组员之间的交流（如背诵讲稿和PPT内容）	努力背诵口语小组作业报告讲稿；认真背单词；完成口语作业小组分配任务；积极寻求小组其他组员的帮助，并与他们多方交流；与留学生交朋友	没机会与老师交流	课外给养

一二年级"生态化"任务班

从上表中可以很明显地看出，一、二年级自然班被观察的焦点学生无论是能感知、解读的，还是使用的积极给养都很少，反而消极给养却很多，即便是能感知、解读到好的学习给养，但是没有形成互动学习机会，短时间内对英语学习的帮助不是很有效，虽然能够使用英语学习资源，但是由于没有任务的刺激，学习的也基本是碎片，无法整合输出。而"生态化"任务班的情况明显要好一些，积极给养更多一些。而且一、二年级自然班的课内学习和课外学习明显存在脱节，学生似乎课后除了背背单词就不会进行其他的语言学习，虽然有一系列的客观原因，如网络条件不好、离市区远无法参加辅导班等，还有一些主观的原因，比如学生的学习目标方面一、二年级自然班的两个学生显然消极，而且目标不是很明确。但是对于一、二年级"生态化"任务班的学生来说，虽然受主观上学习目标明确的因素影响很大，但是还有很大的程度是受到学术小组口头任务完成的刺激，使学生能够在课外多方搜集材料，配合小组内的成员，准备过程中也在其他组内成员、教师和其他文化产物（如网络、图书馆英语资料等）的调节作用下，进行各方面的互动性意义协商，如选词、内容安排和逻辑条理等方面，在课堂内汇报完之后又得到教师的反馈调节，而且课后又能够进行不同材料的整理和意义协商，使课内和课外形成了"生态化"学习的状态。但是出现以上的学习状况还与学生的学习历史有关，一年级自然班的焦点学生来自于乡镇高中，原来高中的口语学习基础设施和教师教学的质量都相对较低，造成该生的听力和口语水平较差，这些直接造成的后果就是学生在消极给养方面的表现，她本人比较自卑，因此很难融入到口语课堂的氛围中。但是教师如果能够通过任务使学生与其他同学合作互动，或许能调动她的学习积极性。而同样是来自乡镇的二年级"生态化"任务班的同学却在任务的刺激下与同学合作地比较顺利，虽然他是小组中比较差的，但是他一直努力的配合其他小组成员，搜集整理材料等，虽然他没有参与撰写ppt文本和讲稿的文本，但是他却做到了课后努力背诵，在课内汇报的时候也积极配合其他组员，不"拖后腿"的学习目标，这给他带来很多参与互动学习和利用学习资源的机会。二年级自然班的同学虽然大学前的水平比较好，但是在大学学习期间她的状态比较消极。而二年级"生态化"任务班的学生，大学前一直都很好，通过完成任务提高自己的口语水平，一直加强学习，而且微观上，任务使学生课内学习和课外学习得到了衔接，形成了生态的循环，使课内和课外的英语口语学习的给养状况比较良好。下图总结了学生学习状况的宏观和微观生态化状态，作者对比了两种班型大学英语学习环境的生态给养转化情况图（见图5.12）。

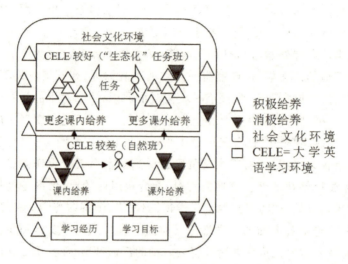

改编自秦丽莉&戴炜栋（2015）

图5.12 宏观和微观EA转化情况

从以上大学英语环境给养状况的调查中，作者发现了给养转化过程的不同：首先，由于英语学习历史经历和背景不同，学生在大学英语环境形成的学习目标不同。这造成不同学生形成的一整套给养情况完全不同（根据给养的定义，请参见本书第三章文献综述部分）。Aronin & Singleton（2013）曾提出目标决定给养的状况，van Lier（2004）也指出给养状况由学生的能力、学习环境提供的学习资源和互动机会之间的平衡决定，学习者参与的语言学习行动由学习者自身的能力和学习目标决定。以上的研究也证明了他们的观点。同时这一发现也为Larsen-Freeman（1997，2011）所提倡的混沌/复杂理论和van Lier（1997）主张的"将学习环境看作是复杂适应系统"（complex adaptive system, p. 783）的理论提供了有力的支撑。作为英语教师，应该设计更多合理的任务，促进学生更多的使用周围环境中的英语学习资源，并实施合理的教学策略帮助学生构建更多的英语互动学习机会，本书中的"生态化"APBOPTG在调查中基本可以作为有效的实施办法之一。

经过以上的讨论,作者总结出以下口语水平提高或下降过程模型(见图5.13)。

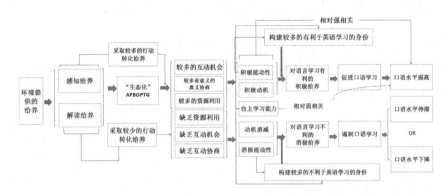

图5.13 口语水平提高或下降过程对比示意图

大学英语口语环境中,学生的口语水平有可能对比大学前提高也可能停滞不前,或者提高甚微,也有可能消减,主要原因是不能够把环境中的给养经过感知、解读,通过行动转化成积极的给养,甚至可能会出现动机消减和消极能动性,进而转化成消极的给养,遏制口语学习,进而造成不良后果。其主要原因包括缺乏资源利用、互动机会和意义协商,而通过"生态化"APBOPTG任务的刺激,可以为学生创造更多的互动机会,进行更多的有意义的协商,并在完成任务的过程中使用更多的学习资源,进而促进形成积极动机和积极能动性,将给养转化成对语言学习有利的积极给养,促进口语学习,最终达到口语水平提高的目的。而能动性和LA促进的身份构建情况也直接影响给养转化的情况。经过以上数据分析,作者发现积极动机和积极能动性与口语水平的提高有相对强相关的关系,而与LA有相对弱相关的关系,主要原因或许是LA比较难在短时间发生变化,但是APBOPTG任务的实施过程中,对相应成绩的要求,至少可以让学生"被动"的在课后进行自主学习,即便配合其他组员,作者认为假以时日,或许会对学生的LA培养有促进的作用,进而促进口语学习;此外,作者还发现学生在英语学习过程中有时候并非完全是因为自身能动性和LA能力差,有些学生是具备较好的能动性和LA的,但是构建的对英语学习具有积极促进作用的身份基本上只有"积极参加课外活动、社团活动、演讲比赛"等,这些第二课堂的身份虽然对英语学习有积极的促进作用,但是并不如教师引导的任务,如本书中的 APBOPTG 任务对英语学习的有效促进作用,所以对学生的英语学习情况影响并不是很明显。这一点可以从研究中 4 位焦点学生最终的语言成绩上面得到认证。

表 5.13　4 位焦点学生口语成绩前测和后测①

班级	学生	语言准确性和范围		话语长短和连贯性		语言适切性和连贯性		口语成绩总分	
		前测	后测	前测	后测	前测	后测	前测	后测
一年级"生态化"任务班前测	A	4.2	4.2	2.5	3.5	2	2.4	8.7	10.1
一年级自然班前测	B	4.2	4.2	3	3	2.8	2.4	10	9.6
二年级"生态化"任务班前测	F	3.6	4.2	3.5	4	2	2.8	9.1	11
二年级自然班前测	H	4.2	4.2	4	3.5	2.4	2.8	10.6	10.5

从表 5.13 可以看出,两个"生态化"任务班的焦点学生口语成绩变化比较明显,但是两个自然班学生的口语成绩都稍有下降,虽然并不是很明显。可见本书提出的 APBOPTG 任务对大学英语口语学习促进效果比较明显,也说明大学英语口语教学改革迫在眉睫,因为即使学生的能动性、动机和 LA 情况比较不错,但是如果没有合理的任务刺激和带动,如一年级自然班的学生 A,调查中其实她的语言学习情况在课内表现良好,但是苦于"锻炼机会少";课外只能自己进行独立的英语学习,如阅读英语材料等,但是从成绩上看,显然这些不足以带动学生口语水平的提高(前测 10 分,后测 9.6),甚至会导致口语水平的下降,而二年级自然班 H 同学的口语成绩则基本是停滞状态(见表 5.13 前后测成绩)。因此,作者认为在大学英语口语教学中,如果不能有效组织课内、课外给养丰富的"生态化"的

---

① 根据前文介绍的大学英语四级口语成绩评分标准,口语测试成绩共有三个指标:语言准确性和范围、话语长短和连贯性、语言灵活性和适切性;三个指标的成绩由 1—5 打分,可以出现 0.5 分的差值分;最终成绩是总分三个指标分别乘以加权系数,然后相加综合为最终口语成绩,具体计算公式为:语言准确性和范围*加权系数 120%+话语长短和连贯性*加权系数 100%+语言灵活性和适切性*80%=口语成绩最终分数。

口语学习环境,促进学生内在的动机、能动性和自主学习能力,转化更多的积极给养,将非常有可能导致学生的口语水平每况愈下,这无疑对我国培养国际化人才的既定目标渐行渐远。

　　本章主要以通过本书设计的"四维立体"整体研究方法框架收集到的数据为案例,进行分析和讨论。研究基本证明了"生态化"APBOPTG任务在大学英语口语教学中的实施对大学英语教学和学习状况都有改善作用。作者通过5个方面对此进行了分析和讨论,并得出以下结果:(1)课内和课外在"学生—学生"、"学生—教师"之间进行互动和意义协商的机会明显增多,促进了口语学习;(2)学生进行互动性意义协商包括语言的各个层面,如词汇、语音、句法、用词的适切性等方面,这也对口语的学习起到了促进作用;(3)学生的口语成绩有了明显的提高,但是一年级"生态化"任务班提高的水平与二年级"生态化"任务班相比差别相对比较大;(4)口语成绩与学生的学习动机、能动性和学生转化口语学习给养的情况相关性比较高,但是与LA之间的相关性相对较低;(5)不同年级学生的学习动机、能动性、LA和学生转化口语给养的情况之间的相关性不同,但是给养与动机、动机与能动性、能动性与给养三者之间的相关性相对比较高。

第六章 结 语

本书从发现大学英语口语教学中的问题入手,以问题为驱动,以SCT为指导,以任务型教学为手段,以构建积极"EA"丰富的大学英语教学环境为目标,并从实证研究中论证了"生态化"APBOPTG教学模式的合理性和有效性。从宏观/微观、群体/个体、质性/量化、外线因素/内在因素四个维度,对大学英语口语教学和学习进行了"四维立体"的调查。经过一系列的研究得出以下内容:

1. 研究结论

首先,本书从调查大学英语口语教学的现状和存在的问题入手,分别从研究《大学英语教学大纲要求(2007)》、《大学英语四、六级考试大纲要求》等相关官方指导性文件对大学英语口语教学的要求条文中找出国家各级单位对大学英语教学的规定和要求。之后,作者首先从宏观上对全国18个城市,15个省的18名大学英语教师和5个省5所大学中15名大学生的访谈中找出国家对大学英语口语教学的要求与实际教学现状之间存在的脱节现象,以及大学英语口语教学存在的问题,以所发现的问题为驱动,作者进一步展开了微观上大学英语口语教学现状的调查和实验。任何教学实践都离不开理论的指导,因此作者论证了SCT与语言教学的关系,采用SCT为理论指导框架的原因,然后论述了SCT与任务型教学的关系借以说明本书采用任务型教学为教学策略的原因,并阐述了以构建"EA"丰富的大学英语学习环境为目标的内涵与原因,以及本书对中国大学英语口语教学研究和改革的意义、对SCT理论相关实证研究的意义、对SLA生态研究的意义以及对语言任务型教学研究的意义。

其次,研究对SCT的哲学根源与内涵、SCT的历史发展沿革以及SCT不同的理论分支的概念与内涵进行了概述,并对与本书相关的复杂理论和EA理论框架进行了阐述,还进一步解释了与本书相关的概念和定义。厘清了理论和概念的内涵之后,研究还对与本书相关的SCT方向的相关研究进行综述,如L1在L2学习中的作用、L2学习与小组任务的关系、意义协商与语言学习的促进作用、教师反馈对L2学习的促进作用以及SCT理论框架下关于学习者的学习动机、LA、能动性和学习环境给养转化的相关研究进行了详细的梳理和阐述,说明了本书的整体理论框架和研究内容。

再次,研究论证了本书中采取的实证研究方法及其原理。本书不仅采用了量化研究(如口语测试和问卷调查),还采用了SCT理论研究惯用的质性研究方法(如学习历史叙事文本和周志、民族志研究、访谈、非参与性课堂观察、录像等),目的是不仅从群体/个体维度还要从外在/内在因素维度了解学生英语学习整体状况,还解释和描述了形成这种现状的具体原因,旨在为未来的大学英语教学深入改革提出有益的建议。

最后,根据研究伊始设定的5个研究问题,作者经过"四维立体"的全方位调查研究,得出了以下结论。

1.1 SCT指导的"生态化"APBOPTG任务型教学改善了大学英语教学和学习现状

在第四章第1小节的陈述中作者通过民族志研究发现一二年级"生态化"任务班学生课内和课外的学习互动情况都比一二年级自然班的情况要好,而且两个年级的"生态化"任务班在任务的驱动下,同学和师生之间进行的有意义的意义协商情况也比较多,并包含了语言的很多层面的协商,包括词汇、语音、句法、适切性等等,而且这种协商不仅发生在"学生—学生"之间,也发生在"老师—学生"之间。在"学生—学生"之间的意义协商上,能力较好的学生为其他学生发挥了支架和"专家"的作用,有利于拓展能力较差学生的最近发展区范围,提高学生的英语口语水平,而且在任务型教学中,老师都充当了"专家"和"顾问"的角色,从"台前"(即以教师为中心的角色)走向了"幕后"(即让学生做报告之后,提供反馈让学生及时修正),真正做到了"以学生为中心"的教学。而且该种任务也有利于达到大学英语教学各级相关官方指导性文件的要求,如促进学生以讨论式、探究式、参与式、启发式的形式学习,提高学生互动交际的能力,培养学生在国际化背景下有能力参与学术性的讨论能力。这样也符合"以教学为中心,发挥教师的主导作用和学生的主体作用"的宗旨,而且可以注重教师作为教学活动的"设计者、管理者、参与者和评价者"所起的指导作用(王守仁,2010)。此外"能用英语有效的进行交际"也是《大学英语课程要求》的重要要求,交际包括了口头和书面两种形式,而本书设计的"生态化"APBOPTG不仅让学生口头输出,还要求撰写演讲稿,发挥了一举两得的作用。能够将课内和课外的学习有机结合,构建整体英语学习的良好"生态化"环境实现了本书的初衷。

1.2. "生态化"APBOPTG任务型教学有助于学生口语水平的提高

研究中作者整体对比了学生口语水平的成绩,发现一二年级"生态化"任务班的口语提高水平都比两个年级自然班要好,说明这种将课内、课外学习相结合的模式,而且有利于"以学生为主体,以自主、合作、交流和互动为特色"的教学宗旨的实施(王守仁, 2010; 余渭深&韩萍, 2009),从学生的口语水平具体的三个指标上来看,学生在语言准确性和范围、话语的长短和连贯性以及语言灵活性和适切性上面都有提高,而且一年级的学生提高的效率要比二年级学生提高的幅度要大一些,但这也有可能因为二年级学生本身前测的三个指标的成绩就比较高的原因,但是不可忽视的是一年级"生态化"任务班本身前测的口语成绩就较低,后测能够将成绩达到与自然班相差不多,已经说明"生态化"APBOPTG对学生口语水平提高的有利促进作用。因此作者可以得出"生态化"APBOPTG对学生口语水平的提高有相对比较高效的作用。

1.3 "生态化"APBOPTG任务型教学有助于改善学生的学习动机、能动性、学习者自主能力进而改善大学英语学习环境中转化积极给养的状况

从上文数据分析结果中(参见第五章第3节),作者可以得出两个年级"生态化"任务班学生在以上4个指标上的变化,除了在LA上的变化与两个年级自然班分别差异性比较小之外,在学习动机、能动性和生态给养转化方面的差异,"生态化"任务班都比自然班要好一些,均值差在三个指标上前测后测对比在两个"生态化"任务班中都在0.4~0.7之间,而自然班则在-0.5~0.3之间,因此作者可以得出,"生态化"APBOPTG对学生英语学习的内在因素(如学习动机、能动性)的驱动和外在因素(学生转化的给养状况)的影响。从量化研究数据的分析,基本可以得出有积极的促进作用,有助于提高学生的学习动机、能动性,并促进学生转化更多的积极的学习给养,进而有效的促进学生的英语口语学习。但是值得注意的是,作者还发现学生的LA(学习者自主能力)基本无法受到研究中的"生态化"APBOPTG的干扰从而得到有效的提高,或者说改善的不是很明显。或许因为时间过短,也可能是因为LA本身是学生自我管理、监督和评估学习的能力,受"外力"的影响不大。因此,在大学英语教学中培养学生的LA对教师来说或许是最大的挑战。而教学中对学生的学习动机、能动性的提升和改善是能够通过本书的任务实现的,而且也能促进学生转化更多的积极给养帮助口语学习。

1.4 口语成绩与动机、能动性和学生转化给养情况紧密相关

从上文关于口语成绩与动机、能动性、LA和学生转化给养状况的相关性分析可以得出一年级"生态化"任务班的学生口语成绩与给养的转化情况关系最紧密,说明学习资源的利用和互动活动的参与是决定学生口语成绩最重要的因素,而能动性和动机与一年级学生的口语成绩之间的关系是中度相关,因此教学中还能够保持学生英语学习的积极动机,并有效的提高,同时促动学生实施更多的英语能动性行动也是非常重要的。值得注意的是一年级"生态化"任务班的学生口语成绩的提高与LA的相关性比较低,或许是实验实施的时间比较短的原因,也可能是学生的LA

对"外力"的敏感性不足的原因。

而对于二年级"生态化"任务班的学生来说,口语成绩的提高与学生转化给养的情况和能动性情况相关性较高,与动机相关性略低,但都属于高度相关范畴;而与 LA 的相关性最低,但是也属于中度相关范畴。这些说明对于二年级学生来说,自主学习能力也是相对比较难提升的指标,但是相对一年级的学生来说,四个指标的干扰驱动效果比较明显。而实验中该校二年级学生正处于上学期六级考试准备阶段,学生基本不会参加六级的口语测试,因此是否有来自内在的动机、能动性和 LA 作为驱动力,进行口语的学习积极给养的转化,直接决定口语成绩的提升。本书中,在"生态化"APBOPTG 的实施过程中,将任务的评价纳入期末考核的成绩或许是一个良好的手段,这样学生就会有动力和需求积极的参与口语的学习,进而促进内因和外因的有机结合,共同促进口语学习。

1.5 "生态化"APBOPTG 中学生学习动机、能动性、学习者自主能力和转化给养情况之间的内在关系特征

研究中作者还发现了以上四个指标之间的关系,二年级的四个指标中动机与能动性高度相关,LA 与动机、能动性与 LA 之间也属于高度相关,而转化给养情况分别与动机和能动性的相关性为中度相关,转化给养情况与 LA 之间的相关性最低。在一年级中情况不大相同,动机与能动性的关系属于中度相关,而且 LA 与其他三个指标的相关性基本都没有意义,但是英语学习给养转化情况与能动性之间的相关系数属于中度相关,学习给养转化情况与动机的相关系数属于低度相关。

这些结果表明,二年级的学生或许已经适应了在大学自主学习的情况,因此 LA 与动机、能动性相对比较高,三者都是带动学习的主要因素。虽然 LA 分别与能动性和动机的相关性相对较低,但是作者设计的"生态化"APBOPTG 带动下,学生在这三方面的情况都有所改善。转化给养情况与其他三个因素的相关性比较低,或许因为二年级学生的六级考试压力大,时间有限,因此利用其它学习资源和互动机会主要是被动的,在任务的"压迫"下,主动去进行学习资源的使用和参与互动的情况还略差。而一年级的学生存在最大的问题就是 LA 的提升是一个难题,或许因为学生在高中适应了教师引导的学习,到了大学不能做到自主学习,

虽然"生态化"APBOPTG作为"外力"极力干扰,但是影响不大。而其他三个要素之间的相关性比较紧密,也说明了"生态化"APBOPTG对这三个方面的干扰同时起到了一定的作用。因此,可以说,四者之间的相关性比较明显,但是对于不同年级的学生特征不尽相同。

1.6 "生态化"APBOPTG中学生学习动机、能动性、LA和转化给养情况变化的复杂性特征

研究中,作者从一二年级"生态化"任务班和自然班的四个焦点学生在四个指标方面的变化和原因进行了描述和论证,发现四个指标都具有几个主要特征:<u>动态性、复杂性、历史性和情境性</u>的特征。动态性是指学生在不同的阶段的四个因素会由于时间和空间的不同发生不同的变化;复杂性是指不同的个体在四个指标上有不同的发展路径,或者受学习目标影响、或者受个人秉性的影响、或者受周围社会关系的影响都会发生不同的变化,因此所构建的社会身份也存在着复杂性的特征;历史性是指学生们在四个指标上的变化与学生的学习历史经历有紧密的联系,直接影响着学生在大学英语学习阶段四个指标方面的发展状态;情境性特征是学生们在不同空间,如课内/课外、"生态化"任务班/自然班,都影响了学生在四个指标上的表征,其特点也呈复杂状态。

综上所述,研究人员认为L2学习整体是一个复杂的系统,在其发展进程中,受到不同的内在因素的影响,如动机、能动性和学习自主能力;以及外在因素,如在社会文化环境中参加意义协商的互动学习机会和使用环境提供的学习资源的情况。而这些内在因素和外在因素自身也各自是复杂系统,发展进程根据个体的学习历史、学习目标、学习经历等背景的不同呈复杂发展状态。这些个别因素的复杂发展系统在发展进程中对整体的L2发展的复杂系统有迭代性①(iterative)的影响,并对其有不同的影响力。所谓迭代性,就是我们无法准确的、完全预测各个因素对L2学习的影响路径和程度,但是L2却不断受到不同因素的影响。或者更加准确的说,我们只能找到相对影响比较大的因素和相对影响比较小的因素,但是对于不同个体来说,这些影响因素在不同个体的L2系统发展中都由于

---

① 迭代性,即系统内蕴含了许多因素,并且常常包含一个或多个系统,环环相扣,不停的代换的意思。

其他的社会文化因素的影响显示复杂性的特征。L2系统本身是一个开放性的、动态的、不稳定的系统,而不同的因素构成其中的次级系统(subsystem)。而且对影响整个L2复杂系统的因素的寻找和探索,我们永远都无法做到完全穷尽。正如Larsen-Freeman & Cameron(2008)论述道:"复杂系统主要出自系统中的各个成分以及次级系统之间以多种不同的方式相互依存和互动的特性。"(p.29)本书也只对少数的几个因素进行了调查。此外复杂系统还具有适应性特征,同理SLA系统也展现出自有的能够适应不同环境的能力,因此经过合理的任务干扰之后,还是会朝着比较积极的方向发展。正如van Lier(1996)指出的"我们既不能宣称学习是由环境刺激引发的(行为主义观点),也不能宣称学习是由基因决定的(先天论观点),学习是个人与环境之间的复杂而偶然的互动产物"(p.170)。据此,作者根据Larsen-Freeman(1997;2008)所提出的L2发展复杂系统理念①和本书中所发现的影响L2发展的各个元素次级复杂系统与L2整体复杂系统之间的关系,提出了L2发展的复杂系统模型图6.1。

注:图中 ⚙ 齿轮代表内在因素; ⚙ 齿轮代表外在因素;箭头代表动态。

图6.1　L2发展的复杂动态模型图

---

① Larsen-Freeman虽然提出了复杂系统的理念,但是目前为止还并没有勾勒出具体的发展模型。

图中中心位置的L2 Learning作为一个发展的复杂系统,同时受到来自内部和外部因素的影响,作为影响因子(个体的齿轮,或者说次级系统),每个齿轮的运动都会带动L2的发展,有可能有利于L2水平的提高,也可能对L2发展不利。有的因子对L2的影响程度相对比较大,有的因子相对比较小。而且各个因子齿轮之间也或多或少的相互影响,共同组建了一个L2学习的复杂动态系统。任何一个因子的变化都有可能对L2学习和其他因子产生不同程度的影响。而本书中作者只对外在因素的互动学习机会方面,进行了"生态化"任务的"干扰"和教学实践,虽然采用了生态视角的"四维立体"全方位的调查,而且研究结果基本能够证明其有效性,但是仍然无法做到对L2发展系统的全面的、彻底的解释。然而作者从中可以得到一些对教学的启示,作为大学英语教师,我们应该基于社会文化历史发展的背景,从深层次上、多方面的了解学生的大学英语口语学习情况,借以指导教师在大学英语教学中反思存在的问题,找到解决问题的方法,进一步深化教学改革。

2. 研究对大学英语教学的启示

首先,研究发现在学生心目中理想的大学英语教学是课堂互动较多,能充分锻炼听说能力的,读写可以利用课下时间做,尤其是对写作和阅读能力进行定期(如每周或者两周一次)检查反馈,提高写作能力。而对于阅读能力学生们认为多做模拟试题就可以解决的,没有必要在课上浪费时间,学生们还提到教材里面的内容并不是他们喜欢的,之所以学习目的就是背单词,教材对他们来说没有其他用途。而且他们认为大英课程的教师最好是语音地道的外教来教,原因是教师的英语语音是否纯正是学生们非常看重的;其次学生们认为"外教上课互动机会多";关于取消大学英语课程,转而用学术英语取而代之这一问题,作者在实验结束后采访的10个受访学生都认为没有必要,他们认为大学英语作为通用英语还是需要有的,因为可以锻炼语言的基本技能,而学术英语只是关于自己专业的英语课程,未免有些狭隘。在日常生活和工作中,扎实的英语基本技能还是很重要的,他们认为最好的课程设置是一年级学习大学英语,二年级以后学习学术英语,三四年级可以有丰富的英语开设的公共选修课供学生选择;关于大学英语四、六级是否应该取消这个问题,受访的10位学生基本认为这两个证书是找工作必备的,必须要有,但是该校的学生还反映出,就业单位更加看重BEC和中级口译与高级口译证书,认为后面两种社会性考试"含金量"(即能反映出的英语水平)比较高,这也说明了为什么上文动机模型中拿证书和通过大学英语四六级考试如此重要,同时也说明这些考试的社会反拨效应很高;对于本书所实施的"生态化"任务型教学,受访的10个学生,9个认为很好,因为可以让学生在课上和课下都有机会锻炼英文的应用能力,具体的操作方法,请参阅秦丽莉&戴炜栋(2013a)。但当作者与教师讨论是否应该在该校大学英语教学中全面实行"生态化"任务型教学的时候,有的教师提出了反对意见。主要原因是害怕不能够讲完教材上的内容,完成教学计划上的任务。可是根据上文的调查,学生既然并不觉得教材对自己的英语学习起很大的作用,一味的关注教学计划内容,就会脱离学生的需求,使学生无法在大学英语课堂上获得"给养",转而关注辅导班、社会考试等内容,甚至会导致大学英语动机削减(demotivation)和无动机(amotivation)现象。因此在当前大学英语改革ESP和EAP等建议方案跃跃欲试的现状下,改革前更要注重的是全面的需求分析,不仅要调查教师、学生,还应该关注地方特色和教学条件,拟定更加合理的方案促进大学英语教学改革(王守仁,2011;王守仁&王海啸,2011;2013;王守仁&姚成贺,2013b)。

其次,外语教学中不能忽视情境给养(contextual affordances)对外语学习的促进作用。在大学英语背景下认识到不同学习情境的优势及其对语言学习提出的挑战极为重要,因为学生有不同的学习历史经历,而且在他们的学习经历中可能有不同的障碍影响他们的语言学习,如语言学习师资不足和设备不全等;教师应该使用合理的教学策略鼓励和引导学生找到合理的方式以积极的语言学习者和使用者的身份进行语言学习,并使学生根据自己的需求、教学的支持和教育体制内的要求选择合适的方式进行学习,促进他们不断努力;最后,将学生个人的、贯穿其本人生活的和生活深层的因素整合到英语学习过程中似乎更加合理(Karlsson & Kjisik,2011),因为这些因素有可能会鼓励学生们与社会互动,使学生成为操控自身生活的代理人(agent)。这些过程都可以通过完成语言学习任务来实现,如上文提到的通过APBOPTG任务提高学习者的话语权,为学生提供更多的反思机会,积极将课内学习到的知识应用到课外背景下等。这些将课内、课外教学相融合的教学方法同样也受到 Hunter & Cooke(2007)的支持。

再次,根据以上研究,可以认为,如果教师能够在教学方法和教学安排上加以关注,或许能够帮助学生恢复某些同学的"英语小说爱好者"这一身份的影响力,也可以通过教学策略的改善促进其他学生自己主动构建更多的身份来促进自主学习。诚然,学生除了会受到学校的社会环境变化而产生身份系统的变化,也会受学校以外的社会文化环境影响而产生变化,如家庭的变故、家长的压力、就业情况的变化等等,造成某些身份的消失,但也可能会形成不同的新的身份,这同时也说明了身份系统对环境的敏感性。如果作为教师能够关注学生的学习者身份的变化,不仅是关注学生在课内的身份,也要关注学生在课外的身份构建情况,帮助LA的提高。根据以上论述,从属于不同实践社群的行为对学生的LA提高有促进作用。正如Lamb(2012)和Ushioda(2011)所提倡的好的学习者需要一个能够让学习者身份"枝繁叶茂"(flourish)的学习环境。社会实践的多样化促进了知识的交流,使学习最大化。Murray(2011)曾指出,在课堂中培养学生构建不同社群(包括想象社群)身份的能力,例如在教学中引入更多的社群文化,如时下流行的电影、电视剧、英文网站、英语新闻等内容的介绍,有意识培养学生的兴趣,促进学生在课后对这些内容的关注,进而增加学生加入不同社群的机会。van Lier(2007)也曾提出以行动为基础的教学(action-based teaching)模式督促教师从教学过程中探索构建支持自主学习的教学环境。此外,作者还发现学生们课后彼此之间的互动机会非常少。因此作者认为教师也可以设计不同的小组任务,使学生不仅在课内,还可以在课外与不同的同学进行交流,增加英语知识交流的机会(秦丽莉&戴炜栋,2013a),进而帮助学生从不同的社会文化协商获得信息,加入不同的直接接触语言社群,构建新的身份提高自主能力。Sinclair(2009)还提出教师要将对学习者的学习策略培训纳入教学,提高学生管理自主学习的能力。Little(2007)提出以让学习者与教师共同协商教学内容的形式,促进学习者积极加入课堂内/外的自主学习和学习者身份多样化构建的策略。根据该理念作者构建出下面的LA与身份多样化、动态发展模型图示6.2。如果能够不断使学生的身份多样化发展,虽然有些身份在学生的生活经历的不同发展阶段有可能消失,如 LID1 在第二阶段,但也可以在外部的干扰下恢复,如 LID1 在第三阶段;只要能保持 LID 的丰富多样性发展态势(从第一阶段到第 n 阶段不断有新的 LID 出现,从 LID1 发展到 LID n),就能够保持大学英语学生的 LA 水平。如何让某些有利于学习者 LA 提高的语言学习的身份维持,而不是消失应该是教师应该关注的问题。因此教师应该把学生看作是社会人,而不仅仅是学生,从整体的角度关注学习者的学习。

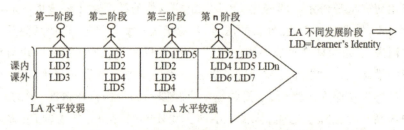

图 6.2　LA 和 LID 的多样化、动态发展模型图

最后,《大学英语课程教学要求》(2007)曾指出大学英语课程设置都要充分体现个性化,考虑不同起点的学生,既要照顾起点较低的学生,又要为基础较好的学生创造发展的空间;既能帮助学生打下扎实的语言基础,又能培养他们较强的实际应用能力尤其是听说能力。本书中值得关注的是"生态化"APBOPTG 任务使两个年级"生态化"任务班的两名焦点学生利用环境提供的 LR 和 ILO 范围拓展到了课外,转化更多的积极给养;同时作者也发现一二年级自然班的两个焦点学生课外主动学习英语的情况较差,转化消极给养较多,整个大学英语学习环境状况令人堪忧。因此教师在平时教学中应对学生转化的给养状况进行评估,并尽力设计更多的 ILO,促进学生寻求更多的课内/外 LR,与周围的同伴、老师等进行更多的互动学习,创造更多的课内/外积极给养,这些对改善大学英语学习环境的生态状况,改善教学质量很重要。

3. 本书的局限与未来的研究方向

　　本书也存在着不足,这为作者未来的研究指明了方向。
　　第一,首先本书在访谈环节让学生在英语学习经历上回顾过去、陈述现状、展望未来,发现了动机、能动性、LA和学生转化给养状况的动态发展态势,虽是纵深研究,但时间仍然比较短,只有一个学期(17周)的时间,不能完全了解四个指标的动态性特征,因此未来的研究中将实施进一步的纵深研究,跟踪学生英语学习内在因素和外在因素的实际变化发展,为该观点提供更准确的论据。

第二,质性的民族志研究中作者只对4位学生进行了跟踪调查,虽然尽力做到全面,但个别学生的调查结果无法代表该环境中整体的状况,因此未来的研究中作者将对更多的学生展开民族志跟踪调查,以期获得更多的证据。

第三,研究中没有对教师在"生态化"APBOPTG实施前后,对教学的看法和评价进行全面的跟踪调查,在某种程度上也缺少了对教学实施效果和问题的数据,因此在未来的研究中作者也将对此进行弥补,以期提出更具有说服力的建议。

第四,本书中对学生口语水平的测试采用的是人工测试,而不是目前普遍实行的机辅口语测试的形式。对于人工口语测试和机辅口语测试的信度和效度方面目前国际上仍然存在争议,但是目前中国本土基本已经实行大学英语四级口语机辅测试。虽然作者选用的口语考官有10年左右的大学英语四级口语测试经验,但在东北地区该考官所在学校(与教学实验所在学校并非同一所学校),大学英语机辅口语测试已经实行了3年左右,因此在测试过程中是否能够完全把握评分的准确性,还应进行检验。对此,本书将在未来的研究中做进一步的补充验证。

最后,由于研究本身涉及到的数据内容比较详实,属深入性的调查,数据分析需要作大量的工作,所以本书仅搜集了从东北某大学大学英语学生相关的数据,但是对于研究本身,如果能够从不同地区的不同学校搜集更多的样本数据,显然能够大大增加信度和效度。对此,作者将在未来的研究中进行补充。

参考文献

Ableeva, R. Dynamic assessment of listening comprehension in L2 French (Unpublished doctoral dissertation) [D]. The Pennsylvania State University, University Park, PA, 2010.

Ahearn, L. M. Agency and language [A]. In J. Jürgen Jaspers, Jan-Ola Östman & Jef Verschueren (eds.), Society and language use (Handbook of Pragmatics Highlights 7) [Z], Amsterdam: John Benjamins, 2010: 28—48.

Ahearn, L. M. Living Language: An Introduction to Linguistic Anthropology [M]. Oxford: Wiley-Blackwell, 2012.

Al Khalil, M. A sociocultural approach to young language learner's beliefs about language learning [A]. In P. Kalaja & M. F. Barcelos (Eds.), Beliefs about SLA: New research approach [C]. Dordrecht, The Netherlands: Kluwer, 2011.

Anton, M. & DiCamilla, F. Socio-cognitive functions of L1 collaborative interaction in the L2 Classroom [J]. Canadian Modern Language Review, 1998, (54): 314—342.

Appel, G. & Amory, M. Database learning test. University Park, PA: CALPER TEST, 2014.

Aronin L. & Singleton, D. Affordances and the diversity of multilingualism [J]. International Journal of the Sociology of Language, 2010, 2(5): 105—129.

Aronin, L. & Singleton, D. Multilingualism (IMPACT: Studies in Language and Society 30) [M]. Amsterdam: John Benjamins, 2012.

Aronin, L. & Singleton, D. Affordances Theory in Multilingual Language Learning and Teaching [J]. Studies in Second Language Learning and Teaching, 2013(2—3): 311—331.

Atkinson, D. (Ed.) *Alternative approaches to second language acquisition* [M]. Oxford: Routledge, 2011.

Bakhtin, M. M. Speech genres and other late essays (1st ed., C. Emerson & M. Holquist, Trans.) [C]. Austin: University of Texas Press, 1986.

Bakhtin, M. M. The dialogic imagination: Four essays (M. Holquist, Trans.) [C]. Austin: University of Texas Press, 1991.

Bakhtin, M. M. The dialogic imagination (M. Holquist, Ed. & C. Emerson & M. Holquist, Trans.) [M]. Austin: University of Texas Press, 1981 (Original work published 1975).

Barkhuizen, G. (ed.) Narrative research in applied linguistics [M]. Cambridge: Cambridge University Press, 2013.

Barkhuizen, G. Narrative knowledging in TESOL [J]. TESOL Quarterly, 2011, 8(1): 1—25.

Barthes, R. Image, music, text (S. Heath, Trans.) [M]. New York: Hill and Wang, 1977.

Beckett, G. H. Teacher and student evaluations of project-based instruction [J]. TESL Canada Journal, 2002, (19): 52—66.

Benson, P. Autonomy in language teaching and learning. State-of-art Article [J]. Language Teaching, 2006, 40(1): 21—40.

Benson, P. Making sense of autonomy in language learning [A]. In S. Toogood, R. Remberton & A Barfield (Eds.), Maintaining Control: Autonomy and language learning, [C]. Hongkong: Hongkong University Press, 2009: 13—26.

Benson, P. Teacher and learner perspectives [M]. Dublin, Ireland: Authentik, 2007.

Benson, P. Teaching and researching autonomy in language learning [M].

London: Longman, 2001.

Benson, P. & Cooker, L. (Eds.) The Applied linguistic individual: Social approaches to identity, agency and autonomy [M]. London: Equinox, 2013.

Benson, P., Barkhuizen, G., Bodycott. P., & Brown, J. Study abroad and the development of second language identities [J]. Applied Linguistics Review, 2012, 3(1): 173—193.

Bernard, J. Motivation in Foreign Language Learning: The relationship between classroom activities, Motivation, and outcomes in a university language-learning environment [OL]. Available at Research Showcase @ CMU, 2010, the University of Carnegie Mellon, assessed on Dec, 2014.

Black, A. E., & Deci, E. L. The effects of instructors' autonomy support and students' autonomous motivation on learning organic chemistry: A self-determination theory perspective [J]. Science Education, 2000, (84): 740—756.

Block, D. Identity in applied linguistics: The need for conceptual exploration [A]. In Vivian Cook (ed.), Contemporary applied linguistics: Volume 1 Language teaching and learning [C]. London: Continuum, 2009: 215—232.

Block, D. Second language identities [M]. London, New York: Continuum, 2007.

Bourdieu, P. Outline of a theory of practice (R. Nice, Trans.) [M]. Cambridge, UK: Cambridge University Press, 1977.

Bronfenbrenner, U. The ecology of cognitive development: Research models and fugitive findings [A]. In R. Wonziak & K. Fischer (Eds.), Development in context: Acting and thinking in specific environments [C]. Hillsdale, NJ: Erlbaum, 1993: 3—44.

Brown, D. N. Agency and motivation to achieve language learning objectives among learners in an academic environment in France [J]. Journal of Applied Language Studies, 2014, 8(1): 101—126.

Bruner, J. Child's talk. [M] New York: Norton, 1983.

Bygate, M. Speaking [M]. Oxford: Oxford University Press, 1987.

Candlin, C. & Murphy, D. Language learning tasks [A]. Lancaster Practical Papers in English language education. Vol. 7 [C]. Englewook Cliffs, NJ: Prentice-Hall International, 1987.

Celce-Murcia, M., & Larsen-Freeman. The grammar book: An ESL/EFL teacher's course (2nd ed.) [M]. Boston: Heinle & Heinle, 1999.

Chomsky, N. Aspects of the Theory of Syntax [M]. Cambridge, MA: MIT Press, 1965.

Cohen, A.D. Strategies in learning and using a second language [M]. London: Longman, 1998.

Connell, K., Hüls, S., Martínez-García, M. T., Qin, Z., Shin, S., Yan, H., & Trenblay, A. 2018. English learners' use of segmental and suprasegmental cues to stress in lexical access: An eye-tracking study. *Language Learning*, 3/68: 635-668.

Coxhead, A. & Boutorwick, T. J. 2018. Longitudinal vocabulary development in an EMI international school context: Learners and texts in EAL, maths, and science. *TESOL Quarterly*, 3/52: 588-610.

Dang, T. T. Learner autonomy in EFL studies in Vietnam: A discussion from socio-cultural perspective [J]. English language learning, 2010, 3(2): 3—9.

Deng, L. Fostering learner autonomy through meta-cognitive strategy training in EFL writing [R]. Symposium session presented at 2nd HAAL Research Forum, Hongkong, 2007.

Denzin, N. Interpretive biography [M]. Newbury Park, London, New Delhi: Sage, 1989.

Denzin, N. K. The research act: A theoretical introduction to sociological methods (2nd ed.) [M]. New York: McGraw-Hill, 1978.

Denzin, N. K. The research act: A theoretical introduction to sociological methods (2nd ed.) [M]. New York: McGraw-Hill, 1978.

Derrida, J. Of grammatology (1st American ed., N. Frye, Trans.) [M]. Baltimore: Johns Hopkins University Press, 1976.

Dewaele, J. Individual differences in second language acquisition [A]. In W. C. Ritchie & T. K. Bhatia (Eds.), The new handbook of second language acquisition. [C] Bingley, UK: Emerald Group Publishing, 2009: 623—646.

Dewaele, J. M. Multilingualism and affordances: Variation in self-perceived communicative competence and communicative anxiety in French L1, L2, L3 and L4 [J]. International Review of Applied Linguistics in Language Teaching, 2010, (48): 105—129.

Dewaele, J. M. Multilingualism and affordances: Variation in self perceived communicative competence and communicative anxiety in French L1, L2, L3 and L4 [J]. IRAL, 2010, (48): 105—129.

Dewey, J. The Public and Its Problems [M]. Swallow Press, 1927.

Dewey, J. *Experience and Education* [M]. New York: Collier Books, 1938.

Donato, R. Aspects of collaboration in pedagogical discourse [A]. In M. McGroarty (ed.), Annual Review of Applied Linguistics (vol. 24), Advances in language pedagogy West Nyack [C], NY: Cambridge University Press, 2004: 284—302.

Donato, R. Sociocultural contributions to understanding the foreign and second language classroom [A]. In J. Lantolf (Ed.), Sociocultural theory and second language learning [C]. Oxford: Oxford University Press, 2000: 27—50.

Donovan, C. & Smolkin, L. Children's genre knowledge: An examination of K-5 students performance on multiple tasks providing differing levels of scaffolding [J]. Reading Research Quarterly Newark, 2002, 37 (4), 428—465.

Dörnyei, Z. & E. Ushioda. Motivation, Language Identity and the L2 Self [M]. Bristol: Multilingual Matters, 2009.

Dörnyei, Z. (Ed.). Attitudes, orientations and motivations in language learning [M]. Oxford: Blackwell, 2003.

Dörnyei, Z. Individual differences: Interplay of learner characteristics and learning environment [A]. In N. C. Ellis & D. Larsen-Freeman (eds.), Language as a complex adaptive system [C]. Oxford: Wiley-Blackwell, 2009: 230—248.

Dörnyei, Z. *Motivational strategies in the language classroom* [M]. Cambridge: Cambridge University Press, 2001.

Dörnyei, Z. The psychology of the language learner: Individual differences in second language acquisition [M]. Mahwah, NJ: Lawrence Erlbaum, 2005.

Dörnyei, Z. & Skehan, P. Individual differences in second language learning [A]. In C. J. Doughty, & M. H. Long (Eds.), The handbook of second language acquisition [C]. Oxford: Blackwell, 2003: 589—630.

Duff, P. A. Identity, agency and second language acquisition [A]. In S. M. Gass & A. Mackey (Eds.), The Routledge handbook of second language acquisition [C]. New York: Routledge, 2012: 410—26.

Duff, P. A., & Uchida, Y. The negotiation of teachers' sociocultural identities and practices in postsecondary EFL classrooms [J]. TESOL Quarterly, 1997(31): 451—486.

Duff, P., Anderson, T., Ilnyckyj, R., VanGaya, E., Wang, R. & Yates, E. Learning Chinese: Linguistic sociocultural, and narrative perspectives. Berlin: Walter de Gruyter, 2013.

Duff, P.A. The discursive co-construction of knowledge, identity and difference: An ethnography of communication in the higher school mainstream [J]. Applied Linguistics, 2002, (23): 289—322.

Edmondson, W. J. (1985). Discourse worlds in the classroom and foreign language learning [J]. Studies in second language acquisition, 1985, 7 (2): 159—168.

Eggins, S. & D. Slade. Analysing Casual Conversation [M]. London, 1997.

Elgort, I., Candry, S., Boutorwick, T. J., Eyckmans, J., & Brysbaert, M. 2018. Contextual word learning with form-focused and meaning-focused elaboration. *Applied Linguistics*, 5/39: 646-667.

Ellis, R. Second language acquisition research and language teaching [M].

Oxford: Oxford University Press, 1997.

Ellis, R. Task-based language learning and teaching [M]. Oxford: Oxford University Press, 2003.

Ellis, R. Task-based research and language pedagogy [J]. Language teaching research 2000, 4(3):193—220.

Ellis, R. The study of second language acquisition [M]. Oxford: Oxford University Press, 1994.

Engeström, Y. Activity theory and individual and social transformation [A]. In Y. Engeström, R. Miettinen & R.-L. Punamaki (Eds.), Perspectives on activity theory [C]. New York: Cambridge University Press, 1999: 19—38.

Engeström, Y. Learning and collective creativity: Activity—theoretical and sociocultural studies [A]. In Sannino, A. & Ellis, V. (Eds.) Collective Concept Formation as Creation at Work [C]. New York: Routledge, 2013: 234—57.

Engeström, Y., Sannino, A., & Virkkunen, J. On the Methodological Demands of Formative Interventions: Commentary. [J]. Mind, Culture, and Activity. 2014, 21(2): 118—28.

Eyring, J. L. Experiential and negotiated language learning [A]. In M. Celce-Murcia (Eds.), Teaching English as a second or foreign language (3rd ed.) [C]. Boston: Heinle & Heinle, 2001: 333—44.

Fill, A. and Mühlhäusler, P. (eds). The Ecolinguistic Reader. Language, ecology and environment [M]. London & New York, Continuum, 2001.

Firth, A. & Wagner, J. On discourse, communication, and (some) fundamental concepts in SLA [J]. *Modern Language Journal*, 1997, *81*(3): 285—300.

Firth, A. & Wagner, J. Second/foreign language learning as a social accomplishment: Elaborations on a reconceptualized SLA [J]. Modern Language Journal, 2007, (91), 798—817.

Forsyth, I. Teaching and learning material and the Internet (2nd ed.) [M]. London: Kogan Page, 1998.

Foster, O. & Ohta, A. S. Negotiation for meaning and peer assistance in second langauge classrooms [J]. Applied Linguistics, 2005, 26(3): 402—430.

Foucault, M. Power/knowledge: Selected interviews and other writings, 1972—1977 (1st American ed.) [M]. New York: Pantheon Books, 1980.

Foucault, M. The history of sexuality (1st Americaned.) [M]. New York: Pantheon Books, 1978.

Frawley, W. & Lantolf, J. P. Speaking and self-order: A critique of orthodox L2 research [J]. Studies in Second Language Acquisition, 1984, (6): 143—159.

Frawley, W. & Lantolf, J. P. Second language discourse: A Vygotskyan perspective [J]. Applied Linguistics, 1985, (6): 19—44.

Fukuda, S., Hiroshi S., & Mitsue T. Facilitating Autonomy to Enhance Motivation: Examining the Effects of a Guided-Autonomy Syllabus [J]. Electronic Journal of Foreign Language Teaching, 2011, 8(1): 71—86.

Futaba, T. Second language acquisition through negotiation: A case of non-native speakers who share the same first language [D]. Unpublished doctoral dissertation, University of Pennsylvania, PA, 1994.

Gánem Gutiérrez, G. A. Socioiocultural theory and second language development: Theoretical foundations and insights from research [A]. In M. P. Garcia Mayo, M. J. Gutiérrez-Mangado & M. Martinez Adrián (Eds.), Contemporary approaches to second language acquisition [C]. Amsterdam: John Benjamins, 2013: 129—52.

Gánem Gutiérrez, G. A. The processes of collaborative activity in computer-mediated tasks: In search of micro-genesis [D]. (Unpublished doctoral dissertation). University of Southampton, UK, 2004.

Gao, X. & Zhang, L.J. Joining forces for synergy: Agency and metacognition as interrelated theoretical perspectives on learner autonomy [A]. In G. Murray, X. Gao & T. Lamb (eds.), Identity, motivation and autonomy in language learning [C]. Bristol: Multilingual Matters, 2011: 25—41.

Gao, X. Strategic Language Learning: The Roles of Agency and Context [M]. Bristol: Multilingual Matters, 2010.

Garcia, P. N. Verbalizing in the second language classroom. The development of the grammatical concept of aspect [D]. (Unpublished doctoral dissertation). University of Massachusetts-Amherst. Amherst, MA, 2012.

Garcìa, P.N. Verbalizing in the second language classroom: Exploring the role of agency in the internalization of grammatical categories. In P. Deters, X. Gao, E.R. Miller, & G. Vitanova (Eds.) Theorizing and analyzing agency in second language learning: Interdisciplinary approaches, Bristol, England: Multilingual Matters, 2014: 213—231.

Gardner, R. C. & Lambert, W. E. Attitudes and motivation in second language learning [M]. Rowley, MA: Newbury House Publishers, 1972.

Garner, R. C. & Borg, E. An ecological perspective on content-based instruction. [J]. Journal of English for Academic Purposes, 2005, 4(2): 199—134.

Garrett, P. B. & Baquedano—Lopez, P. Language socialization: Reproduction and continuity, transformation and change [J]. Annual Review of Anthropology, 2002(31):339—361.

Gee, J. P. Social Linguistics and Literacies [M]. New York: Routledge, 2012.

Gibson, E. & Pick, A. An Ecological Approach to Perceptual Learning and Development [M]. Oxford: Oxford University Press, 2000.

Gibson, J. J. The ecological approach to perception [M]. Hillsdale, NJ: Lawrence Erlbaum Associates, 1979.

Gibson, J. J. The theory of affordances [A]. In R. Shaw & J. Bransford (Eds.), Perceiving, acting, and knowing: Toward an ecological psychology [C]. Hillsdale, NJ: Erlbaum, 1977: 67—82.

Good, T. L. & Brophy, J. E. 2000. Looking in Classrooms [M] (8th Ed.). New York: Longman, 2000.

Guerrettaz, A. & Johnson, B. Materials in the classroom ecology [J]. The Modern Language Journal, 2013, 97(3):779—796.

Hall, J. K. Teaching and researching language and culture [M]. London: Pearson Education, 2002.

Hall, J. K., Vitanova, G. & Marchenkova, L. (Eds.). Dialogue with Bakhtin on second and foreign language learning: New perspectives [M]. Mahwah, NJ: Erlbaum, 2005.

Halliday, M. A. K. Language as a Social Semiotic: The Social Interpretation of Language and Meaning [M]. London: Edward Arnold, 1978.

Hartman, H. Scaffolding and cooperative learning. Human Learning and Instruction [M]. New York: City College of City University of New York, 2002.

Haugen, E. The Ecology of Language [M].Stanford University Press, Stanford, CA, 1972.

Hawkes, R. Learning to talk and talking to learn: how spontaneous teacher. learner interaction in the secondary foreign language classroom provides greater opportunities for L2 learning [D]. (unpublished doctoral dissertation). Homerton College, 2012.

Hegel, G. W. F. Hegel's Logic [M].Translated by Wm Wallace, with a Foreword by Andy Blunden, Kettering OH: Erythrós Press, 1830/2009.

Hjelmslev, Louis. Prolegomena to a Theory of Language [M]. Baltimore: Indiana University Publications in Anthropology and Linguistics (IJAL Memoir, 7) 2nd OD (slightly rev.): Madison: University of Wisconsin Press, 1961.

Holland, D., Lachicotte, W., Skinner, D. & Cain, C. Identity and agency in cultural worlds [M]. Cambridge, MA: Harvard University Press, 1998.

Hornberger, Nancy H. Multilingual language policies and the continua of bi-literacy: An ecological approach [J], Language Policy, 2002, (1): 27—51. Available at http://repository.cmu.edu/cgi/viewcontent.cgi?article=1077&context=hsshonors Accessed in July, 2014.

Huang, J. A dynamic account of autonomy, agency and identity in (T) EFL learning [A]. In G. Murray, X. Gao & T. Lamb (eds.), Identity, motivation and autonomy in language learning [C]. Bristol: Multilingual Matters, 2011:229—246.

Huang, J. Autonomy, agency and identity in foreign language learning and teaching [D]. University of Hongkong, 2009.

Huang, J. Teacher autonomy in language learning: A review of the research [A]. In K. R. Katyal, H. C Lam & X. J. Ding (Eds.). Research Studies in Education (Vol.3) [C]. Faculty of Education, The University of Hongkong, 2005: 203—218.

Hunter, J. & Cooke, D. Through autonomy to agency: Giving power to language learners [J]. Prospect, 2007, 22(2): 72—88.

James, P. Lantolf, & Diane Larsen-Freeman. Open Discussion Between CDST and SCT at The 2nd International Conference of Sociocultural Theory and L2 Teaching [R]. Xi'an, China, 2019.

Jamian, M., Jalil, H. A. & Krauss, S. E. Ecological Perspectives of ICT Affordances in Malaysian Higher Education Learning Environment [J]. Asian Journal of Environment-Behaviour Studies., 2013, 4(11):15—26.

Järvinen, A. Games without Frontiers: Theories and Methods for Game Studies and Design. Tampere: Tampere University Press [OL], 2008. Available at http://acta.uta.fi/english/teos.phtml?11046 Accessed in July, 2013.

Johnson, K. E. & Worden, D. Cognitive/emotional dissonance as growth points in learning to teach. Language and Sociocultural Theory, 2014, 1 (2), 125—150.

Johnson, S. Steven Johnson on Emergence. an Interview [OL]. February, 2002. Available at http://archive.oreilly.com/pub/a/network/2002/02/22/johnson.html Accessed in August, 2013.

Joseph, J. E. Applied linguistics and the choices people make (or do they?) [J]. International Journal of Applied Linguistics, 2006, 16(2): 237—241.

Kalaja, P., Alanen, R., Palviainen, A. & Dufva, H. From milk cartons to English roommates: Context and agency in L2 learning beyond the classroom [A]. In P. Benson & H. Reinders (eds.), Beyond the language classroom [C]. Basingstoke: Palgrave Macmillan, 2011: 47—58.

Karlsson, L. & Kjisik, F. Lifewide and lifedeep learning and the autonomous learner [A]. In K. K. Pitkänen et al. (eds.), Out-of-classroom language learning [C]. Helsinki: University of Helsinki Language Centre, 2011: 85—106.

Kim, Y. Scaffolding through questions in upper elementary ELL learning. Literacy teaching and learning, 2010,15(1—2), 109—137.

Kozulin, A. Vygotsky's Psychology. A biography of Ideas [M]. Cambridge MA. Harvard University Press, 1990.

Kramsch, C. Language acquisition and language socialization: Ecological perspectives [M]. London: Continuum, 2002.

Kramsch, C. The multilingual subject: What language learners say about their experience and why it matters [M]. Oxford: Oxford Press, 2009.

Krashen, S. Principles and practice in second language acquisition [M]. Oxford: Pergamon, 1982.

Kristeva, J. Revolution in poetic language (M. Waller, Trans.) [M]. New York: Columbia University Press, 1984.

Kuhn, T. S. The Structure of Scientific Revolutions [M]. Chicago: Chicago University Press, 1970.

La Guardia, J. G. Developing Who I Am: A Self—Determination Theory Approach to the Establishment of Healthy Identities [J]. Educational Psychologist, 2009, 44(2): 90—104.

Lacan, J. E'Crits. A selection. (A. Sheridan, Trans.) [M] .New York: Norton, 1977.

Lai, W. L. Ecosystem—wide characteristics of an ESL environment in situ: An affordance—semiotics perspective [J]. International Journal of Language and Linguistics, 2013, 1(4): 75—89.

Lam, W. S. E. Second language socialization in a bilingual chat room: Global and local considerations [J] .Language Learning and Technology, 2004 (8): 44 - 65.

Lamb, T. Controlling learning: Learners' voices and relationships between motivation and learner autonomy [A]. In S. Toogood, R. Pemberton, &

A. Barfield (Eds.), Maintaining Control: Autonomy and Language Learning [C]. Hong Kong: Hong Kong University Press, 2009: 67—86.

Lamb, T. E. Language associations and collaborative support: Language teacher associations as empowering spaces for professional networks [J]. Innovtion in Language Learning and Teaching, 2012, 6(3): 287—308.

Lantolf, J. P. (Convener). Alternative approaches to SLA [Z]. Invitational Symposium at the Center for Language Acquisition. The Pennsylvania State University, May 10—11, 2013.

Lantolf, J. P. (Ed.). Sociocultural theory and second language learning [M]. Oxford: Oxford University Press, 2000.

Lantolf, J. P. Praxis and L2 classroom development [J]. ELIA: Estudios de lingüística inglesa aplicada, 2008, (8): 13—44.

Lantolf, J. P. Second language theory building: Letting all the flowers bloom! [J] Language Learning,1996, (46): 713—749.

Lantolf, J. P. Sociocultural and second language learning research: An exegesis [A]. In E. Hinkel (Ed.) Handbook of research in second language teaching and learning [C]. New Jersey: Lawrence Erlbaum, 2005: 335—354.

Lantolf, J. P. Sociocultural source of thinking and its relevance for second language acquisition [J]. Bilingualism, 2007, 10(1): 31—33.

Lantolf, J. P. Sociocultural theory and L2 development: State-of-the-art. Studies [J]. Second Language Acquisition, 2006, (28): 67—109.

Lantolf, J. P. Sociocultural theory and second and foreign language learning: An overview of sociocultural theory [A]. In K. van Esch and O. St. John (Eds.), New insights into foreign language and teaching [C]. Frankfurt am Main: Peter Lang, 2004: 13—34.

Lantolf, J. P. Sociocultural theory and the pedagogical imperative [A]. In R. Kaplan (Ed.), Handbook of applied linguistics (2nd ed.) [C]. Oxford: Oxford University Press, 2010: 163—177.

Lantolf, J. P. Sociocultural theory: a dialectical approach to L2 research [A].

In S. M. Gass & A. Mackey (eds.), Handbook of second language acquisition [C]. New York: Taylor Francis, 2012: 57—72.

Lantolf, J. P. The function of language play in the acquisition of L2 Spanish [A]. In W. R. Glass and A. T. Perez-Leroux (Eds.), Contemporary perspectives on the acquisition of Spanish. Vol. 2: Production, processing and comprehension [C]. Somerville, MA: Cascadilla Press, 1997: 3—24.

Lantolf, J. P., & Appel, G. (Eds.). Vygotskian approaches to second language research [M]. Norwood, NJ: Ablex, 1994.

Lantolf, J. P., & Frawley, W. Second language performance and Vygotskyan psycholinguistics: Implications for L2 instruction [A]. In A. Manning, P. Martin, & K. McCalla (Eds.), The tenth LACUS Forum (1983) [C]. Columbia, SC: Hornbeam, 1984: 425—440.

Lantolf, J. P., & Genung, P. "I'd rather switch than fight": An activity theoretic study of power, success and failure in a foreign language classroom [A]. In C. Kramsch (Ed.), Language acquisition and language socialization: Ecological perspectives [C]. London: Continuum Press, 2002: 175—196.

Lantolf, J. P., & Pavlenko, A. (S)econd (L)anguage (A)ctivity: Understanding second language learners as people [A]. In M. Breen (Ed.), Learner contributions to language learning: New directions in research [C]. London: Longman, 2001: 141—158.

Lantolf, J. P., & Pavlenko, A. (S)econd (L)anguage (A)ctivity: Understanding second language learners as people [A]. In M. Breen (Ed.), Learner contributions to language learning: New directions in research [C]. London: Longman, 2001: 141—158.

Lantolf, J. P., & Poehner, M. E. Dynamic assessment in the classroom: Vygotskian praxis for second language development [J]. Language Teaching Research, 2011, 15(1): 11—33.

Lantolf, J. P., & Poehner, M. E. Introduction to Sociocultural Theory and the Teaching of Second Languages [A]. In J. P. Lantolf & M. E. Poehner

(Eds.), Sociocultural theory and the teaching of second Languages [C]. London: Equinox, 2008: 1—32.

Lantolf, J. P., & Thorne, S. L. Sociocultural theory and second language acquisition [A]. In. B. van Patten & J. Williams (Eds.), Theories in second language acquisition [C]. Mahwah, NJ: Erlbaum, 2007: 201—224.

Lantolf, J. P.. Intrapersonal communication and internalization in the second language classroom [A]. In A. Kozulin, B. Gindis, V. S. Ageyev, & S. M. Miller (Eds.), Vygotsky's educational theory in cultural context [C]. Cambridge, UK: Cambridge University Press, 2003: 349—370.

Lantolf, J.P. & Poehner, M. E., Sociocultural Theory and the Pedagogical Imperative in L2 Education [M]. New York: Routledge, 2014.

Lantolf, J.P., & Thorne, S.L. The Sociogenesis of second language development [M]. Oxford, UK: Oxford University Press, 2006.

Larsen-Freeman, D. A complexity theory approach to second language development/acquisition [A]. In Atkinson, D. (Ed.), Alternative Approaches to Second Language Acquisition [C]. London: Routledge, 2011.

Larsen-Freeman, D. Chaos/complexity science and second language acquisition [J]. Applied Linguistics, 1997, (18): 141—165.

Larsen-Freeman, D. Teaching Grammar [A]. In Celce-Murcia M., Teaching English as a Second or Foreign Language (2nd Ed.) [C]. Boston MA: Heinle & Heinle, 1991: 279—283.

Larsen-Freeman, D. Techniques and Principles in Language Teaching (2nd ed.) [M]. Oxford: Oxford University Press, 2011.

Larsen-Freeman, D. The emergence of complexity, fluency, and accuracy in the oral and written production of five Chinese learners of English [J]. Applied Linguistics, 2006, 27(4): 590—619.

Larsen-Freeman, D., & Cameron, L. Complex Systems and Applied Linguistics [M]. Oxford: Oxford University Press, 2008.

Lave, J. Cognition in practice: Mind, mathematics, and culture in everyday life [M]. Cambridge: Cambridge University Press, 1988.

Lave, J., & Wenger, E. Situated learning: legitimate peripheral participation

[M]. New York: Cambridge University Press, 1991.

Leontiev, A. N. Problems of the Development of the Mind [M] (Trans.). Moscow: Progress Publishers, 1981.

Leontiev, A. N., Activity, consciousness, and personality [M]. Englewood Cliffs, CA: Prentice-Hall, 1978.

Levine, J. M., & Moreland, R. L. Progress in small group research [J]. Annual Review of Psychology, 1990, (41): 585—634.

Liang, X., & Mohan, B. Dilemmas of cooperative learning and academic proficiency in two languages [J]. Journal of English for Academic Purposes, 2003, 2(1): 35—51.

Linell, P. Approaching dialogue: Talk, interaction and contexts in dialogical perspective [M]. Amsterdam: John Benjamins, 1998.

Little, D. Autonomy in language learning [A]. In Ian Gathercole (ed.), Autonomy in Language Learning [M]. London: CILT, 1990: 7—15.

Little, D. Language learner autonomy: Some fundamental considerations revisited [J]. Innovation in language learning and teaching, 2007, 1(1): 14—29.

Little, D. Learner autonomy and human interdependence: some theoretical and practical consequences of a social-interactive view of cognition, learning and language[A]. In B. Sinclair & I. McGrath & T. Lamb (Eds.), *Learner Autonomy, Teacher Autonomy: Future Directions* [C]. Harlow: Longman, 2000: 15—23.

Little, D. Learner autonomy, and second/foreign language learning. Guide to Good Practice [OL], 2003. Available at www.llas.ac.uk/resources/gpg/1409 Accessed in Sept, 2013.

Little, D. Learner autonomy, the European Language Portfolio. A guide to the planning, implementation and evaluation of whole-school projects [R]. Strasbourg: Councile of Europe, 2009.

Littlewood, W. Defining and developing autonomy in East Asian contexts [J]. Applied Linguistics, 1999, 20(1): 71—94.

Long, M. Native speaker/non-native speaker conversation in the second language classroom [A]. In M. Clarke & J. Handscombe (Eds.), On TESOL: Pacific perspectives on language learning and teaching [C]. Washington, D.C.: TESOL, 1983: 207—225.

Lorenz, E. N. The Essense of Chaos [M]. Seattle, WA: The University of Washington Press. MA: Blackwell, 2001:596—605.

Luria, A. R. Language and cognition [M]. New York: Wiley & Sons.

Lyster, R. Learning and teaching languages through content: A counterbalanced approach [M]. Amsterdam: Benjamins.

Macaro, E. & Erler, L. Raising the achievement of young-beginner readers of French through strategy instruction [J]. Applied Linguistics, 2008, 29 (1): 90—119.

MacIntyre, Peter D. Motivation, anxiety and emotion in second language acquisition [A]. In P. Robinson (Ed.), Individual differences and instructed language learning [C]. Amsterdam: John Benjamins, 2002: 45—68.

Makkai, A. Ecolinguistics. Toward a New Paradigm for the Science of Language? [M] London Budapest: Pinter Publishers Akadémiai Kiadó, 1993

Marchenkova, L. Language, culture, and self: The Bakhtin-Vygotsky encounter [A]. In J. K. Hall, G. Vitanova, & L. Marchenkova (Eds.), Dialogue with Bakhtin on second and foreign language learning: New perspectives [C]. Mahwah, NJ: Erlbaum, 2005: 171—188.

Markova, A. K. Ways of investigating motivation for learning in school children [J]. Soviet Psychology, 1990, 28(6): 21—42.

McNeil, L. Ecological affordance and anxiety in an oral asynchronous computer-mediated environment [OL], Language Learning & Technology, 2014, (18): 142—159. Available at http://llt.msu.edu.issues/february2014/mcnei.pdf Assessed in March, 2013.

Menezes, V. Identity, motivation and autonomy in second language acquisition from the perspective of complex adaptive systems [J]. In G. Murray, X. Gao & T. Lamb (eds.), Identity, motivation and autonomy in language learning [C]. Bristol: Multilingual Matters, 2011:57—72.

Menezes. V. Second language acquisition: From main theories to complexity [OL], 2009. Available at http://www.veramenezes.com/publicacoes.html Accessed in October, 2013.

Mercer, S. The complexity of learner agency [J]. Apples -Journal of Applied Language Studies, 2012, 6(2): 41—59.

Mercer, S. Understanding learner agency as a complex dynamic system [J]. System, 2011, (39): 427—436.

Miettinen, R. Object of activity and individual motivation [J]. Mind, Culture and Activity, 2005, 12(1): 52—69.

Miller, E. R. Agency in the making: Adult immigrants' accounts of language learning and work [J]. TESOL Quarterly, 2010, 44(3): 465—487.

Miller, J. Audible difference. ESL and social identity in schools [M]. Bristol: Multilingual Matters, 2003.

Mohan, B. A. The second language as a medium of learning [A]. In B. Mohan, C. Leung & C. Davison (Eds.), English as a second language in the mainstream: Teaching, learning and identity [C]. Harlow, Essex, UK: Pearson Education, 2001: 107—126.

Morita, N. Discourse socialization through oral classroom activities in a TESL graduate program [J]. TESOL Quarterly, 2000, (34): 279—310.

Murray, G. Identity, motivation, and autonomy: Stretching our boundaries [A]. In G. Murrary, X. Gao, & T. Lamb (Eds.), Identity, motivation and autonomy in language learning [C]. Bristol, UK: Multilingual Matters, 2011:247—262.

Murray, G., Gao, X. & Lamb, T. (eds.). Identity, motivation and autonomy in language learning [M]. Bristol: Multilingual Matters, 2011.

Nakahama, Y., Tyler, A. & van Lier, L. "Negotiation of meaning in conversational and information gap activities: A comparative discourse analysis." [J]. TESOL Quarterly, 2001, 35(3): 377—405.

Nation, I. S. P. 2016. *Making and Using Word Lists for Language Learning and Testing*. Amsterdam: John Benjamins Publishing Company.

Negueruela, E. A sociocultural approach to the teaching and learning of second languages: Systemic-theoretical instruction and L2 development [D]. Unpublished doctoral dissertation, Pennsylvania State University, University Park, Pennsylvania, 2003.

Norton Peirce, B. Social identity, investment, and language learning [J]. TESOL Quarterly, 1995(29):9—31.

Norton, B. & Early, M. Researcher identity, narrative inquiry, and language teaching research [J]. TESOL Quarterly, 2011(45-3):415—439.

Norton, B. & Toohey, K. Identity, language learning, and social change [J]. Language Teaching, 2011(44-4): 412—446. (State-of-the-Art Article).

Norton, B. Identity and language learning: Gender, ethnicity and educational change [M]. Harlow: Longman, 2000.

Norton, B. Identity, literacy, and English-language teaching [J]. TESL Canada Journal, 2010(28-1): 1—13. (reprint of IATEFL 2009 conference proceedings).

Norton, B. Language, identity, and the ownership of English [J]. TESOL Quarterly, 1997(31-3): 409—429.

Norton, B. Non-participation, imagined communities, and the language classroom [A]. In M. Breen (ed.), Learner contributions to language learning: New directions in research [C]. London: Pearson Education Limited, 2001: 159—171.

Norton, B. Non-participation, imagined communities, and the language classroom [A]. In M. Breen (Ed.), Learner contributions to language teaching: New directions in research [C]. Harlow, U.K.: Pearson Education, 2001: 159—171.

Norton, B. Towards a model of critical language teacher education [J]. Language Issues, 2005, 17(1):12—17.

Norton, B. When is a teen magazine not a teen magazine? [J] Journal of Adolescent and Adult Literacy, 2001(45-4): 296—299.

Norton, B., & Toohey, K. Changing perspectives on good language learners [J]. TESOL Quarterly, 2001, 35(2): 307—322.

Norton-Peirce, B. Social identity, investment, and language learning [J]. TE-

SOL Quarterly, 1995, (29): 9—31.

Nunan, D. Designing tasks for the communication classroom [M]. Cambridge: Cambridge University Press, 1989.

Nunn, B. 2001. Task-based methodology and sociocultural theory [OL]. Available at http://ltsc.ph—karlsruhe.de/Nunn.pdf Accessed Oct, 2012.

Ohta, Amy Snyder Limitations of social interaction in second language acquisition: Learner "voices" and mediation in the zone of proximal development [A]. In Paul Seedhouse, Steve Walsh and Chris Jenks (Eds.), Conceptualising 'Learning' in Applied Linguistics [C]. London: Palgrave MacMillan, 2010:161—183.

Ohta, Amy Snyder (Ed.) Social, Dynamic, and Complexity Theory Approaches to Second Language Development [A]. In Chapelle, C. (Ed.) The Encyclopedia of Applied Linguistics, Volume 21 [C]. London: Wiley-Blackwell, 2012.

Ohta, Amy Snyder. Laughter and second language acquisition: A study of Japanese foreign language classes [A]. In Junko Mori and Amy Snyder Ohta (Eds.) [C] Japanese Applied Linguistics: Discourse and Social Perspectives. New York: Continuum, 2008.

Ohta, Amy. Snyder. Second language processes in the classroom: Learning Japanese [M]. Mahwah, NJ: Erlbaum, 2001.

Orr, G. A review of literature in mobile learning: Affordances and constraints [R]. In Proceedings of the 6th IEEE International Conference on Wireless, Mobile, and Ubiquitous Technologies in Education. Kaohsiung, Taiwan: IEEE Computer Society Press, 2010: 107—11.

Otwinowska-Kasztelanic, A. Awareness and affordances: Multilinguals versus bilinguals and their perceptions of cognates [A]. In G. De Angelis & J. M. Dewaele (Eds.), New trends in crosslinguistic influence and multilingualism research [C]. Bristol: Multilingual Matters, 2011: 1—18.

Oxford, R. Toward a more systematic model of L2 learner autonomy [A]. In D. Palfreyman & R. Smith (Eds.), Learner autonomy across cultures:

Language education perspective [C]. New York: Palgrave Macmillan, 2003:75—91.

Paiva, V. L. M. O. & Braga, J. C. F. 2008. The Complex Nature of Autonomy [J]. D.E.L.T.A., 2008, (24), special issue: 41—468.

Paiva, V.L. M. O. Identity, motivation and autonomy in second language acquisition from the perspective of complex adaptive systems [A]. In G. Murray, X. Gao, & L. Lamb, Identity, motivation and autonomy in second language [C]. Bristol: Multilingual Matters, 2011: 57—75.

Pavlenko, A. Autobiographic narratives as data in applied linguistics [J]. Applied Linguistics, 2007, 28(2): 163—188.

Pavlenko, A. & Blackledge, A. (Eds.). Negotiation of identities in multilingual contexts [M]. Clevedon, UK: Multilingual Matters, 2004.

Pavlenko, A. & Lantolf, J. P. Second language learning as participation and the (re)construction of selves [A]. In J. Lantolf (Ed.), Sociocultural theory and second language learning [C]. Oxford: Oxford University Press, 2000: 155—177.

Pavlenko, A. & Lantolf, J.. Second language learning as participation and the (re) construction of selves [A]. In J. Lantolf (Ed.), Sociocultural theory and second language learning [C]. New York: Oxford University Press, 2000:155—177.

Pavlenko, A. & Norton, B. Imagined communities, identity and English language teaching [A]. In J. Cummins & Davison (Eds.), International handbook of English language teaching [C]. New York: Springer, 2007: 669—680.

Peng, J. E. Changes in language learning beliefs during a transition to tertiary study: The mediation of classroom affordances [J]. System, 2011, (39): 314—324.

Pennycook, A. Cultural alternatives and autonomy [A]. In P. Benson and P. Voller (Eds.), Autonomy and independence in language learning [C]. London: Longman, 1997:35—53.

Pham, G., Donovan, D., Dam, Q., & Contant, A. 2018. Learning words and definitions in two languages: What promotes cross-language transfer? *Language Learning*, 1/68: 206-233.

Pica, T. The textual outcomes of native speaker-non-native speaker negotiation: What do they reveal about second language leanring? [A] In C. Kramsch & S. McConnell-Ginet (Eds.), Text and context: Cross-Disciplinary perspectives on language study [C]. Lexington: D.C. Heath and Company, 1992: 198—237.

Pica, T., & Doughty, C. Input and interaction in the communicative language classroom: A comparison of teacher-fronted and group activities [A]. In S. Gass & C. Madden (Eds.), Input in Second Language Acquisition [C]. Massachusetts: Newbury House, 1985: 115—132.

Playfoot, D., Balint, T., Pandya, V., Parkes, A., Peters, M., & Richards, S. 2018. Are word association responses really the first words that come to mind? *Applied Linguistics*, 5/39: 607-624.

Poincare, H. The Foundation of Science: Science and Method [M]. New York: The Science Press, 1921.

Ratner, C. Cultural psychology: Theory and method [M]. New York: Plenum, 2002.

Ruiz, M. Noelia. Learner Autonomy in Computer-assisted Language Learning. A Comparative Case Study of Learners' Behaviour in the English as a Foreign Language Context [OL]. Published Doctoral Dissertation. Available at http://www.tdcat.cesca.es Assessed in June, 2014.

Ryan R. M., & Deci, E. L. Self-determination theory and the facilitation of intrinsic motivation, social development, and well-being [J]. American Psychologist, 2000, (55): 68—78.

Sade, L.A. Complexity and identity reconstruction in second language acquisition [R]. Symposium paper presented at AILA 2008—15th World Congress of Applied Linguistics, Essen, Germany, 2008.

Sade, L.A. 2011. Emerging selves, language learning and motivation through the lens of chaos [A]. In Garold, M; Gao, X.S. & Lamb, T (Eds.) Identity, Motivation and Autonomy in Language Learning [C]. UK: Multilingual matters, 2011.

Salazar, E. Z. & Carballo, O. C. Plans of Improvement: A Resource to Enhance Performance and Autonomy in EFL Course [J]. Revista De Lenguas Modernas, 2013, (18): 285—98.

Sapir, E. Language and Environment [M]. American Anthropologist, N. S., 1912(14): 226—42.

Saussure, F. de. A course in general linguistics [M]. London: Fontana. (Original work published in 1916), 1974.

Schaeffer, N. C. & Dykema, J. Questions for surveys: current trends and future directions [J]. Public Opinion Quarterly, 2011, (75): 909—961.

Scollon, R. Mediated discourse: the nexus of practice [M]. Routledge, 2001.

Shahadeh, A. Task-based language learning and teaching: Theories and applications [A]. In C. Edwards. & J. Willis. (Eds), Teachers exploring tasks in language teaching [C]. New York: Palgrave Macmillan, 2005: 13—30.

Sinclair, B. Learner autonomy: The next phase [A]. In I. Mcgrath, B. Sinclair & T. Lamb (Eds.), Learner autonomy, teacher autonomy: Future directions [C]. London: Longman, 2000:15—23.

Sinclair, B. The teacher as learner: Developing in an interactive learning environment [A]. In R. Pemberton, S. Toogood & A. Barfiend (Eds.), Maintaining control: Autonomy and language learning [C]. Hongkong: Hongkong University Press, 2009: 175—198.

Skehan P. (Ed.), Investigating a processing perspective on task performance [M]. Amsterdam: John Benjamins, 2011.

Skehan P. A framework for the implementation of task-based instruction [A]. In Van den Branden, K., Bygate M., and Norris J. (Eds.), Task Based Language Teaching: A reader [C]. Amsterdam: John Benjamins, 2009.

Skehan P., & Foster, P. The influence of planning and task type on second language performance [A] In Van den Branden, K., Bygate M., and Norris J. (Eds.), Task Based Language Teaching: A reader [C]. Amsterdam: John Benjamins, 2009.

Skehan, P. (Ed.). Investigating a processing perspective on task performance [M]. Amsterdam: John Benjamins.

Skehan, P. A cognitive approach to language learning [M]. Oxford: Oxford University Press, 1998.

Skehan, P. A framework for the implementation of task-based instruction [M]. Applied Linguistics, 1996(17): 38—62.

Skehan, P. Lexical performance by native and non-native speakers on language-learning tasks [A]. In B. Richards, H. M. Daller, D. D. Malvern, P. Meara, J. Milton., &in J. Treffers-Daller (Eds.), Vocabulary studies in first and second language acquisition [C]. London, English: Palgrave Macmillan, 2009: 107—125.

Skehan, P. Task research and language teaching: Reciprocal relationships [A]. In Fotos S., Nassaji H., Form-focused instruction and teacher education: Studies in Honor of Rod Ellis [C]. Oxford: Oxford University Press, 2007: 55—69.

Skehan, P. Task-based instruction [J]. Language Teaching, 2003, (36): 1—14.

Smit, U. Learning affordances in 'ICELF' (Integrating Content and English as a lingua franca): on an implicit approach to English medium teaching [J]. Journal of Academic Writing, 2013, 3(1): 15—30.

Smith, R. & Ushioda, E. Autonomy: under whose control? [A]. In Maintaining control:autonomy and language learning [C]. Hong Kong: Hong Kong University Press, 2009: 241—253.

Steffensen, S. V. & Fill, A. Ecolinguistics: The state of the art and future horizons [J]. Language Sciences, 2014, 41(A): 6—25.

Stoller, F. L. Project work: A means to promote language and content [A]. In J. C. Richards & W.A. Renandya (Eds.), Methodology in language teaching: An anthology of current practice [C]. Cambridge: Cambridge University, 2002.

Sullivan, P. & McCarthy, J. Toward a dialogical perspective on agency [J]. Journal for the Theory of Social Behaviour, 2004(42), 291—309.

Swain, M. Talking-it-through: Languaging as a source of learning [A]. In R.

Batestone (Ed.) [C], Sociocognitive perspectives on language use and language learning. Oxford: Oxford University Press, 2010: 112—130.

Swain, M. & Lapkin, S. Focus on form through collaborative dialogue: Exploring task effects [A]. In Bygate, M., Skehan, P. & Swain, M.(Eds), Researching pedagogic tasks: Second language learning, teaching, and testing [C], 2001: 99—118.

Swain,M., Kinnear, P., & Steinman, L. Sociocultural Theory in Second Language Education: An Introduction through narratives [Z]. Bristol, Multilingual matters, 2011: 171.

Tegge, F. 2017. The lexical coverage of popular songs in English language teaching. *System*, 67: 87-98.

Tomasello, M. The Cultural Origins of Human Cognition [M]. Cambridge, Mass: Harvard University Press, 1999.

Toohey, K. Conclusion: Autonomy/agency through sociocultural lenses [A]. In A. Barfield & S. Brown (Eds.), Re-interpreting autonomy in language education [C]. London: Palgrave-Macmillan, 2007: 231—242.

Trim, J. L. M. Historical, descriptive and dynamic linguistics [J]. Language and Speech, 1959, (2): 9—25.

Turner, P. Affordance as context [J]. Interacting With Computers, 2005, 17(6): 787—800.

Uchihara, T. & Harada, T. 2018. Roles of vocabulary knowledge for success in English-medium instruction: Self-perceptions and academic outcomes of Japanese undergraduates. *TESOL Quarterly*, 3/52: 564-587.

Ushioda, E. Language motivation in a reconfigured Europe: Access, identity, autonomy [J]. Journal of Multilingual and Multicultural Development, 2006, 27(2): 148—161.

Ushioda, E. Motivating learners to speak as themselves [A]. In G. Murray, X. Gao & T. Lamb (Eds.), Identity, motivation and autonomy in language learning [C]. Bristol, UK: Multilingual Matters, 2011: 11—24.

Ushioda, Ema. Motivation as a socially mediated process [A]. In: Little, D. and Ridley, J. and Ushioda, E., (eds.) Learner autonomy in the foreign language classroom: Teacher, learner, curriculum and assessment [C]. Dublin, Ireland: Authentik, 2003: 90—102.

Valisiner, J. & van der Veer, R. The social mind: Construction of the idea [M]. Cambridge, UK: Cambridge University Press, 2000.

van Compernolle, R. A. From verbal protocols to cooperative dialogue in the assessment of second language pragmatic competence [J]. Intercultural Pragmatics, 2013, (10): 71—100.

van Lier, L. & Matsuo, N. Varieties of conversational experience: Looking for learning opportunities [J]. Applied Language Learning, 2000, 11(2): 265—287.

van Lier, L. Action-based teaching, autonomy and identity [J]. Innovation in Language Learning and Teaching, 2007, 1(1): 46—65.

van Lier, L. Agency in language learning [A]. In J. Lantolf & Poehner (Eds.)., Sociocultural Theory and Second Language Teaching [C]. Equinox Publishers. Boston: Kluwer, 2008: 258—306.

van Lier, L. Appropriate uses of the L1 in L2 classes [A]. In Y. Nakahama (Ed.), The effect of the learners' L1 on the acquisition of Japanese: Research from a functional linguistics perspective [C]. University of Nagoya, Graduate School, Department of International Language and Culture Research, 2006: 97—111.

van Lier, L. Foreword: Agency, self and identity in language learning [A]. In B. O'Rourke & L. Carson (eds.), Language learner autonomy. Policy, curriculum, classroom [C]. Frankfurt am Main: Peter Lang, 2010: ix—xviii.

van Lier, L. From input to affordance: social-interactive learning form an ecological perspective [A]. In J. P. Lantolf (Ed.), Sociocultural theory and second language learning [C]. Oxford, UK: Oxford University Press, 2000: 245—259.

van Lier, L. Interaction in the language curriculum: Awareness, autonomy and authenticity [M]. Essex: Longman, 1996.

van Lier, L. Observation from an ecological perspective [J]. TESOL Quarterly, 1997, (31): 783—786.

van Lier, L. The classroom and the language learner [M]. London: Longman, 1988.

van Lier, L. The ecology and semiotics of language learning: A sociocultural perspective [M]. Boston, MA: Kluwer, 2004.

Vygotsky, L. S. The genesis of higher mental functions [A]. In J. V. Wertsch (Ed. & Trans.), The concept of activity in Soviet Psychology [C]. Armonk, NY: M. E. Sharpe, 1981.

Vygotsky, L. S. Collected Works (vol. 3) [C]. New York: Plenum Press, 1997.

Vygotsky, L. S. Mind in society: The development of higher psychological processes [M]. (M. Cole, V. John-Steiner, S. Scriber, & E. Souberman, Eds.). Cambridge, MA: Harvard University Press, 1978.

Vygotsky, L. S. Problems of general psychology (including the volume Thinking and speech) [A]. In The collected works of L. S. Vygotsky. Vol. 1 [C]. New York, NY: Plenum Press, 1987: 39—285.

Vygotsky, L. S. The psychology of art [M]. Cambridge, MA: MIT Press, 1971.

Vygotsky, L., Thought and language [M] (A Kozulin, Ed. & Trans.). Cambridge, MA: The MIT Press, 1986 (originally published in 1934).

Weedon, C. Feminist practice and poststructuralist theory (2nd ed.) [M]. Cambridge, MA: Blackwell Publishers, 1997.

Wen, W. Activity theory and second language acquisition [J]. Sino-US English Teaching, 2008, 5(5):19—23.

Wenger E., McDermott, R., & Snyder, W. M. Cultivating communities of practice [M]. Boston, MASS, Harvard Business School Press, 2002.

Wenger, E. 'Communities of Practice. A brief introduction.' Communities of Practice, [OL] 2007. http://www.ewenger.com/theory/ . Accessed October 10, 2014.

Wenger, E. Communities of practice and social learning systems [J]. Organization, 2000, (7-2): 225—246.

Wenger, E. Communities of practice and social learning systems: the career of a concept [A]. In Blackmore, C. (Editor) Social Learning Systems and communities of practice [C]. Springer Verlag and the Open University, 2010.

Wenger, E. Communities of practice: Learning, Meaning and Identity [M]. Cambridge: Cambridge University Press, 1998.

Wenger, E. Communities of practice: Learning, meaning, and identity [M]. Cambridge: Cambridge University Press, 1998.

Wenger, Etienne. Digital Habitats [M]. Portland: CPsquare, 2009.

Wertsch J. V. & L. J. Rupert. The authority of cultural tools in a sociocultural approach to mediated agency [J]. Cognition and Instruction, 1993, (3-4): 227—239.

Wertsch, J. V. Culture, communication, and cognition: Vygotskian perspectives [M]. New York: Cambridge University Press, 1985.

Wertsch, J. V. Vygotsky and the social formation of mind [M]. Cambridge, Mass: Harvard University Press, 1985.

Wertsch, J. V., Del Rio, P., Alvarez, A. Sociocultural studies: History, action, and mediation [A]. In V. Wertsch., P. Del Rio., & A. Alvarez (Eds.), Sociocultural studies of mind [C]. New York: Cambridge University Press, 1995: 1—34.

Wertsch, J. V., Tulviste, P., & Hagstrom, F. A sociocultural approach to agency [A]. In E. A. Forman, N. Minik, & C. A. Stone (Eds.), Contexts for learning: Sociocultural dynamics in Children's development [C]. Oxford: Oxford University Press, 1993: 336—356.

Wertsch, J., P. del Rio, and A Alvarez (Eds.). Sociocultural Studies of Mind [M]. Cambridge: Cambridge University Press, 1995.

Wertsch, J. V. Generalized collective dialogue and advanced foreign language capacities [A]. In H. Byrnes (Ed.), Advanced language learning: The contribution of Halliday and Vygotsky [C]. London: Continuum, 2006: 58—71.

Wertsch, J.V. Struggling with the past: Some dynamics of historical representation [A]. In M. Carretero & J.F. Voss (Eds.), Cognitive and instructional processes in history and the social sciences [C]. Hillsdale,

NJ: Erlbaum, 1994: 323—338.

Yamaguchi, A. Fostering learner autonomy as agency: An analysis of narratives of a student staff member working at a self-access learning centre [J]. Studies in Self—Access Learning Journal, 2011(2-4): 268—280.

Zhang, J. Learner agency, motive, and self-regulated learning in an online ESL writing class [J]. International Journal for Language Learning Technologies, 2013, (43-2): 57—81.

Zhang, L.X. & Li X.X. A comparative study on learner autonomy between Chinese students and west European students [J]. Foreign Language World, 2004, (4): 15—23.

Zhang, X. & Lantolf, J. P. Natural or artificial. Is the route of L2 acquisition teachable? Language Learning, 2015. DOI:10.1111/lang.12094.

蔡基刚. 大学英语四、六级计算机口语测试效度、信度和可操作性研究[J].《外语界》,2005,(4):66—75.

戴炜栋、王雪梅. 建构具有中国特色的外语教育体系 [J].《外语界》,2006,(4):2—12.

戴运财、杨连瑞. 二语习得的一体化模式及其动态性研究 [J].《外语教学》,2013,(6):49—53.

戴运财.《Routledge二语习得手册》评介 [J].《外国语》,2013,(5):92—96.

樊淑玲. 非英语专业学生英语口语与学习动机的相关研究 [J].《教育理论与实践》,2012,(30):50—52.

范国睿.《共生与和谐:生态学视野下的学校发展》[M]. 教育科学出版社,北京,2011.

冯霞、黄芳. 基于自主学习的外语信息资源整合优化研究 [J].《外语电化教学》,2013,(2):47—52.

贡琪, 活动理论视角下的任务型教学小组活动探究[D]. 南京师范大学,2014.

韩宝成. 动态评价理论、模式及其在外语教育中的应用[J].《外语教学与研究》,2009,(5):452—458.

侯杰、刘燕.《动态评估:从维果斯基理论角度理解和促进二语发展》[J]. 2011,(4),89—92.

胡东平、施卓廷、周浩. 归因论视角下的大学英语自主学习影响因素实证研究[J].《外语与外语教学》,2009,(10):34—37.

蒋荣.《基于社会文化理论的汉语学习者词汇习得研究》[M].北京语言大学出版社,北京,2013.

金艳.大学英语四、六级口语考试对教学的反拨作用[J].《外语界》,2000,(4),56—61.

李曙光.语篇分析中的互文性与对话性[J].《外语与外语教学》,2009,(12):16—19.

李玉平.大规模计算机辅助英语口语测试效果实证研究[J].《外语界》,2009,(4):69—76.

栾岚.大学英语口语教学模式研究——以协商互动为例[D].上海外国语大学,2014.

倪静、孙云梅.《语言教学研究与语言教学法》述评[J].《现代外语》,2014,(2):287—290.

牛瑞英.《中国英语学习者合作输出中的词汇习得》[M].上海外语教育出版社,上海,2012.

牛瑞英.《社会文化理论和第二语言发展的起源》述介[J].《外语教学与研究》,2007,(4):314—316.

彭青龙.《思辨与创新——口语课堂上的演讲、辩论初探》[J].《外语界》,2000,(2),2000:39—44.

秦丽莉、戴炜栋.生态视域下大学生英语口语学习环境给养状况研究[J].《现代外语》,2015,(2):227—237.

秦丽莉、戴炜栋a.二语习得社会文化理论框架下"生态化"任务型语言教学研究[J].《外语与外语教学》,2013,(2):41—46.

秦丽莉、戴炜栋b.活动理论框架下大学英语学习动机自我系统模型构建[J].《外语界》,2013,(6):23—31.

秦丽莉、戴炜栋c.以培养"多元文化"意识为导向的跨文化交际学课程研究[J].《外语电化教学》,2013,(6):50—56.

秦丽莉、王绍平、刘风光.社会文化理论的学科归属与理念[J].《东北师范大学学报》,2015,(1):193—196.

秦丽莉.社会文化理论视域下大学英语学习能动性与身份之间的关系[J].《外语教学》,2015(1):60—64.

秦晓晴.外语教学研究中的定量数据分析[M].华中科技大学出版社,武汉,2003.

束定芳.对接国家发展战略 培养国际化人才——新形势下大学英语教学改革与重新定位的思考 [J].《外语学刊》,2013,(6):90—96.

王琴、刘翔.《纠正反馈、个体差异与第二语言学习》述评 [J].《外语与外语教学》,2013,(5):94—96.

王守仁.全面、准确贯彻《大学英语课程教学要求》深化大学英语教学改革 [J].《中国外语》,2010,(2):4—7.

王守仁.在构建大学英语课程体系过程中建设教师队伍 [J].《外语界》,2012,(4):2—5.

夏纪梅.影响大学英语教学质量的相关因素 [J].《外语界》,2000,(4):2—6.

徐海铭、罗杏焕.走出认知传统樊篱 重构二语习得模式——评 Marysia Johnson《二语习得之哲学》[J].《外语学刊》,2006,(5):107—111.

徐丽华、蔡金亭.《二语发展的动态路径:方法与技术》述评 [J].《外语教学与研究》,2014,(1):144—148.

杨惠中.从四、六级考试看我国大学生当前的实际英语能力 [J].《外语界》,2000,(1):2—4.

杨惠中.从四、六级考试看我国大学生当前的英语语言能力现状 [J].《中国外语》,2004,(1):56—60.

杨莉芳.近二十年口语测试中存在的问题 [J].《外语教学》,2006,(1):42—48.

杨梅、姜琳.《二语习得的非主流研究理论》述介 [J].《现代外语》,2013,(4):434—436.

杨琪.计算机辅助大规模英语口语测试的实践与思考 [J].《外语电化教学》,2012,(2):15—19.

张虹、王蔷.《第二语言教师教育——社会文化视角》述介 [J].《外语教学理论与实践》,2010,(3):93—95.

郑佩芸.基于网络书面实时交流的大学英语口语拓展教学研究[D].上海外国语大学,2011.

邹为诚、赵飞.论二语习得理论的建设——兼评《二语习得之问题》[J].《中国外语》,2007,(4):46—56.

附录

访谈问卷1&2是前期在不同省市学术会议和会议地点所在大学调查使用问卷：

访谈问卷1（教师/学生）

（前期调查大学英语教师对口语教学现状的看法
/大学英语学生对口语学习现状的看法）
您认为大学英语口语教学现状如何？（包括课内和课外）
您认为大学英语口语学习现状如何？（包括课内和课外）

访谈问卷2、3、4 & 5是在东北某大学展开的实证研究阶段调查使用问卷：

访谈问卷2（教师——前期）

1. 您有多少年大学英语教学的经验？
2. 您认为目前您所教的大学英语课程口语教学方面存在什么样的问题？应该如何解决？

访谈问卷3（教师——后期）

1. 您对本学习进行的学术专题小组口头汇报任务教学有何评价？实施方面您认为最大的困难是什么？
2. 您以后会继续这种任务型教学吗？实施过程中您发现了什么问题

访谈问卷4(学生——前期)

1. 英语学习历史

1) 您能简要的描述一下你在<u>上大学之前(一年级学生)/在大二之前(二年级学生)</u>的英语学习经历吗?(包括小学、初中、高中)

2) 在您的英语学习经历中,最快乐的是什么?请描述一下。

3) 在您的英语学习经历中,有不快乐的事情吗?是什么?请描述一下。

4) 在您的英语学习经历中,对您影响最大的人是谁?

5) 在您的英语学习经历中,是否有什么个人的或者家庭的事件对您的英语学习影响非常大?

6) 您将来的理想和计划是什么?这些与英语学习有什么样的关系呢?

7) 是否有什么事情让你想放弃学习英语?

8) 您为什么会坚持学习英语?

2. 社会关系、地位和身份

1) 您对目前当英语老师的感觉如何?

2) 您对您大学英语课上的同学、同桌等感觉如何?

3) 您的家庭对您的英语学习影响大吗?他们如何帮助您学习英语?

4) 您周围的什么人对您的英语学习影响最大?父母?偶像?朋友?同学?男/女朋友?老师?伟人?等等。

5) 您与您的英语老师的关系如何?(包括课内和课外)

6) 您与大学英语班级上的同学的关系如何?(包括课内和课外)

7) 您都参加什么样的与英语学习有关的社会活动?最经常参加的是什么?

8) 您在平时与别人用英语交流的时候有障碍吗?如果有的话,最大的障碍是什么?请详细描述。

9) 您参加与英语相关的社会活动,如英语比赛、英语party什么的,有障碍吗?最大的障碍是什么?

10) 作为英语学习者,您在与来自英语国家的人交流的时候感觉如何?

11) 您觉得在公共场合,比如同学聚会、聚餐,与人交流的时候,您说英语和说中文的时候,身份有什么不同吗?

3. 社会背景

1) 您认为中国目前社会经济的发展现状影响您的英语学习吗?有什么重大事件影响您了吗?(如上海世博会、奥运会、上合组织会议、达沃斯会议等)如果是,有什么样的影响呢?

2) 您在大学之前学习英语和目前学习英语有何不同?这些不同对您的英语学习有很大影响吗?

3) 您的家庭背景和环境对您的英语学习有什么影响吗?

4. 英语学习资源

1) 您在英语学习中使用什么英语资源?这些资源使用的频率如何?

2) 您为什么使用这些资源?请举例说明。

3) 您使用网络获得英语资料吗?请举例说明。

5. 学生对英语学习的期望

1) 您期望的英语熟练程度是什么样的?

2) 在听说读写译五个方面,对您来说,最需要的或者最重要的是哪个?为什么?为了提高这一(多个)方面的能力,您都做了什么样的努力?

3) 大致描述一下您在英语学习方面遇到的问题。

6. 英语学习动机

1) 您为什么学习英语?对英语学习投入的精力多吗?请举例说明,你觉得在大学学习英语感觉如何?

2) 您学习英语的目的是什么?

a. 您目前学习英语的具体目标是什么?

b. 您学习英语的长期目标是什么?

3) 您认为英语学习中对您影响最重要的因素是什么?

4) 您认为在提高英语熟练程度时,最大的挑战是什么?

5) 您喜欢与周围来自说英语国家的人打交道吗?如果有,感觉如何?

6）您学习英语是为了什么人吗？如果是的话，是为了谁呢？父母？自己？还是其他的什么人？

　　7）英语学习成绩对您来说意味着什么？

7. 学习能动性

课内：

　　1）您希望从大学英语课上获得什么？为此您做了什么样的努力？

　　2）大学英语课对您意味着什么？

　　3）您做大学英语作业的主要原因是什么？

　　4）您为什么不能免修大学英语课？（该校规定如果 BEC 成绩达到某个级别可以免修大学英语。）

课外：

　　1）英语学习对您意味着什么？

　　2）您的梦想和英语之间有关系吗？如果有，是什么样的联系？

　　3）您为什么要学习英语？

　　4）您认为您为英语付出的努力，在将来会给您带来什么样的好处？

8. 大学英语学习环境

课内：

　　1）您如何评价您的英语老师？（如果大学期间有不同的老师，请分别说明）

　　2）您如何评价您目前使用的大学英语教材？

　　3）您的班级里有多少个学生？对此您有何看法？

　　4）您对老师的教学方法如何评价？

　　5）您与班内的其他同学熟悉吗？

课外：

　　1）您参加什么英语辅导班吗？请具体说明。

　　2）您计划参加社会上的哪种英语考试？

　　3）您在课外练习英语口语吗？

9. 给养

课内：

1）您是否能够描述一下您英语老师的性格？
2）您认为英语老师的教学方法适合您吗？
3）关于英语老师您最喜欢/最不喜欢的是什么？
4）您为什么要选择这位老师的英语课？
5）您认为这个班级的大学英语课对您英语学习有帮助吗？
6）您认为目前的大学英语课难易程度如何？
7）您喜欢目前使用的教材吗？举例说明？
8）您认为目前使用的教材能够帮助您提供英语口语能力吗？
9）您认为小组作业对您的英语口语能力的提高有帮助吗？

课外：

1）在大学期间，您参加了什么英语课外辅导班了吗？
2）如果您有机会和时间参加，您回去参加什么样的课外辅导班？您最希望从课外辅导班中获得什么关于英语学习的收获？
3）如果您希望参加一个社会上的英语水平考试，您的目的是什么？为什么要参加？您有机会参加哪些？

10. 学习自主能力

1）您认为你目前英语在听说读写译能力中，相比较而言哪方面是强项，哪方面是弱项？
2）您会自己搜集课外的英语学习资料学习吗？请举例说明。您能判断哪些英语资料对您有帮助吗？
3）您会给自己打气，坚持学习英语吗？
4）业余时间您是否会安排时间学习英语？
5）您是否能够评估您在英语学习方面的进步？
6）您会在课堂上主动向老师问问题吗？
7）您会在课外主动找老师讨论英语学习方面的问题吗？
8）您会时刻监督自己学习英语吗？
9）您会给自己设定学习目标吗？
10）您知道自己应该往哪个方向努力学习英语吗？

11）您会主动寻找能够提高您的英语学习的机会学习英语吗？请举例说明。

12）您认为您有能力学习好英文吗？

13）您会自己设定计划、记录和监督自己学习英语吗？

14）您如果在英语学习上有进步的时候会不会奖励自己？

访谈问卷5(学生——后期)

1. 英语学习历史

1）请您描述一下您这个学期完成小组作业的经历。

2. 社会关系、地位和身份

1）您如何对您目前的英语老师的感觉如何？

2）您觉得您在小组中扮演什么角色，发挥什么作用？

3. 英语学习资源

1）完成小组作业的过程中，您都使用了那些英语资源？如何使用的？请举例说明。

4. 学生对英语学习的期望

1）请大致描述一下，您在小组作业完成方面遇到的问题和感受。

5. 英语学习动机

1）您对小组作业投入的经历多吗？请举例说明，您觉得在大学学习英语感觉如何？

2）您完成小组作业的目的是什么？

3）您认为这个小组作业对您的英语学习有影响吗？

4）您在做小组作业的时候，包括课外准备和课内汇报的时候，最大的挑战是什么？

5）您怎么看待小组作业的成绩？成绩对您重要吗？

6. 学习能动性

课内：

1）您从小组作业完成过程中获得了什么？为了完成作业您做了什

么样的努力?

2) 您完成作业的主要原因是什么?

课外:

1) 您认为您为小组作业付出的努力,在将来会给您带来什么样的好处?

7. 大学英语学习环境

课内:

1) 您如何评价小组作业?

课外:

2) 您任务小组作业对您在课外练习英语口语有帮助吗?

8. 给养

课内:

1) 您现在如何评价大学英语口语教学情况?

2) 课上老师的反馈对您有帮助吗?

3) 小组作业的安排您喜欢吗?

4) 您现在对教材的内容如何看待?

5) 您认为课内的口头汇报对您口语有帮助吗?

课外:

1) 课外您如何与同伴合作的,你们每次准备作业见几次面,都做了些什么? 不见面的时候您都做了什么工作准备小组汇报?

9. 学习自主能力

1) 您现在如何评价您的口语学习情况。

2) 您觉得还需要做哪些改进?

调查问卷

第一部分
个人信息

年级：　　　　　专业：　　　　　毕业高中：
英语水平：
如果您已经参加英语等级考试请详细描述，
　　　　　　　　　　　大学英语四级(分数_____)
　　　　　　　　　　　雅思(分数_____)
　　　　　　　　　　　托福(分数_____)
　　　　　　　　　　　BEC(分数_____)
如果您参加了其他类型的考试，请列出，并说明分数；考试名称_____分数_____

第二部分
大学英语学习状况调查

对下面的陈述，您认为如何，请在合适的数字下打钩"√"

其中1代表不认同，2代表非常不认同，3代表没意见，4代表认同，5代表非常认同。

动机

	1	2	3	4	5
1.为了不让家人伤心，英语学好很重要					
2.为了让家人满意，学好英语很重要					
3.如果英语学习不好的话，会让我周围的家人和朋友失望					

4. 我的父母为了让我受到良好的教育,所以让我学习英语				
5. 我周围的好朋友认为英语学习很重要所以我想学习英语				
6. 英语学习不好会被视为没有能力的学生所以学习英语很重要				
7. 如果英语成绩差我会觉得很丢脸所以我努力学习英语				
8. 我父母为了让我成为成功人士所以让我学习英语				
9. 为了不让父母失望,我必须学好英语				
10. 我崇拜的人英语都很好,所以我想学习英语				
11. 我希望将来在社会上让其他人尊敬,所以学习英语很重要				
12. 每次我在设想未来的职业环境的时候,都会想到熟练使用英语的场景				
13. 我以后工作的公司升职的时候需要英语所以英语学习很重要				
14. 我打算在以后想学习的领域更深入的学习所以学习英语很重要				
15. 我未来想做的事情都脱离不了英语所以英语很重要				
16. 和其他科目比起来,我更想学习英语				
17. 就算英语不是学校必须学习的科目我也会想学习英语				
18. 我对英语学习很热衷				
19. 我了解学习英语需要花很多时间,但我不介意在学习英语上投入精力				
20. 如果英语成绩不好,会影响我在大学期间的总成绩				
21. 如果英语成绩不好,找到好的工作很困难,所以学习英语很重要				

能动性

课外

22. 我会在课后找同学或者朋友学习英语				
23. 我经常会在课后与英语老师联系解决英语学习中的问题				
24. 课外我会找一切可能的机会学习英语				
25. 我会主动参加课外的英语辅导班				

26. 我会主动参加各种与英语相关的社团和比赛等,寻找更多锻炼英语的机会				
27. 我会主动与外国人交朋友,提高锻炼英语和了解外国文化的机会				
28. 英语好可以让我结交很多外国朋友				
29. 英语好可以看懂很多英语相关的资料				
30. 英语好可以了解很多国际信息与时俱进				
31. 我喜欢英语歌和电影、电视剧,英语好可以更加享受其中的乐趣				

课内

32. 在英语课上老师提出的问题我会积极发言,利用一切机会锻炼英语				
33. 英语课上我经常有机会与我的同学和搭档用英语交流,锻炼英语				
34. 英语课上如果我有任何问题我会主动的问老师或者课后练习老师				
35. 上课前我会做好一切准备,如预习、复习等工作之后才来上英语课				
36. 对我来说从课堂上学到的英语知识已经足够				
37. 我上英语课是为了拿到学分,成绩及格就行				
38. 积极完成作业是为了应付老师和得到学分				
39. 英语作业对我是一种负担				
40. 我上英语课是为了拿到高分,为将来申请校内奖学金做准备				
41. 我上英语课是为了拿到高分,为将来申请留学做准备				
42. 课后完成作业可以增加学习英语的时间和机会,对英语能力的提高有帮助				
43. 我希望通过认真完成英语作业来加强英语学习				
44. 成为说一口流利英语的人很酷				
45. 学好英语可以将来帮助我出人头地				

给养状况
课内

46. 我喜欢目前的英语老师的性格				
47. 我喜欢目前英语老师的教学方法				
48. 我认为现在的英语课对将来实现我的学习和工作上的梦想有帮助				
49. 英文不好对我未来发展不会有什么影响				
50. 我觉得英语学习值得我去花精力,努力学习				
51. 我认为目前的英语课难度适当				
52. 我认为目前使用的英语教材难度比较恰当,内容也适当				
53. 我喜欢目前英语课读写和听说课各占50%的课程安排				
54. 我喜欢目前英语课说英语的机会比较多,我喜欢这种英语学习气氛				

课外

55. 我很想在课外上英语辅导班,但是由于各种原因我还没有去				
56. 我喜欢在课外上英语辅导班				
57. 我觉得课内学习的内容不够,课外英语辅导班能够帮助我提高英语熟练水平				
58. 我在课外英语辅导班学到的东西比在学校上的英语课学到的东西多				
59. 我在课外上英语辅导班(请说明课程内容,如:大学英语四级辅导;会计英语等。				

学习自主能力

60. 在英语学习方面,我清楚的知道我的强项和弱项				
61. 我会自行确定课外学习哪些英语相关的内容				
62. 我会鼓励自己保持学习英语的兴趣				
63. 我会利用好业余时间学习英语				
64. 我能够评估自己在英语学习方面是否有进步				
65. 我会在课堂上跟老师商讨想学习的英语知识				

66. 我会时刻监督我自己的英语学习情况,不耽误英语的学习和提高				
67. 在英语学习方面我会自行设定学习目标				

非常感谢您的配合!

后　记

本书撰写之初,相关研究资料在国内外都相对较少,因此完成本专著,是一个非常艰难的学习、整理和产出的过程。历经三年,初稿于2015年初基本完成。随后我有幸获得国家留学基金委资助,远赴美国跟随James Lantolf教授访学一年,期间得以搜集更多的资料继续修改书稿,直至最终整理完成。如今本书得以付梓,本人庆幸之余也颇为胆怯,毕竟自己的学养尚浅,书中还有很多不足之处。故借此,诚挚地邀请所有阅读本书的专家不吝赐教,提出宝贵意见,我也将继续努力修订。

本书能够顺利完成,首先要衷心感谢我的恩师戴炜栋教授。我目前取得的点滴成果,无不饱含着恩师的心血。2012年我成为恩师的学生,之后便在生活和学术得到他老人家无微不至的关怀。恩师对我的悉心照顾和谆谆教诲,如今想起依然历历在目,令我感激涕零。即使在我远赴美国清苦访学期间,恩师也通过邮件和电话不断鼓励、支持,甚至伸出援手,为我撰写本书的序。这份师恩令我没齿难忘、感动至深,早已无法用语言完全表达。恩师广阔前沿的国际化学术视野、精深广博的学术造诣、虚怀若谷的学者风范,无不鞭策着我不断刻苦钻研;恩师谦和谨慎、与人为善、助人为乐的处世态度,也是我要毕生学习和敬仰的。

我要感谢我的家人,我的丈夫、儿子,以及我的爷爷、奶奶、父母、公公、婆婆和哥哥都为我能够顺利完成学业和书稿撰写工作给予了诸多的支持、理解和宽容,为我提供了最坚实的精神支柱和温暖的港湾。